U0891704

中国商业银行竞争力报告 2018

Annual Report on the Competitiveness of China's Commercial Banks 2018

主　编　王松奇

副主编　刘煜辉　欧明刚

中国金融出版社

责任编辑：石　坚
责任校对：潘　洁
责任印制：裴　刚

图书在版编目（CIP）数据

中国商业银行竞争力报告 . 2018 / 王松奇主编 . —北京：中国金融出版社，2018. 12
ISBN 978 - 7 - 5049 - 9898 - 9

Ⅰ. ①中…　Ⅱ. ①王…　Ⅲ. ①商业银行—市场竞争—研究报告—中国—2018　Ⅳ. ①F832. 33

中国版本图书馆 CIP 数据核字（2018）第 283488 号

出版发行　中国金融出版社
社址　北京市丰台区益泽路 2 号
市场开发部　(010)63266347，63805472，63439533（传真）
网 上 书 店　http：//www. chinafph. com
(010)63286832，63365686（传真）
读者服务部　(010)66070833，62568380
邮编　100071
经销　新华书店
印刷　保利达印务有限公司
尺寸　169 毫米×239 毫米
印张　23. 25
字数　298 千
版次　2018 年 12 月第 1 版
印次　2018 年 12 月第 1 次印刷
定价　69. 00 元
ISBN 978 - 7 - 5049 - 9898 - 9
如出现印装错误本社负责调换　联系电话(010)63263947

《中国商业银行竞争力报告2018》
编　委　会

课题实施单位　《银行家》研究中心

专家指导委员会（按姓氏笔画排序）

黄　达　中国人民大学校务委员会名誉主任

刘鸿儒　中国人民银行研究生部教授、博士生导师，学术委员会主席

吴晓灵　清华大学五道口金融学院院长

于学军　国有重点金融机构监事会主席

马德伦　中国金融会计学会会长、中国人民银行原副行长

王祖继　中国建设银行副董事长、执行董事、行长

王兆星　中国银保监会副主席

牛锡明　全国政协十三届委员、交通银行原董事长

田国立　中国建设银行董事长

田慧宇　招商银行行长

刘士余　中国证监会主席

刘信义　浦发银行党委副书记、副董事长、行长

刘连舸　中国银行行长

朱　民　清华大学国家金融研究院院长、国际货币基金组织前副总裁

陈四清　中国银行董事长、中国国际金融学会会长

陈雨露　中国人民银行副行长
李民吉　华夏银行董事长
李庆萍　中信银行董事长
沈仁康　浙商银行董事长
吴　焰　中国人民保险集团原董事长
吴念鲁　中国国际金融学会副会长
杨明生　中国人寿股份有限公司原董事长
张金良　中国邮政集团总经理
范一飞　中国人民银行党委委员、副行长
易会满　中国工商银行董事长
易　纲　中国人民银行行长、国务院金融稳定发展委员会办公室主任
郑万春　中国民生银行行长
周慕冰　中国农业银行行长、董事长
郭树清　中国人民银行党委书记、中国银保监会主席
洪　崎　中国民生银行董事长
胡晓炼　中国进出口银行党委书记、董事长
胡跃飞　平安银行行长
唐双宁　中国光大集团原党委书记、董事长
陶以平　兴业银行行长
阎庆民　中国证监会副主席
彭　纯　交通银行党委书记、董事长
谢永林　平安银行董事长
解学智　中国农业发展银行党委书记、董事长
潘功胜　国家外汇管理局党组书记、局长

课题组组长 王松奇

课题组副组长 刘煜辉 欧明刚

课题组成员 王松奇 刘煜辉 欧明刚 张云峰
高广春 刘明彦 王光宇 宋 飞
周 立 钱学宁 董 治 韩晓宇
张 玮 张榉成 仇 博 杨大鲁

课题支持 北京费雪投资咨询中心

摘　要

2018年是非常特殊的一年，既是中国改革开放四十周年，也是东亚金融危机二十周年、全球金融危机十周年，同时也是我国将防范化解系统性风险作为重点工作、新的金融监管体制开始运行之年。中国银行业在经历了多年快速发展后，今天面临异常艰难复杂的局面。中国经济增速的减缓与结构的转型，防范系统性风险任务的紧迫与艰巨，金融监管风暴的来袭与监管体系的变革，普惠金融及绿色金融任务的落实，宏观经济政策在防风险、保增长、调结构多重目标中的艰难平衡，中美贸易战所揭示的国际环境的恶化，这些都对中国银行业的稳定与发展提出了诸多挑战。

回顾过去，中国银行业取得了今天的成绩靠的是改革开放。如果没有一轮又一轮由易到难的改革，中国银行业的生命力不可能像今天这样顽强。如果没有一次次由外到内的开放，中国银行业的竞争力不可能像今天这样得以提升。四十年来经历了多少风雨和坎坷，总是能从困境突围走向新辉煌，其基本经验就是改革开放。改革开放是我们银行业摆脱当前困境、重新出发的必然选择。

思考今天，中国银行业需要在多重约束下寻求艰难平衡。今天，金融体系的复杂程度、风险特征、资产规模以及运行、监管体系都与过去不可同日而语。中国银行业的内外环境、业务模式都有了许多新特点，面临着不少新问题。这些新问题需要有新的认识方法和解决办法。中国银行业需要将艰难的转型创新过程和新的改革开放过程进行到底。

基于2017年数据的《中国商业银行竞争力评价报告2018》（以下简称《报告》）正是在这样的大背景下推出的。本次《报告》是对去杠杆、严监管的经营背景下中国银行业竞争力的一次检验，我们试图基于各种商业银行的经营数据、经营成果以及经营行为的分析来揭示中国银行业适应环境变化的能力、韧性以及策略。

从对全国性商业银行资本状况、资产质量、盈利能力和流动性水平等指标的综合评价来看，全国性商业银行竞争能力的财务性指标有了一定改善，招商银行、中国建设银行、浙商银行、兴业银行、中国工商银行为全国性商业银行的前五名。以全国性商业银行为代表的中国银行业积极推进改革创新，资产负债规模稳步增长，资本实力不断增强，资本充足率水平保持平稳，流动性保持在合理水平，在严峻的经营形势下保持了一定的盈利增长，实属不易。但与此同时，不良贷款余额不断攀升，资产质量持续承压。中国银行业一方面要控制新增不良资产、化解原有不良资产，另一方面要积极应对利率市场化、金融脱媒和金融科技带来的挑战，进行业务创新、模式创新和管理创新。全国性商业银行更是走在转型的前列，在发展战略上寻求数字化、轻型化、资管化、综合化及国际化发展，积极走差异化、特色化发展之路，提升产品与服务创新能力，大力提升银行影响力。同时完善公司治理，以信息化建设为抓手，以风险管理为核心，以人力资源建设为保障，落实管理转型。在对全国性商业银行公司治理、发展战略、风险管理、产品与服务、信息技术、人力资源和市场影响力等方面的综合评价中，中国建设银行、中国工商银行、招商银行、中国银行、中国农业银行位居前五名。

城商行成立之初就有"服务居民、服务中小（小微）企业、服务地方经济"的定位。经过多年的发展，城商行已成为服务地方、服务中小企业的重要力量。2017年，城商行资产和负债规模继续保持增长，但增速自2015年以来持续下降；平均资产总额和平均负债总额继续保持增长，但增速略有下降；整体不良贷款余额和不良贷款率较2016年底出现“双升”；资产收益率和资本收益率整体延续了2011年以来持续走低的态势，转型之路仍然艰难。从城商行多年发展来看，那些财务表现总体较好，即回报率较高、资产质量较好、资本比较充足以及流动性不错的银行各有特色，既有一些金融市场、投行业务做得较好，规模增长很快的银行，也有长期根植小微企业和传统银行业务的银行。然而，这些城商行有一个共同特点：它们都是传统定位的坚定支持者。因此，在当今严监管、去杠杆的背景下，对于现有大型城商行来说需要回归传统定位，对于大多数城商行来说则需要坚守原有的定位。要坚守上述三个定位，需要有相应的创新手段和产品。面对新的竞争，城商行必须借助科技手段，做好管理、IT、外部协调，进行更全面的流程管理、风险管理、产品定价，还需确保传统业务和传统客户的优势。

近年来，农商行的数量和市场规模快速增长，作为商业银行的一种重要类型，农商行在服务实体经济、农业发展以及践行普惠金融过程中发挥着重要作用，其发展也备受关注。本次《报告》首次将农商行纳入其中。由于农商行数目较多，区域性较强，财报披露的标准也各不相同，《报告》所分析的农商行以资产规模居于国内前五位和已经上市的农商行为主，从资本状况、资产质量、盈利能力和流动性水平四个方面对其2017年财务状况进行分析。从整体来看，农商行资产和负债总额持续提升，资产质量压力有缓解的趋势，主要农商行流动性水平有所提高，抗风险能力稳步提升。同时，主要农商行不良贷款的绝对额度都有不同程度的上涨，尽管不良贷款问题并没有明显暴露，但考虑到经济增长的下行压力依然较大，国民经济仍然徘徊在低位运行，加之不良贷款的确认存在一定的滞后性，短期内农商行面临的资产质量依然不容乐观。

总体来看，中国银行业经营稳健，发展态势向好，实现了服务能力和治理水平的提升，守住了不发生系统性金融风险的底线。展望未来，中国银行业需要有新的发展蓝图。党的十九大确定了中国的发展蓝图，中国银行业当然应当服务于同时也得益于国家蓝图的实现。中国银行业应当提升服务实体经济的能力和效率，降低自身的风险，实现自身的新发展并提升全球竞争力。改革开放、转型创新将成为中国银行业继续向前发展的必然选择。

Abstract

2018 is a special year. It's not only the 40th anniversary of China's reform and opening up, but also the 20th anniversary of the Asian Financial Crisis, the 10th anniversary of the Global Financial Crisis, and further more the year when China takes prevent and resolve systemic risks as priority and a brand new financial regulatory system takes place. After years of rapid growth, Chinese banking industry is now facing extremely complicated circumstances: economy is undergoing deceleration and structural changes; task of preventing systemic risk becomes more and more oppressing; supervision storm is sweeping and the regulatory system is reforming; missions of inclusive finance and green finance wait to be implemented; macro – economic policy needs to strike a balance among multiple goals including growth and stability; global environment is deteriorating marked by Sino – US trade war. These all pose threat to the stability and development of China's banking industry.

In retrospect, it's the reform and opening up that underlies our prosperity. Without rounds of reform from easy to hard, China's banking couldn't gain its resilience; without series of opening up from external to internal, China's banking couldn't gain its competency. After 40 years of endeavor, we conquered all the frustration and headed to a new glory, and all these should be attributed to reform and opening up. Reform and opening up is the exclusive choice for China's banking to get rid of troubles and make a fresh restart.

At present, China's banking needs to seek a balance under multiple constraints. The complexity of financial system, the scale of monetary assets, the risk characteristics of financial system, the financial operating system and the financial regulatory system are all different. The circumstance and business pattern of China's banking change a lot, and changes are always accompanied with problems, which require new resolutions. China's banking needs to persist with this new reform and opening up process.

Annual Report on the Competitiveness of China's Commercial Banks 2018 is published under such background, base on data from 2017. This report is a test on the competitiveness of China's banking under the background of strict supervision and deleveraging. We try to figure out whether China's banking can adapt to this environmental change, using data and results from all kinds of commercial banks to analyze.

From the overview of national commercial banks' capital status, asset quality, profitability and liquidity, we notice that there are some improvements in national commercial banks' financial indicator, China Merchants Bank, China Construction Bank, China Zheshang Bank, China Industrial Bank and Industrial and Commercial Bank are in the top 5 of national commercial banks. As the representative of China's banking, national commercial banks are pushing the reform and innovation forward, the scale of assets and liability grow steadily, capital strength constantly enhanced, capital adequacy ratio maintains stability and the liquidity is reasonable. To secure the profit growth under such serious situation is not as easy as it sounds. But at the same time, the balance of non – performing loan continues to increase, asset quality is still sustaining pressure yellow zone. In the evaluation of national commercial banks' corporate governance, development strategy, risk management, products and services, information technology, human resource and market influence, China Construction Bank, Industrial and Commercial Bank, China Merchants Bank, Bank of China and Agricultural Bank of China are the top 5.

City commercial banks are aiming for serving residents, small and medium enterprises and local economy. After years of development, city commercial banks have become an important force in serving local businesses and SMEs. In 2017, city commercial banks' scale of assets and liability continues to grow, but the growth rate keeps dropping since 2015; average total assets and average total liability continues to grow, but the growth rate drops a bit; the non – performing loan balance and non – performing loan ratio are higher than year 2016; the return on assets and return on capital continue to go down as it was since 2011; the path of reform is still difficult. From years of development of city commercial banks, we notice one commonality of well – perform city commercial banks: all of them stick to their duty. Hence, under the situation of strict supervision and deleveraging, those large city commercial banks need to return to their traditional position to fulfill their duty, others need to keep on what they are doing currently. In order to do so, city commercial banks must rely on technology, do a good job in management, IT and external coordination, conduct more comprehensive process management, risk management and product pricing, and at the same time not to forget ensuring the advantage on traditional business and traditional client.

In recent years, the number and market size of rural commercial banks have increased rapidly. As an important type of commercial bank, rural commercial banks are highly expected for its role in serving real economy, agriculture development and the practice of inclusive finance. This year is the first time we include rural commercial banks in our report. Considering the fact that there is a huge amount of rural commercial banks in China, with strong regionality and different standard on financial disclosure, this report will focus on five big rural commercial banks and those listed, and analyze their financial status in 2017 base on their capital status, asset quality, profitability and liquidity. Overall, rural commercial banks' total assets and liability are growing, which ease the pressure on asset quality. Major rural commercial banks' liquidity has improved, and the ability of risk prevention has improved too. But at the same time, major rural commercial banks' non – performing loan has rise in different degrees, although the risk hasn't obviously exposed yet, considering the downward pressure on economic growth and the hysteresis of the confirmation of bad loan, the asset quality of rural commercial banks is not as optimistic as it seems in short term.

Overall, China's banking is developing forward with steady steps. It has improved its service capabilities and governance levels and has maintained the bottom line of no systemic financial risks. In the future, China's banking needs a new blueprint for development. 19th CPC National Congress fixed the blueprint for China's development, and China's banking as a part of it should not only benefit from it but also contribute to it. Hence China's banking should improve the ability to serve real economic and reduce risks, so that the global competitiveness of China's banking could be enhanced. Reform and opening up, transformation and innovation are a must if China's banking wants to step forward.

目　录

第一部分　2017年中国商业银行竞争力评价总报告

第二部分　2017年全国性商业银行财务分析报告

第三部分 2017 年全国性商业银行核心竞争力评价报告

第四部分　2017 年城市商业银行竞争力评价报告

第五部分 2017 年农村商业银行竞争力评价报告

第六部分 专家研究

第七部分 2018 年中国商业银行竞争力评价结果

第一部分

2017 年中国商业银行竞争力评价总报告[1]

① 本部分由钱学宁、刘煜辉、张玮执笔。

一、银行传统业务的困境

在间接融资为主的金融体制下，商业银行肩负着吸纳社会剩余资金为实体企业提供贷款的社会责任。对于传统业务而言，商业银行用较低的融资成本获得存款，然后寻找门路将资金以较高的价格贷出，收益源自“存贷差”。

早些年，金融产品还没有现在这么丰富，人们手中的闲钱都是老老实实地存入银行。由于设有严格的利率管制，商业银行完全不用挖空心思地“揽储”，存款都是自己乖乖送上门的。人为压低的利息带来大笔无风险收益，负债端（存款）成本远远小于资产端的收益（贷款等），银行“闭着眼睛”就可以把钱赚了。

然而，任何行业都有周期，馅饼不能永远免费。随着市场化改革的不断推进，存贷款利率上下限的取消对商业银行犹如当头一棒，“闭着眼睛”赚钱似乎不再那么容易。利率市场化推动着资本的“唯利是图”，客户手头的“闲钱”也不再那么便宜。随着理财产品和各种“宝宝类”产品的诞生，可供客户选择的产品缤纷各异，收益也大都高于普通存款。于是，一部分对新事物敏感、相对开明的投资者开始注重投资收益，传统存款利率受欢迎程度日渐衰败，银行闭着眼睛挣钱的日子一去不复返。

在此背景下，一部分银行改变姿态，毕恭毕敬地放下架子，潜心钻研寻求存款的替代品。金融产品不断推陈出新，“吸储”的招数也花样繁多，既有授信推动（以贷转存，让渡部分贷款利率，换回对公客户的保证金或一般存款），又有产品撬动（打价格战），更有千奇百怪的营销方案和创意设计。各种招数能用全用，无非就是想保持体量不减。到头来，“量”是保住了，但“价”却高了不止一个层级。

问题再次出现，相比传统银行存款利息而言，创新性的结构化产品虽然更能吸引投资者的眼球，但随着各类理财产品和结构化存款占所有资金来源比例的不断抬升，银行负债端的成本也日益高筑，只能寻思着如何才能“补精养晦”。羊毛出在羊身上，对于商业银行的资产负债表而言，结构化产品提升了负债端成本，只有相应提高资产端收益，才能保证银行正常盈利。于是，商业银行开始业务转型，为了盈利不择手段，甚至和中央银行展开博弈。最终，间接扰乱了金融秩序，这体现在两个方面。

一是虚拟经济信用扩张无度，与中央银行展开“对赌”。银行发行同业存单买基金公司的货币基金，基金公司再拿货币基金融来的钱买同业存单，如此往复循环下去，银行达到了“冲规模”的目的。如果没有2018年初宣布同业存单纳入同业负债，接受33%的比例限制，那么这种反复“放大”的嵌套游戏可以无限传递下去。

然而，按照经典理论，借贷资本的利息应该来自产业资本的利润分成。换言之，金融脱离不了实体经济，资金借贷归根结底是为了实体生产的需要，如果实体回报率不足以弥补借贷成本，这种生产和借贷行为根本就不可能发生。那为何近两年在实体经济“不兴”的前提下，金融系统却可以自我膨胀呢？到头来还是因为中央银行不断注入基础货币所致。不可否认，在利率双轨制下，资金面的松紧程度终归会从短端的货币市场传导至中长端的信贷市场。央行出于维护金融稳定和扶持实体经济的需要，近两年不断“印钞”。而金融系统却把这种“救命钞”当成了赌博筹码，乐此不疲地“加注”，并最终形成了和央行之间的“对赌”。结果是，基础货币供给本来就在外汇流失的压力下手忙脚乱，一群“坏孩子”还在不断地加杠杆嗷嗷待哺，到头来所有的交易都在赚央行的钱。

二是资金成本不断提升，实体经济苦不堪言。银行与其他金融机构之间是通过产品嵌套实现资产负债表“扩身”的，原本以贷款形式提供给企业的信贷资金，经过层层嵌套变成了五花八门的各类债务。每嵌套一层，就多一份利，最后落到企业手上已经不知抬升了多少成本，实体企业成为最终受害者。

二、商业银行的三大“角色扮演”

其实，商业银行原本可以依靠“人为压低”的存款利率赚得盆满钵满，如今却各种“小动作”花样频出，甚至与监管打起了“擦边球”，是什么抬升了银行的风险偏好？归根结底还是市场化改革。

前文提到，市场化改革之前，可供储户选择的投资标的少之又少，商业银行完全没有负债端的成本顾虑，资产端即便只配固定收益产品，日子也会非常滋润。在此阶段，商业银行往往会选择配置政府资产（平台 + 土地）以锁死信用风险。随着金融产品的不断丰富，低成本的普通存款占比减少，但在利率中枢持续走低的情况下，商业银行仍可以在同业市场拿到短期高波动、低成本的资金，通过质押式回购滚动加杠杆扩规模以寻求高频低息差。

后来，兴起了新的“玩法”，各行开始纷纷追逐同业业务。一家获利，千家效仿，很快成了整个银行业心照不宣的行业潜规则。然而，繁华终会落尽，同业资产的不断积累和嵌套，势必对利率中枢产生向上的助推作用。流动性日趋紧张，商业银行与中央银行的“对赌”也开始显露锋芒。随着实体经济的持续“不兴”，过高的资金成本失去了底层支撑，资金在金融体系内部“空转”的游戏很难再继续下去，金融体系终究显得脆弱不堪。昔日的“乖宝宝”在叛逆的道路上越走越远，并带动金融体系不断“自我膨胀”。

商业银行之所以能够顺利地实现自我膨胀，离不开它的三大“角色转型”。

（一）充当“小财政部”

第一大“角色转型”是指商业银行摇身一变成为“小财政部”，与松弛的地方财政纪律一起成为地方建设的“印钞机”。众所周知，房地产结合土地财政一起成为前三十年支撑我国经济高速增长的中流砥柱，基建俨然成为政策层在经济下行阶段“相机抉择”的重要抓手，特别是在近年来经济 L 形探底过程中，更少不了商业银行配合地方政府“扩财政”的影子，其结果是广义货币的不断“膨胀”。这与传统意义的量化宽松大相径庭——美欧等发达国家和经济体采用的是单一的量化宽松货币政策，依靠的是成熟的“中央银行 + 发达的金融市场”来实现货币投放。说到底就是资产负债表左右两端同时增加记账：左边资产侧借记各项资产，主要是房地产 ABS 和国债等，右侧负债端借记货币发行及金融机构存款准备金，并没有实质的“印钞”，有的只是资产负债表的“扩身”（左右增加数字）。而我国依靠的是庞大的“商业银行 + 财政纪律松弛的地方政府”，在挽救经济的同时，不可避免地发生了广义货币的增长（见图 1 – 1）。

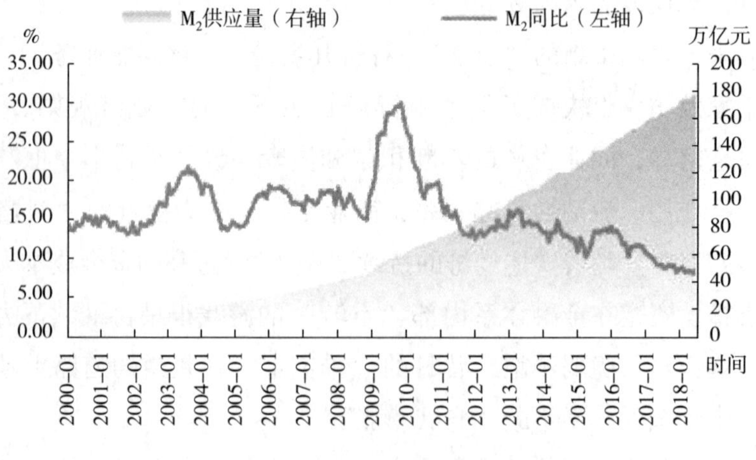

图 1 – 1　广义货币规模

银行充当“小财政部”有何不妥？

首先，“逐利性”非但不能实现福利最大化，反而还会加重信用风险。我们知道，财政部运用财税政策实施宏观调控和综合平衡社会财力，而商业银行自从利率市场化改革令其“走下神坛”后，“逐利性”成为首位。为了维持净息差带来的净利润，银行必须要将吸收来的存款“有处安置”。早些年，当同业业务还没有兴起的时候，银行时常会追着地方政府和大型企业“推销”贷款。企业原本不需要这么多资金，但出于“价格便宜”，也“勉为其难”地收下了。贷款一旦到手，原本精打细算的企业难免会盲目扩大生产，如果赶上经济持续萧条，生产端的扩大缺少利润的填补，企业就背负了“本不情愿”的债务。所以，从一定程度上讲，把某些企业推到破产边缘的，恰恰是充当“小财政部”的商业银行。

其次，加重了信贷错配，同时进一步导致商业银行在授信能力上的退化。一旦中小企业出现偿贷风险，就会加重商业银行的“信贷错配”，在贷款提供上更偏向政府信用，也就是“国企+地方债+土地财政”。如此一来，企业主营业务盈利现状和前景就显得不再重要，反而政府“兜底”成了衡量信贷授信的唯一考量。财政看的是主体和背景，传统商业银行授信看的是专业风控能力，一旦主体信用的判断不再需要太多的专业水平，单单依靠“找人情”撮合几单财政类融资就可以解决吃饭问题，那么银行体系的风控和授信能力势必退化。

（二）披上投行“外衣”

第二大“角色转型”是传统商业银行正在披上投行“外衣”。投资银行业务包括证券承销、公司理财、兼并与收购、自选服务、基金管理、风险投资，以及为金融机构进行的大额证券交易。投资银行业务不仅可以由独立投资银行进行，很多商业银行也在大规模开展投资银行业务。商业银行介入投资银行业务能够实现多元化经营，共享基础设施和信息，降低信息、结算、监管方面的成本，但也可能产生负面影响，目前我国商业银行“投行化”进行得并不顺利（见表1-1）。

表1-1　　我国五大行具体投行业务

银行名称	投行业务
中国银行	上市融资、收购兼并、财务顾问、证券销售、投资研究、定息收益、衍生产品、结构产品、资产管理、直接投资、杠杆及结构融资等
农业银行	短期融资券、银团贷款、并购贷款、信托融资、上市财务顾问等传统投行业务、私募股权投资基金投资顾问、中小企业集合债、CDM 顾问业务等
工商银行	银团贷款安排管理、直接投资及股权私募、结构化融资顾问、资产证券化、信贷资产转让、企业短期融资券承销、企业上市发债顾问、资产管理、企业常年财务顾问等
建设银行	财务顾问、并购重组、项目融资、短期融资券、中期票据、国际债券、IPO 及再融资、股权投资、理财产品、资产证券化、私募股权投资基金、金融国际市场研究服务等
交通银行	离岸债主承销、金融债发行承销、资产支持票据、信用衍生品设计与发售、并购财务顾问业务、并购融资业务、资产证券化、企业境内权益性融资配套服务、私募股权投融资财务顾问、上市公司股权市值管理、直接投资业务、赴港上市保荐、财务顾问与融资等

首先，商业银行和投行在企业成长过程中扮演的角色不一样，存在利益冲突。投行关注的是企业的资本结构，解决股权和中长期债务融资的问题，在企业 IPO 和发债过程中，投行与企业客户具有分成式的利益绑定；而商业银行与企业之间的利益分成，理论上来自企业的利润，体现了实体利润在借贷资本和产业资本间的分配，这导致商业银行与企业之间存在一定的“对立”关系。在经济下行时期，在信用风险加大的情况下，商业银行往往会紧盯企业，忙于抽贷退出。

其次，容易引发系统性风险。与西方发达国家的商业银行相比，我国商业银行在从事投资银行业务方式上过于简单，产品范围相对狭窄，种类不够丰富，大部分是初级的重复产品，缺乏自主开发新产品的能力和意愿。这导致商业银行之间的业务越来越相似，不同的银行将面临同类型的风险，系统性风险随之增加。同时，国内商业银行在投行业务风险管理上，并未对商业银行业务和投行其他业务展开机制及组织上的风险隔离。随着我国商业银行投行业务范畴的拓宽与强化，商业银行越来越无法约束内在业务穿插运营的风险传播。商业银行通过银信合作、银证合作开展大规模的证券承销、理财产品等投资银行业务，不断将信贷资产从表内转向表外，提高了外部监管与政府干预的难度和成本，助长了系统性风险的积累。

最后，缺乏相应的专业型人才。投资银行业务涉及面广，专业性强，不仅要有法律、投资、融资等专业经济学知识，还需要对经济形势具有敏锐的判断力、决断力。而我国商业银行在人才方面存在较大缺口，很容易产生经营风险。

（三）转战“泛资管”

第三大“角色转型”是推动“泛资管”。伴随市场化改革的推进，人们对货币的使用成本有了更加深刻的认识，普通银行存款的利息收入已经难以满足储蓄需要。同时，商业银行受利率市场化影响，信贷利差收紧，固有红利消失，传统信贷业务也难以继续支撑银行的健康发展。此时，“泛资管”无疑成为商业银行盈利来源的新渠道，对实现商业银行结构转型，业务升级有重大意义。但是，如同前两个“角色扮演”一样，商业银行在经营资管业务方面也存在不少问题。

首先，“资产池”运作机制存在隐患。我国商业银行资产管理最大的特点就是“资产池”模式。银行通过发售理财产品募集资金，形成“资金池”，然后以存单、债券、外汇、股票、信贷资产等交错构筑银行的“资产池”，实现多个理财产品对应多笔资产，通过期限错配、连续发售，实现短期理财资金投资长期融资项目，这样会导致理财产品的存续期与投资项目运营周期不匹配，存在流动性隐患。而商业银行为确保资金稳定，就需要分期持续发售理财产品，然后再将投资收益在不同期的理财产品之间进行分摊，又会造成各期产品的风险联动。一旦某期资金出现问题，就会影响整个投资项目。另外，由于各类资产风险特性不同，商业银行难以有效地对整个资产池的风险进行管理，单个入池资产的风险可能在整个资产池蔓延，引发系统性风险。

其次，存在刚性兑付。我国商业银行资管业务的主体是理财产品，早些年“保本”理财占了相当份额。从理论上讲，存在刚性兑付的理财产品是借贷关系的延伸，这就造成银行资管业务偏离代客理财的初衷。出于公众对商业银行的固有观念，即便投资者购买了非保本浮动收益的理财，也往往会忽视风险，认为商业银行有义务保证本金安全，不经意间扩大了银行的兑付风险。

最后，“通道”类业务倒逼商业银行承担“最后风险”。商业银行的资产端受到信贷额度、标的投向等限制，需要借用券商或信托机构的通道为客户融资（多为基建、地产）。在这个过程中，券商或信托类机构仅扮演“中介人”角色，并不会主动承担风险。而商业银行虽然借用“通道”扩大了投资范围和资产规模，但很可能成为风险的“最后承担方”。

三、面对乱象，监管终于出手

有了前文提到的三大“角色转型”，商业银行在“乖宝宝”向叛逆转型的道路上越走越远。终于，在对赌的过程中激怒了“央妈”，一场轰轰烈烈的“监管整顿”开始展开。

2018 年 4 月 27 日，《关于规范金融机构资产管理业务的指导意见》正式出台。这部被业界称为资管新规的行业重典历时 5 个月的征求意见期，经过监管与金融机构反复论证、权衡、博弈、修订，如今终于尘埃落定。涵盖银行、公募基金、私募基金、证券公司、信托公司、保险、期货等整个资产管理市场，涉及资金上百万亿元，其影响之巨可见一斑。而商业银行作为整个金融体系的核心，更是金融监管的重中之重。

前文提到，近年来资产管理与影子银行成为金融与实体加杠杆的渠道，长期存在的刚性兑付还为杠杆无限放大提供了基础。因此，本次资管新规的发布，核心思想就是通过打破刚性兑付来实现金融、实体去杠杆的宏观目标，防止系统性风险的发生。

资管新规包含两个核心内容：

一是建立统一资管业务规则和标准。近年来，资管行业野蛮生长，影子银行饱受诟病，但监管效果一直不尽如人意。究其原因，整个行业牵扯机构种类众多，长期以来在分业监管体制下缺少统一的监管框架，给金融机构进行监管套利创造了条件。各类通道业务也应运而生，大行其道，为金融机构规避监管创造了空间。资管新规的出台，从募集方式和投资性质两个维度对资产管理产品进行分类，分别统一投资范围、杠杆约束、信息披露等要求，强化监管协调，将机构监管与功能监管有机结合，以降低跨行业监管的交叉风险与协调成本，为构建新的综合性监管框架迈出了坚实的一步。

二是引导市场打破刚性兑付。前文提到，我国商业银行资产管理最大的特点就是“资产池”模式。银行通过发售理财产品募集资金，形成“资金池”，然后以存单、债券、外汇、股票、信贷资产等交错构筑银行的“资产池”，实现多个理财产品对应多笔资产，通过期限错配、连续发售，实现短期理财资金投资长期融资项目。如果基础资产出现问题，管理机构可以用后期投资者的投资本金向前期投资者兑付投资本金和收益，或者用自营资金承接问题资产，周而复始，循环操作，从而实现刚性兑付，暂时掩盖金融风险。但风险终究没有消除，而是不断地积累与转嫁，给整个金融体系埋下隐患。

资管新规规定，金融机构不得承诺保本保收益，产品出现兑付困难时不得以任何形式垫资兑付；引导金融机构转变预期收益率模式，强化产品净值化管理，并明确核算原则；明示刚性兑付的认定情形，包括违反净值确定原则对产品进行保本保收益、采取滚动发行等方式保本保收益、自行筹集资金偿付或委托其他机构代偿等；分类进行惩处，存款类金融机构发生刚性兑付，足额补缴存款准备金和存款保险保费，非存款类持牌金融机构由金融监督管理部门和中国人民银行依法纠正并予以处罚。资管新规涉及的其他几项重要内容，例如实行净值化管理、禁止资金池运作、禁止多层嵌套、减少错配、独立运作等，实质上都是为打破刚兑服务，是实现破除刚兑的具体手段。

四、滴水顿悟，慈悲为怀

资管新规最终落地，并没有把资管业务“一棒打死”，仅是坚持核心要义没有变化，但在具体要求上，更加重视政策推进的稳妥与审慎，更多地考虑了金融机构和资本市场的承受能力，严格程度较征求意见稿略有缓和，对市场冲击相对减弱。

为什么会有边际缓和？归根结底，金融市场是为实体服务的，对金融市场的整顿，要以支持实体为依据。一味打压，势必过犹不及。因此，资管新规坚持核心要义不变，但整体缓和，对现有银行业的三大“角色扮演”也没有全盘否定，反倒特意留下了几处“口子”。

（一）公募资产支持证券

虽然新规过渡期有所延长且允许发行老产品对接，但对存量仍需要压缩递减。一方面，由于对多层嵌套资管产品的监管向上穿透，公募产品将无法借由私募产品（包括信托计划、证券公司资管计划）对接非标资产；另一方面，资管产品直接或间接对接非标资产的禁止期限错配，对于相当一部分期限动辄数年的非标资产，不太容易找到期限匹配的对接资金。因此，数十万亿元的非标资产如何处置是一台重头戏。

对非标的处理大体有两个方向：一是非标入表，即用银行表内信贷将表外的非标资产接回表内，这一过程需要消耗银行资本金。从前期监管层下调拨备覆盖率、鼓励发行资本补充债券等举措可以感受到政策对非标入表的呵护。二是非标转标，将非标资产转化为标准化资产，主要方法是将非标资产做资产证券化处理，发行公募 ABS（包括银行间和交易所 ABS），从而可以回避上述监管限制。两种非标处理方式的各自需求尚不可测，可能需要银行在实际过程中视成本与收益的平衡而定。从 2018 年第一季度社会融资数据来看，表内贷款增速基本稳定，但表外融资萎缩带动社会融资增速快速下滑，非标全部入表几乎不可能实现，因此非标转标的需求是客观存在的（见图 1－2）。

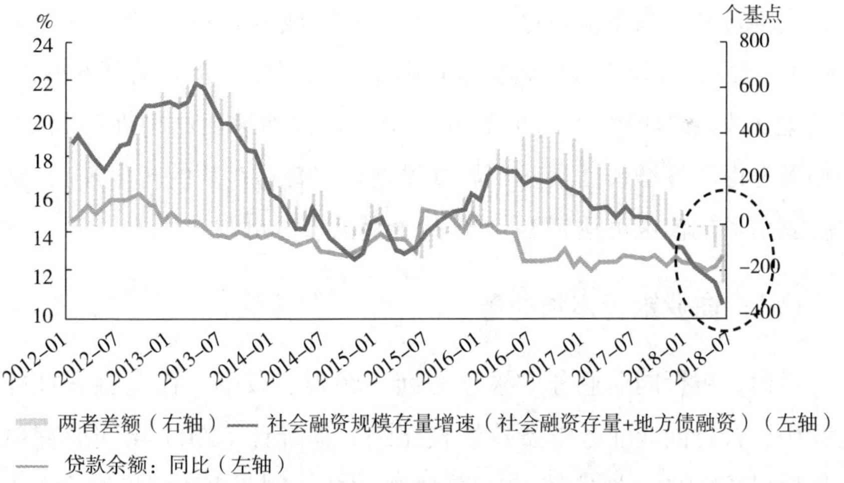

图 1－2　社会融资明显“缩水”

（二）结构性存款

根据《中国银行业理财市场年度报告（2017）》统计，截至 2017

年底，银行保本理财余额超7万亿元，非保本理财余额22万亿元。资管新规落地后，保本理财和一部分原先具有保本保收益预期的非保本理财，在打破刚兑要求下将会逐步退出，随之而来的是银行大量个人和机构客户以及宝贵负债来源的潜在流失问题。在普通存款利率上限短期难以突破的情况下，结构性存款应运而生，相当于通过在普通存款中嵌入金融衍生工具，与利率、汇率、指数、商品等相联系，使投资者有机会在满足特定条件时获得高于一般存款的收益率；如果条件未满足，投资者可能获相对较低的利息率。因衍生品覆盖范围与种类极为丰富，可嵌入普通存款的衍生品结构也可多种多样，从而满足各类风险偏好投资者的理财需求。

虽然结构化存款抬高了银行负债端成本，业务利润率可能低于保本理财，但面对负债资源稀缺和客户资源流失的风险，银行存在利用结构性存款承接保本理财和部分非保本理财的真实需求。截至2017年底，中资行共吸收结构性存款约7万亿元（截至2018年第一季度末为8.8万亿元），假设7万亿元保本理财中的大部分（保守估计65%）和22万亿元非保本理财中的小部分（10%）成功地由结构性存款对接，即使不考虑额外增长因素（市场规模增长、普通存款的转化等），结构化存款市场规模也可达到14万亿元，潜力十分可观。

（三）商业银行零售业务

目前，银行同业业务的极盛时期已经告一段落，在金融去杠杆的过程中，银行同业业务链条持续被压缩。据统计，2017年同业存单存量规模增长24%，增速较2016年放缓84%；同业理财规模缩水3.4万亿元，降幅高达51%，占总理财规模比重下降12%。随着以“同业负债+委外投资+同业理财”为代表的同业套利模式基本瓦解，同业业务最好的光景已经过去。未来几年，伴随银行同业业务的回归本源，银行业的竞争主战场将重回传统零售业务，进入负债管理为主、零售为王的时代，零售业务出色的银行将获得长期利好。一方面，“80 后”“90 后”正步入收入上升期和消费上升期，并且相比已经或接近完成财富积累的“60 后”“70 后”具有更高的边际消费倾向，对消费信贷、个人理财都有大量的需求，这意味着零售业务兼具当下繁荣的基础和未来增长的潜力；另一方面，互联网金融的迅速发展深刻地改变了零售业务的运作模式，零售业务线上化显著降低了运营成本，提高了信息匹配效率，未来随着个人信用体系的建立和大数据的应用，业务风险和成本有望进一步降低，零售业务在各项银行业务中的比较优势将更加凸显。

(四) 银行资管子公司

商业银行可以设立具有独立法人地位的资产管理子公司或专门的资产管理业务经营部门，通过将资管业务划归具有独立法人地位的资管子公司，实现表外理财业务与表内业务的隔离（尤其是风险隔离）。从母公司层面看，达到银行业务回归本源的目的，以往通过表外业务调节资产负债表的操作模式将会失效；从子公司层面看，理财业务脱离了银行信用担保的隐性光环，有助于实现产品净值化管理和打破刚兑预期。鉴于银行资管子公司的金融牌照、业务范围、监管指标等诸多重要法规细则尚不明确，这一领域蕴藏多大机遇尚不可知。实际上，早在 2015 年就有商业银行申请设立资管子公司，但未获监管部门通过，换句话说，如今的银行资管子公司是“应监管而生”。从这一角度看，相比公募基金等非银资管机构，银行资管子公司短期内或许不会在牌照和经营范围方面获得同样的自由度，需要经历一段“沉淀期”。当然，能够应运而生已然是一种成功。从发展的眼光看，在大资管时代业务逐步回归本源、市场乱象得到有效纠正后，银行资管子公司有希望获得越来越高的经营自由度。在率先宣布拟设立资管子公司的招商银行公告中，“在适当时机，根据业务发展的需要并在监管批准的前提下，可引进战略投资者”这一表述已经留下了一定的想象空间。在此之前，履行本职（理顺组织架构，平稳承接现有理财业务，做好风险防控）、练好内功（搭建培养投研团队，优化激励机制，拓宽营销渠道等）或许是度过沉淀期的最好方式。

五、商业银行的救赎

随着市场化的推进，商业银行依靠政策红利高高在上、坐享其成的日子一去不复返；而走下神坛后依靠“角色转型”虎饱鸱咽的手段又被监管政策所终结。未来一段时期，围绕服务实体经济、严控风险的基本原则，大资管行业的发展方向必然是拉近金融与实体的距离，消除中间繁杂冗长的套利链条；严密防控各类风险，减少期限错配、流动性错配以及信用错配。

如果没有资管新规的出现，刚性兑付下的银行理财还可以作为传统存款的替代品，银行的负债端不会出现“量”的变化，有的只是“价”的攀升。而资管新规落地，为刚性兑付时代画上了句号。“后利率市场化”，资金“唯利是图”，在竞争日益残酷，结构日益复杂的金融竞争链条中，商业银行的负债端面临巨大的“缩水”压力（见图1－3）。

传统以商业银行为核心的大资管行业变革已经来临，当然，变革并非毁灭，而是新生，资管新规正是大资管行业大破大立、重获新生、走向正确方向的推进器和催化剂。对于商业银行来讲，随着“资管子公司”的独立运营，剩余银行主体终究要回到经营货币的原始朴素状态。对于资金来源，还是“存款立行”。

那么，存款立行，谁又来立存款呢？答案当然是客户。从 2018 年上市银行的数据来看，凡是客户群基础好的银行，就越接近货币链的上端，在金融去产能引发货币价格上升的环境里，经营效益改善就越明显。这就如同实体经济去产能引发的大宗商品价格上涨，上游企业往往能从上涨中赚取超额利润，而下游企业的利润则遭到挤压。目前客户群基础好的几家大型国有银行和招商银行，就是很好的例子。

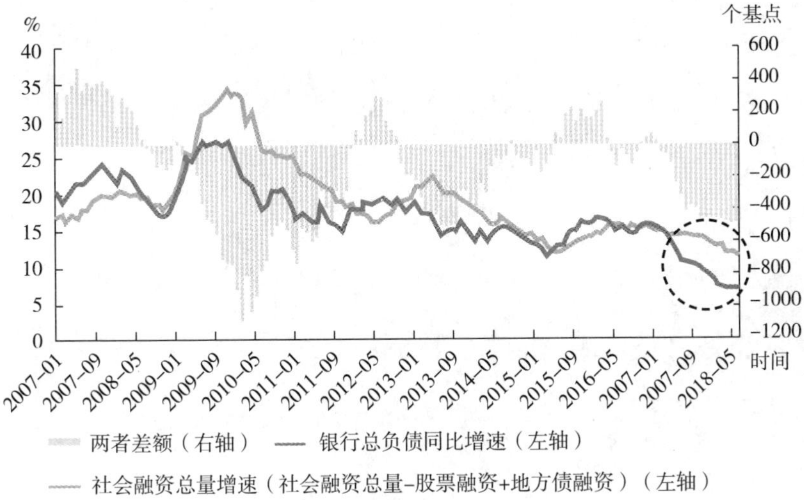

图 1－3　近年来银行负债增速明显走低

所以，当金融去杠杆迫使利率中枢上移，不同规模银行的净息差会出现明显的分化。2018 年以来，客户群基础牢固的国有大行和几家股份制银行，净息差比较平稳甚至有扩大迹象。而那些热衷做同业业务缺乏客户基础的小银行，净息差陡然直下。未来商业银行的核心竞争力，还须诉诸坚实的客户基础，对于那些没有客户基础，前期痴迷于同业业务的小银行，在行业集中度提升的时代背景下，终将显得越发被动。

第二部分

2017 年全国性商业银行财务分析报告[①]

① 本部分由欧明刚、吴璇、刘媛、潘彦玮执笔。

一、前言

本报告从财务指标的角度分析讨论2017年全国性商业银行的竞争力。

本报告所提全国性商业银行包括由中国工商银行、中国农业银行、中国银行、中国建设银行和交通银行5家银行组成的大型商业银行（以下分别称为工行、农行、中行、建行和交行，统一称为大型银行），以及由招商银行、中信银行、上海浦东发展银行、中国民生银行、中国光大银行、兴业银行、华夏银行、广东发展银行、平安银行、浙商银行、恒丰银行、渤海银行12家银行组成的全国性股份制商业银行（以下分别称为招商、中信、浦发、民生、光大、兴业、华夏、广发、平安、浙商、恒丰、渤海，统一称为股份制银行），再加上中国邮政储蓄银行。由于众所周知的原因，恒丰银行未披露2017年年报，因此在本报告中未将恒丰银行列入进行分析。而中国邮政储蓄银行（以下称为邮储）于2016年9月28日在香港交易所主板成功上市，已经成为一家大型商业银行，具有其他全国性商业银行的特点，因此从2017年开始，邮储银行也被纳入分析和评价。不过，其初始条件和业务结构的特点会在后续的分析中体现出来。

全国性商业银行是我国银行业的重要组成部分。截至2017年12月31日，全国性商业银行的总资产和总负债在银行业金融机构中的占比分别达到了54.58%和54.73%，较上年分别下降了2.54个和2.62个百分点（见图2-1、图2-2）。其中，5家大型银行在总资产及总负债上的市场份额均继续呈下降趋势，股份制银行在总资产及总负债上的市场份额也开始出现下降趋势。具体而言，大型银行的总资产和总负债的市场份额与2016年相比分别下降了0.52个和0.46个百分点；股份制银行的总资产和总负债的市场份额与2016年相比分别下降了

0.91 个和 1 个百分点。

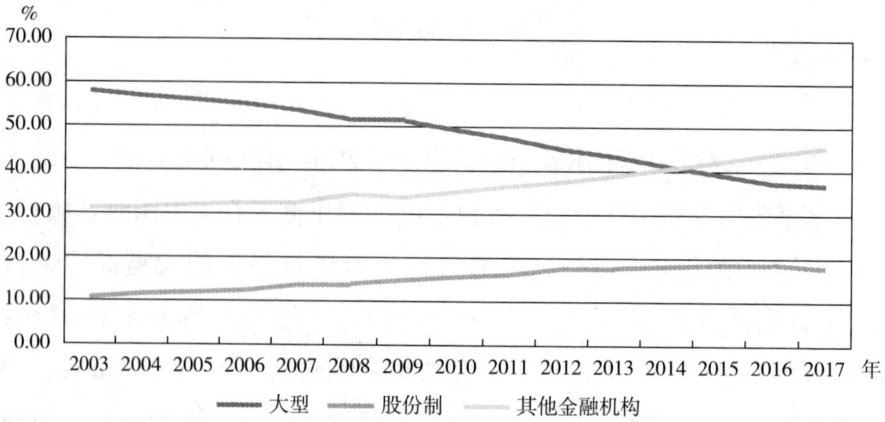

资料来源：银监会年报。

图 2－1　2003～2017 年银行业基于总资产的市场份额变化

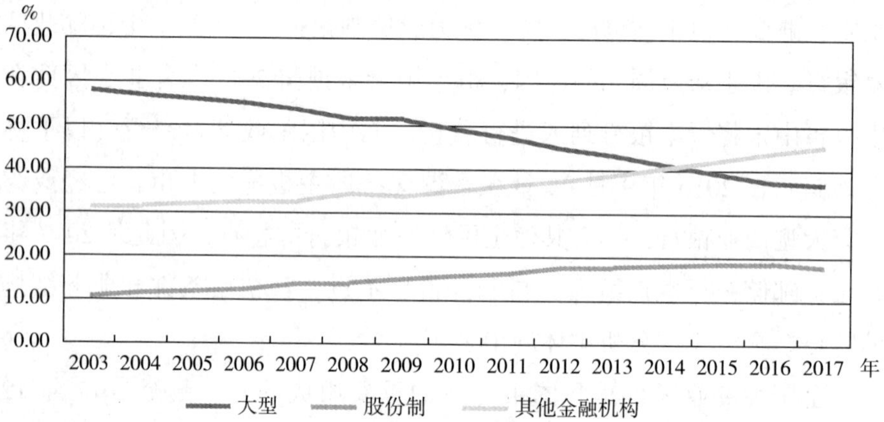

资料来源：银监会年报。

图 2－2　2003～2017 年银行业基于总负债的市场份额变化

截至 2017 年末，全国性商业银行资产总额为 137.78 万亿元，较上年增长 5.92%；负债总额为 127.47 万亿元，较上年增长 5.59%。本报告将从资本状况、资产质量、盈利能力和流动性水平四个方面对全国性商业银行 2017 年度财务状况予以分析。除另有注明外，各项财务数据均取自监管部门及各银行的定期财务报告、新闻稿件等公开披露信息。

二、资本状况

随着严监管的到来，不少为躲避监管的表外业务都要真实还原，银行的资本压力非常大。所幸全国性银行中除了渤海银行、广发银行及恒丰银行外，都获得了上市融资的渠道，其中不少还是“A + H”的模式。显然，与资本补充渠道相联系，资本充足率也呈现这样的特点。2017 年，不少银行进行了资本补充（见表 2 – 1）。此外，浙商银行试图回归 A 股，农业银行通过增发计划。

表 2 – 1　　2017 年银行资本补充情况

	日期	事项	股数（万股）	筹资总额（万元）	筹资净额（万元）
工商银行	2017 年 11 月 8 日	二级资本工具		4400000	
工商银行	2017 年 11 月 22 日	二级资本工具		4400000	
农业银行	2017 年 10 月 11 日	二级资本工具		4000000	
中国银行	2017 年 9 月 28 日	二级资本工具		3000000	
中国银行	2017 年 11 月 2 日	二级资本工具		3000000	
建设银行		境内优先股	60000	6000000	
交通银行	2017 年 4 月 13 日	二级资本工具		3000000	
招商银行	2017 年 10 月 25 日	境外优先股	5000	660000（10 亿美元）	
浦发银行	2017 年 9 月 4 日	定向增发	124832	1483000	1481655
兴业银行	2017 年 4 月 7 日	定向增发	172185	172185	2589425
光大银行	2017 年 3 月 17 日	发行可转债		3000000	
华夏银行	2017 年 5 月 26 日	二级资本债		3000000	

银行密集补充资本与《商业银行资本管理办法（试行）》大限将至有直接关系。该文件要求，到 2018 年底前，非系统重要性银行核心一级资本充足率、一级资本充足率和资本充足率分别不低于 7.5%、

8.5%和10.5%。

截至2017年末，商业银行核心一级资本充足率为10.75%，一级资本充足率为11.35%，资本充足率为13.65%，较2016年底均略有上升。目前，商业银行的资本充足率整体水平高出监管最低标准2~3个百分点。下面将着重分析17家全国性商业银行的资本充足率情况。

如图2-3所示，在资本充足率方面，最高的为建行（15.5%），最低的为广发（10.71%），5家大型银行的资本充足率高于股份制银行整体水平；相较于2016年，有12家商业银行资本充足率水平有所提高，提高幅度较大的是招商（3.94个百分点）和光大（2.69个百分点），有5家银行的资本充足率水平有所下降，下降幅度较大的是中信和平安（0.33个百分点）。

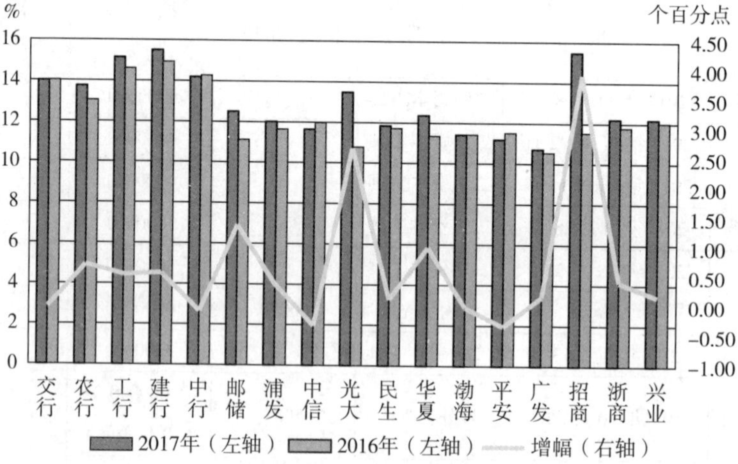

图2-3　2016年、2017年全国性商业银行资本充足率情况

在一级资本充足率方面，最高为建行（13.71%），最低为广发（8.01%），显然没有上市的广发、渤海都面临严峻的资本充足率方面的压力。整体而言，大型银行一级资本充足率水平要高于股份制银行；相较于2016年，有10家银行的一级资本充足率水平有所提高，提高幅度最大的是招商（1.48个百分点），招商银行发行了优先股，有7家银行的一级资本充足率水平有所下降，下降最多的是中信，为0.31

个百分点（见图2－4）。

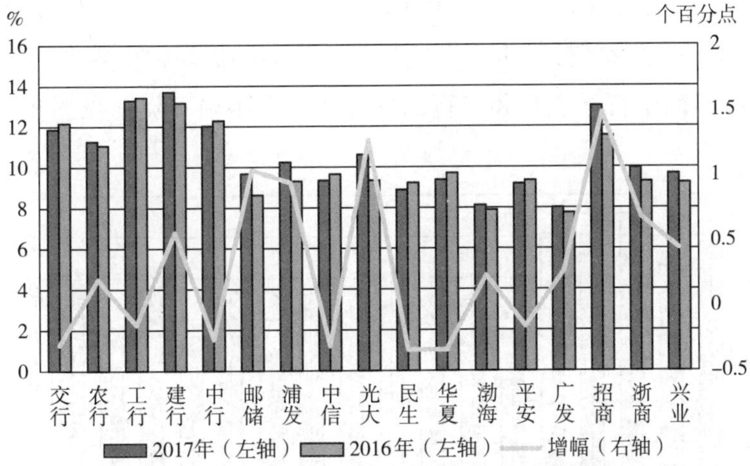

图2－4　2016年、2017年全国性商业银行一级资本充足率情况

核心一级资本充足率方面，最高的为通过发行境内优先股筹资600亿元的建行（13.09%），最低的为广发（8.01%），整体上大型银行核心一级资本充足率水平较高；相较于2016年，全国性商业银行在核心一级资本充足率水平上有9家银行上升、8家银行降低，提高幅度最大的是光大（1.35个百分点），降低幅度最大的是浙商，为0.99个百分点（见图2－5）。

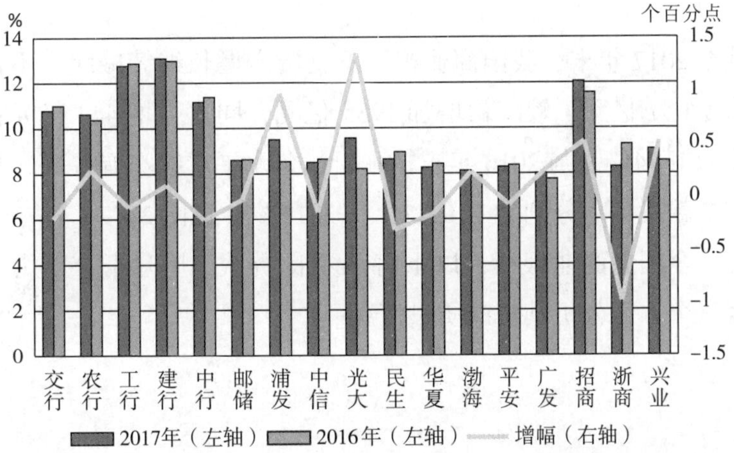

图2－5　2016年、2017年全国性商业银行核心一级资本充足率情况

杠杆率方面，17 家银行全部达到了银保监会 4% 的监管要求。其中最高的是建行（7.52%），最低的是渤海（4.24%）；相较于 2016 年，有 14 家银行杠杆率水平有所提高，光大的提高幅度较大（1.01 个百分点），而中行、农行和工行的杠杆率均有小幅下降（见图 2－6）。

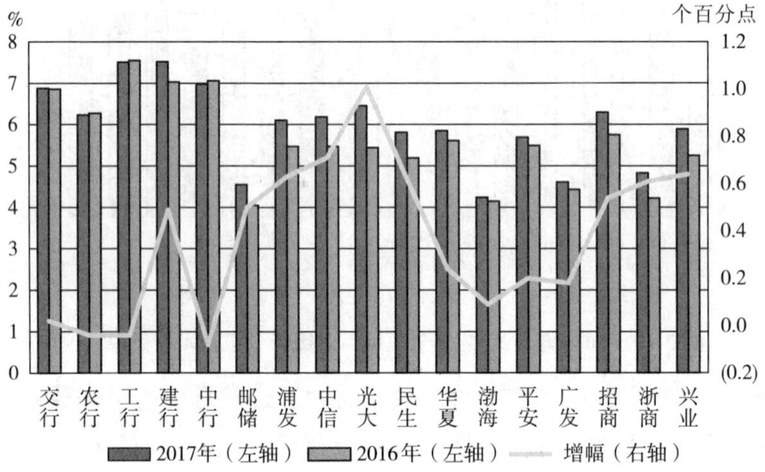

图 2－6　2016～2017 年全国性商业银行杠杆率情况

三、资产质量

截至 2017 年末，我国商业银行不良资产增长继续减缓，不良贷款余额为 17057 亿元，较年初增加 1935 亿元，同比少增 443 亿元；不良贷款率为 1.74%，与 2016 年末持平；拨备水平继续小幅提高，拨备覆盖率和贷款拨备率分别为 181.42% 和 3.16%（见图 2－7）。

对于全国性商业银行，以下将从不良贷款、风险抵补能力、贷款集中度三个方面分析其资产质量情况。

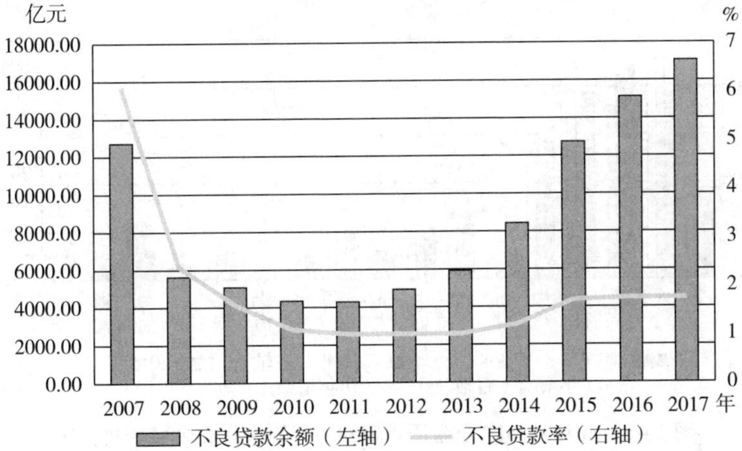

资料来源：银监会年报。

图 2-7 2007~2017 年商业银行不良贷款情况

(一) 2017 年全国性商业银行不良贷款情况

图2-8、图2-9分别列示了近3年17家全国性商业银行不良贷款余额和不良贷款率。就不良贷款余额的绝对额而言，由于资产规模上的差别，整体上大型银行要高于股份制银行。大型银行中，资产规模最大的工行（2209.88亿元）的不良贷款余额最多，成为2017年唯一一家不良贷款余额突破2000亿元的全国性商业银行；农行、建行紧随其后，不良贷款余额分别达到了1940.32亿元和1922.91亿元。邮储资产规模大于股份制银行，但不良资产余额只有272.2亿元，这与邮储银行的资产结构有关。股份制银行中，浦发（685.19亿元）、招商（573.93亿元）、中信（536.48亿元）、民生（478.89亿元）的不良贷款余额较大，均超过400亿元；渤海（81.1亿元）、广发（156.35亿元）、浙商（77.67亿元）等股份制银行的不良贷款余额较小。

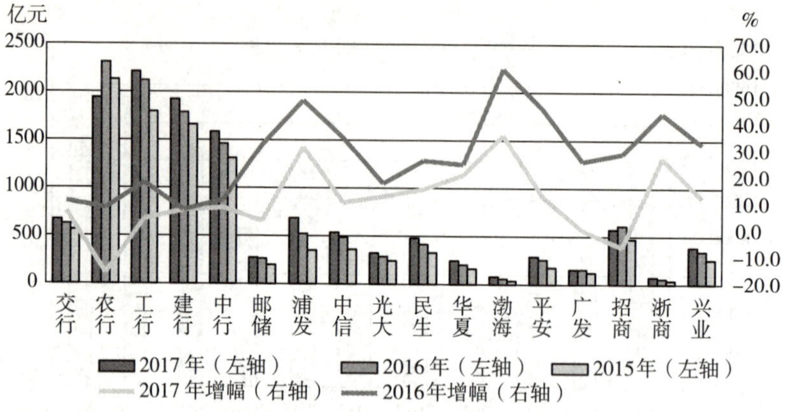

图 2－8　2015～2017 年全国性商业银行不良贷款余额变化情况

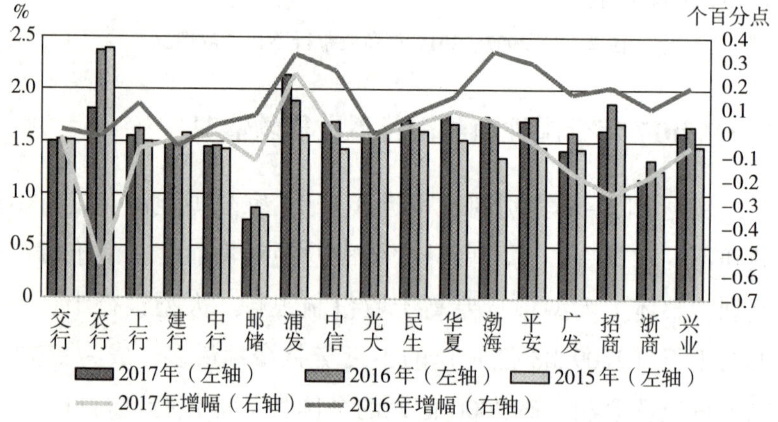

图 2－9　2015～2017 年全国性商业银行不良贷款率情况

从不良贷款余额近 3 年的变化趋势来看，与 2016 年相比，大部分全国性商业银行 2017 年的不良贷款余额均呈现较快增长趋势，但整体增长速度有所放缓。其中，增速超过 30% 的有渤海（35.88%）和浦发（31.32%），2016 年增速超过 30% 的有 6 家银行；增速低于 10% 的有 9 家银行，包含五大行及邮储、广发、招商、浙商。大型银行不良贷款增速下降明显，对不良贷款的控制整体上表现优于股份制银行。

不良贷款率方面，除了邮储外，2017 年全国性商业银行不良贷款全部突破 1%，大多数银行超过 1.5%。浦发银行超过农行，不良贷款率居 17 家全国性商业银行之首，较 2016 年上升 0.25 个百分点，高达 2.14%，其次是农行（1.81%）、华夏（1.76%）、渤海（1.74%）、民生（1.71%）、平安（1.7%），最低的是浙商（1.15%）。

从不良贷款率近 3 年的变化趋势来看，有 13 家全国性商业银行 2017 年不良贷款率下降，仅有 4 家上升，且上升幅度较 2016 年明显减小。上升幅度最大的是浦发（0.25 个百分点），其次是华夏（0.09 个百分点）、渤海（0.05 个百分点）、民生（0.03 个百分点）；下降幅度最大的是农行（0.56 个百分点），其次是招商（0.26 个百分点）。

同时，考虑到不良贷款涉及五级分类下的主观判断，而且存在一定的滞后性，在此选择关注类贷款及逾期贷款率考察 17 家全国性商业银行面临的潜在不良贷款压力。

图 2－10 列示了近 3 年 17 家全国性商业银行关注类贷款余额。与不良贷款余额类似，关注类贷款余额也与银行资产规模相关，大型银行关注类贷款余额远高于股份制银行。2017 年，大型银行中，工行关注类贷款规模最大（5619.74 亿元），除邮储外，规模最小的是交行（1306.67 亿元）；股份制银行中，关注类贷款规模最大的是民生（1139.49 亿元），最小的是浙商（106.51 亿元）。从近 3 年关注类贷款

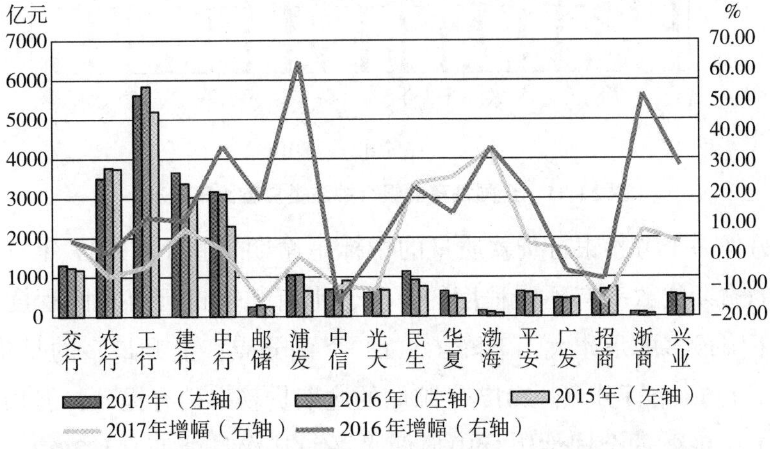

图 2－10　2015～2017 年全国性商业银行关注类贷款余额情况

变化趋势而言，2017 年有 9 家全国性商业银行关注类贷款余额增加，且增幅分化较大，部分股份制银行增幅较大，渤海（34.55%）、华夏（25.37%）和民生（23.48%）增幅均超过20%。

从关注类贷款率来看，除华夏与民生比2016年有所增长外，其他银行都在下降，其中广发下降得最多，有1.52个百分点，但仍然维持在4.17%的高位。从2017年关注类贷款率来看，华夏从2016年的4.2%增加到4.6%，取代广发成为关注类贷款率最高的银行，而邮储仍然保持着较低的水平，由2016年的0.81%下降到2017年的0.68%，仍然是所有全国性银行中最低的。浙商的关注类贷款比率也较低，仅为1.15%（见图2－11）。

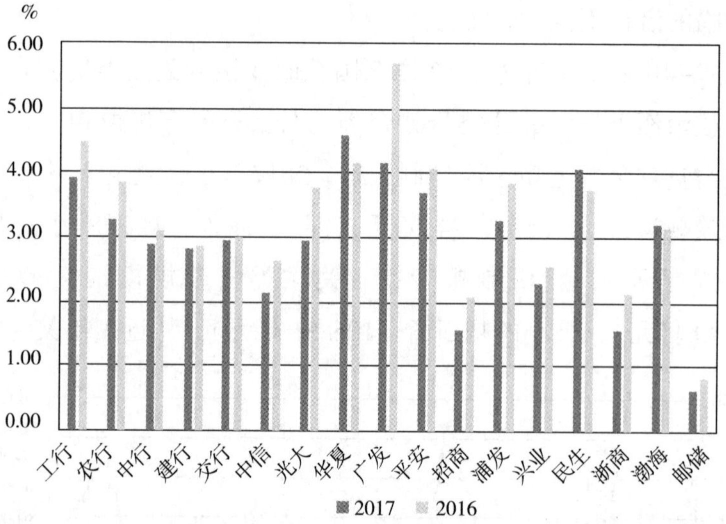

图2－11　全国性商业银行关注类贷款比率情况

另外一个考察银行贷款质量的指标是逾期贷款率。2017年有8家银行的逾期贷款率有不同程度的下降，也有9家银行有不同程度的上升。下降最多的是光大，下降了1.01个百分点；上升最多的是华夏，上升了1.56个百分点。2017年邮储的逾期贷款率稍有提升，但仍维持在低于0.98%的全国性银行中最低水平，其次是浙商（1.2%）。5家大银行的逾期贷款率总体较低，交行最高（2.2%），建行最低

（1.29%）（见图 2－12）。

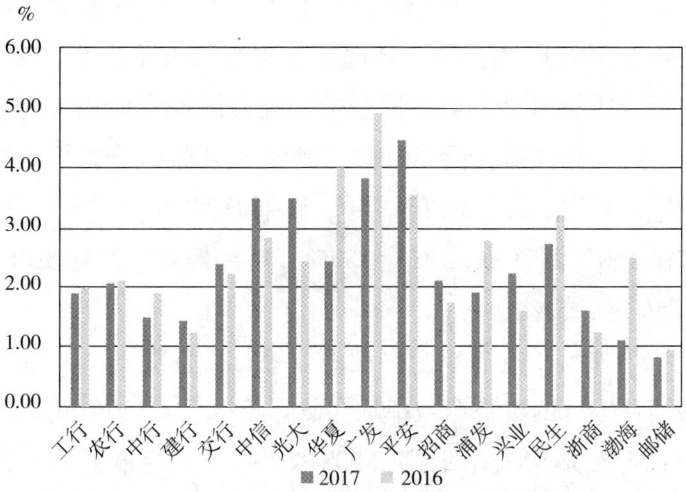

图 2－12　全国性商业银行逾期贷款率情况

（二）2017 年全国性商业银行风险抵补能力

目前，银监会通过拨备覆盖率和贷款拨备率两项指标对商业银行的贷款损失准备进行综合考核，其中前者以 150% 为基本标准，后者以 2.5% 为基本标准，两者中的较高者为商业银行贷款损失准备的监管标准。

第一，拨备覆盖率。

拨备覆盖率是贷款损失准备（现一般按贷款减值准备）对不良贷款的比率，是基于不良贷款而计提贷款损失准备再进行相应计算的一项指标，其性质是衡量信贷风险抵补的程度。拨备覆盖率多寡有度，以能适应各行风险程度并符合监管要求为宜，不能过低导致拨备金不足，利润虚增；也不能过高导致拨备金多余，利润过低，股东和税务部门不会高兴。

根据中国银监会 2011 年出台的《商业银行贷款损失准备管理办法》，银行业监管机构设置贷款拨备率和拨备覆盖率指标考核商业银行贷款损失准备的充足性。其中，贷款拨备率为贷款损失准备与各项贷款余额之比；拨备覆盖率为贷款损失准备与不良贷款余额之比。为了有效服务供给侧结构性改革，督促商业银行加大不良贷款处置力度，真实反映资产质量，腾出更多信贷资源提升服务实体经济能力。2018年2月28日，中国银监会下发《关于调整商业银行贷款损失准备监管要求的通知》（银监发〔2018〕7号，以下简称“7号文”），将拨备覆盖率要求由150%调整为120%～150%，贷款拨备率监管要求由2.5%调整为1.5%～2.5%。

图2－13列示了近3年全国性商业银行拨备覆盖率。2017年，所有全国性商业银行的拨备覆盖率均在监管及格线（120%）以上。大型银行中，农行拨备覆盖率最高（208.37%），交行最低（153.08%）；股份制银行中，浙商拨备覆盖率最高（296.94%），在所有全国性商业银行中排名第一。

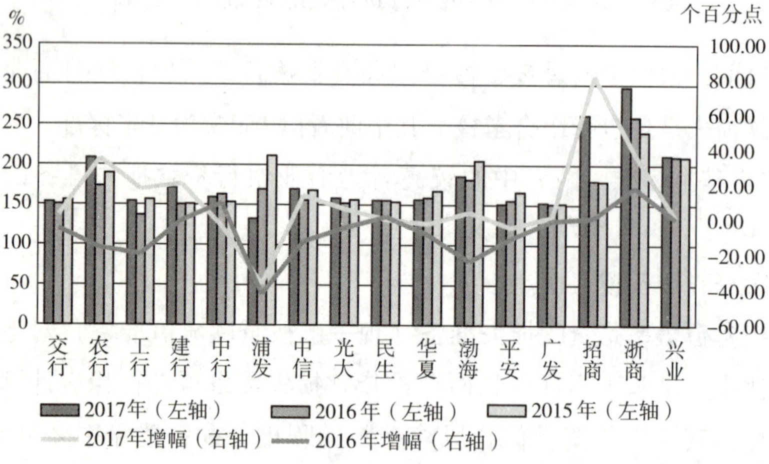

图2－13　2015～2017年全国性商业银行拨备覆盖率情况

2017年有12家银行贷款拨备覆盖率有所提升，其余4家银行拨备覆盖率进一步下降。大型银行拨备覆盖率下降幅度较2016年大幅减小，中行下降幅度最大（3.64个百分点），农行上升幅度最大（34.97个百分点）。股份制银行拨备覆盖率变化进一步分化，招商、中信、光大、渤海、广发、兴业、民生的拨备覆盖率呈不同幅度的上升，其中招商上升了82.09 个百分点；浦发下降幅度最大，下降了36.69 个百分点；平安、华夏呈现相对较小的下降幅度。拨备覆盖率的下降往往反映了银行不良资产的上升。

第二，贷款拨备率。

图2－14 列示了近3 年全国性商业银行贷款拨备率。5 家大型银行中，农行虽在2017 年下降至3.77%，但仍连续4 年保持贷款拨备率最高；交行（2.30%）、工行（2.39%）、建行（2.55%）、中行（2.31%）的贷款拨备率水平均高于1.5%，其中农行和建行高于2.5%的监管要求。股份制银行中，除广发银行（2.17%）处于1.5%～2.5%的监管要求外，其余10 家股份制银行的贷款拨备率均高于2.5%，超过银监会监管要求，其中招商的贷款拨备率最高（4.22%），其次是浙商（3.43%）、兴业（3.37%）、渤海（3.24%）、中信（2.84%）、浦发（2.84%）。

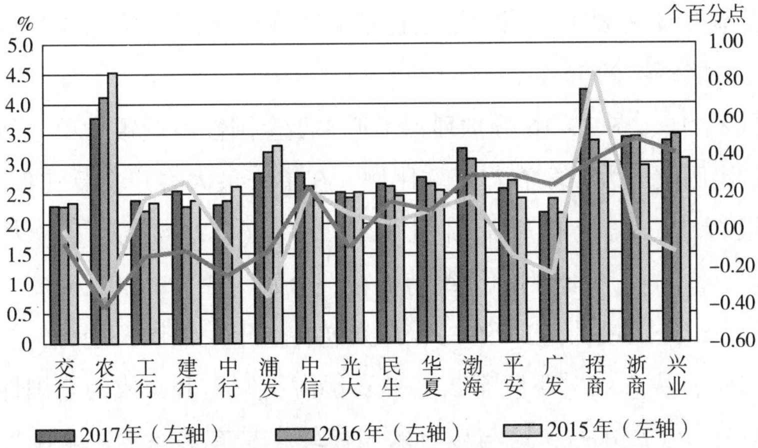

图2－14　2015～2017 年全国性商业银行贷款拨备率情况

从近3 年贷款拨备率变化趋势来看，大型银行和股份制银行的贷款拨备率均表现为多数上升、少数下降。2017 年招商贷款拨备率提升幅度较大，达到0.85个百分点，建行、中信贷款拨备率提升幅度分别达到了0.26个和0.22个百分点，渤海、工行和华夏也分别提升了0.18个、0.17个和0.11个百分点。农行和浦发贷款拨备率下降幅度最大，均下降0.35个百分点。

（三）全国性商业银行贷款集中度情况

贷款集中度是考察商业银行资产分散程度的重要指标，在宏观经济形势严峻、行业之间与行业内部分化严重的背景下，贷款集中度对商业银行资产质量的潜在影响尤其值得关注。为了对银行金融机构集中度风险加强监管，中国银保监会于2018年5月4日正式对外发布《商业银行大额风险暴露管理办法》。规定了风险暴露计算范围和方法，从组织架构、管理制度、内部限额、信息系统等方面对商业银行强化大额风险管控提出了具体要求，并明确了监管部门可以采取的监管措施。对于非同业单一客户，该办法重申了《商业银行法》关于贷款不超过资本10%的要求，同时规定包括贷款在内的所有信用风险暴露不得超过一级资本的15%。

图2－15、图2－16分别列示了近3年全国性商业银行单一最大客户贷款比例及最大十家客户贷款比例。在单一最大客户贷款比例方面，大型银行中，农行有所提升且保持最高（7.26%），其次为工行（4.9%），中行、交行则继续维持低位，分别为3.8%和2.63%。股份制银行中，光大最低（1.29%）；广发逆转上年大幅增长趋势，转而下降5.51%，从7.98%下降至2.47%；渤海小幅上升，成为全国性商业银行中最高（7.9%），这与该行的规模较小是有关系的。全国性商业银行2017年单一最大客户贷款比例的变化趋势仍与2016年一样高度分化，且整体变化幅度大于2016年。有11家银行上升，5家银行下降，上升幅度最大的是浙商（2.48个百分点），中行（1.5个百分点）、民生（1.05个百分点）、兴业（1.02个百分点）也有较大幅度上升，

除广发下降5.51 个百分点外，光大下降幅度也较大，下降了1.08 个百分点。

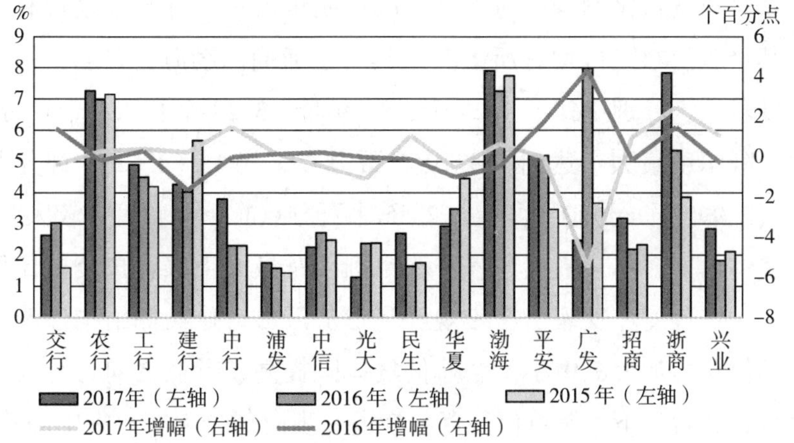

图 2－15　2015～2017 年全国性商业银行单一最大客户贷款比例情况

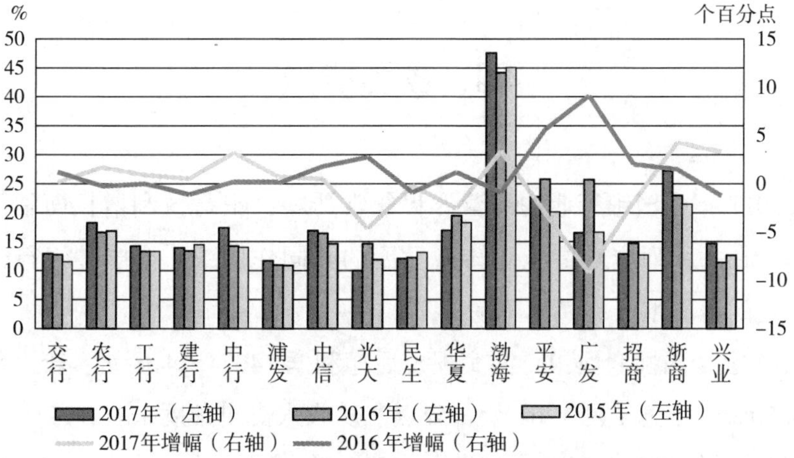

图 2－16　2015～2017 年全国性商业银行最大十家客户贷款比例情况

在最大十家客户贷款比例方面，大型银行中，农行有所上升且保持最高（12.9%），交行虽略有上升，但仍为大型银行中的最低水平（12.9%）。股份制银行中，渤海处于47.59%的高位，维持16 家全国性商业银行中的最高水平，客户集中度过高的问题仍未得到明显改善；

较低的是光大（10%）、浦发（11.67%）、民生（12.04%）、招商（12.84%），已经低于5家大型银行。与2016年比较，大型银行的最大十家客户贷款比例均有所上升，股份制银行中，有6家银行有所下降，其余股份制银行均有所上升。其中，浙商、渤海、兴业、中行上升幅度较大，分别达到了4.26个、3.39个、3.28个和3.2个百分点；广发下降幅度最大，达到了9.19个百分点；光大（4.62个百分点）、平安（2.99个百分点）、华夏（2.55个百分点）下降幅度也较大。

整体而言，单一最大客户贷款比例以及最大十家客户贷款比例的变化，一定程度上反映出在宏观经济形势严峻、供给侧结构性改革深化、环保压力加大、中小微企业信贷风险提高、行业之间与行业内部急剧分化的背景下，银行信贷资源有进一步向部分大客户集中的趋势，这需要引起注意。

四、盈利能力

2017年中国银行业的经营形势非常严峻，银行盈利增长面临巨大压力，在一系列应对措施和转型发展的共同作用下，全国性银行保持了一定的盈利增长，实属不易。

17家全国性商业银行共实现税后净利润14074.24亿元，较上年增长4.50%，增速上涨1.61个百分点。从收入支出角度来看，17家全国性商业银行2017年实现营业收入39938.54亿元，较上年增长3.31%，增速回升，其中利息净收入占比为71.20%、手续费及佣金净收入占比为21.00%，利息净收入的增加推动了盈利增长。

以下先从净利润增长率、净资产收益率和总资产收益率3个角度评价2017年全国性商业银行盈利能力的整体水平，然后再分别从影响银行利润的3个主要部分——利息净收入、手续费及佣金净收入和支出管理水平出发，具体评述全国性商业银行的盈利能力。

（一）总体情况

1. 净利润增长率

图 2－17 列示了 2015～2017 年各全国性商业银行净利润增长情况。全部 17 家全国性商业银行盈利规模持续提高，但部分全国性商业银行的增速出现一定程度的下滑，9 家银行增速低于 4.50% 的平均水平，8 家高于平均水平。

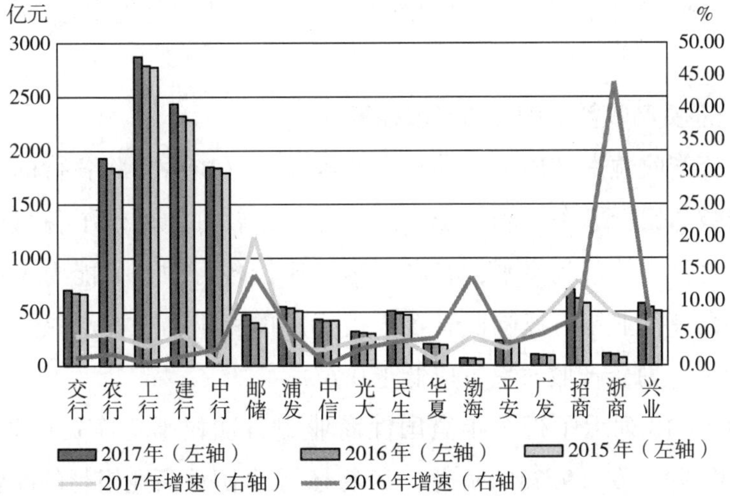

图 2－17　2015～2017 年全国性商业银行净利润增长情况

5 家大型银行共实现净利润 9798.76 亿元，较上年增长 3.44%，增速上涨 1.98 个百分点。其中，农行净利润增速最高（4.93%）；中行净利润增速降至 0.51%，是五大行中唯一一家增速下降的银行；工行尽管净利润只增长了 2.99%，但是在净利润规模上依然以 2874.51 亿元领跑整个银行业。不同于五大行，邮储银行再一次实现了两位数的增长（19.94%），成为 2017 年净利润增长最快的全国性商业银行。

11 家股份制银行共实现净利润 3798.16 亿元，较上年增长 5.56%，增速略微下降 0.08 个百分点，股份制银行净利润增速仍快于大型银行；各股份制银行增速差异较大，其中：招商增速最高（13.24%），并且以706.38亿元净利润继续保持盈利能力最强的股份制银行地位；浙商则从去年极高水平的增速（44.00%）大幅下降至7.85%；此外，浦发、华夏、渤海、平安、兴业这几家股份制银行的净利润增速均有所下降，但净利润规模仍保持一定程度的增长。

与2016年相比，有7家全国性商业银行净利润增速出现了下滑，浙商银行下滑幅度最大，达到36.16个百分点；10家全国性商业银行净利润增速出现了上升，邮储上升幅度最大（5.83个百分点），其次是招商（5.72个百分点），其他银行变动幅度基本上集中在2~3个百分点。

2. 净资产收益率和总资产收益率

净资产收益率（ROE）和总资产收益率（ROA）将各行的盈利规模绝对数与银行净资产和总资产结合起来，较好地展现了各行单位净资产或总资产的盈利水平，有利于客观比较各行的盈利能力。根据中国银监会《商业银行风险监管核心指标》的要求，净资产收益率不应低于11%，总资产收益率不应低于0.6%。

图2-18列示了近3年全国性商业银行加权平均净资产收益率。2017年，除广发（9.28%）外，其余16家全国性商业银行的净资产收益率均超过11%的达标线。大型银行净资产收益率水平集中于11%~15%；股份制银行情况则稍微分散，招商（16.54%）、兴业（15.35%）和渤海（15.12%）的净资产收益率水平都在15%以上，在17家银行中排名前三。

从近3年情况来看，全国性商业银行净资产收益率水平整体上呈下降趋势。与上年相比，2017年有16家银行的净资产收益率下降，仅招商净资产收益率微增0.27个百分点。除此之外，下降幅度最小的是广发（0.06个百分点）；浙商、华夏和兴业分别下降2.70个、2.21个和1.93个百分点，降幅较大。

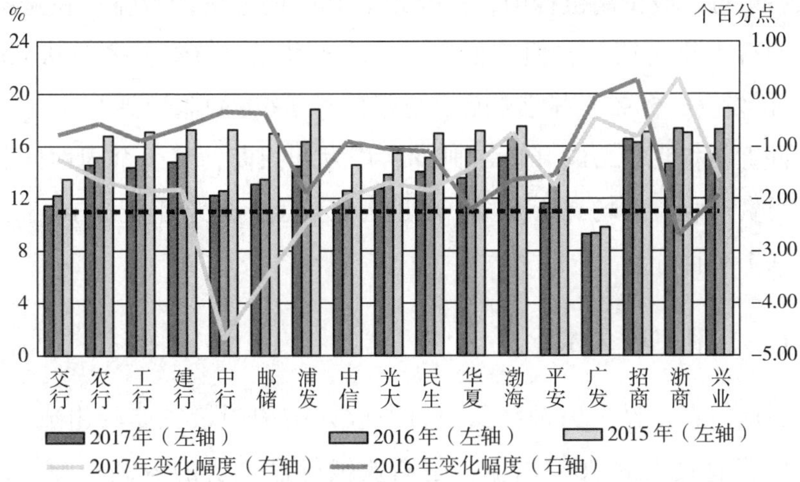

图 2－18　2015～2017 年全国性商业银行净资产收益率情况

图 2－19 列示了近 3 年全国性商业银行平均总资产收益率。除广发（0.50%）和邮储（0.55%）外，其余 14 家全国性商业银行总资产收益率在 2017 年全部显著高于 0.6% 的及格线。整体而言，大型银行的总资产收益率略高于股份制商业银行，工行和建行的总资产收益率分别为 1.14% 和 1.13%，都超过了 1% 的水平，交行（0.81%）位列

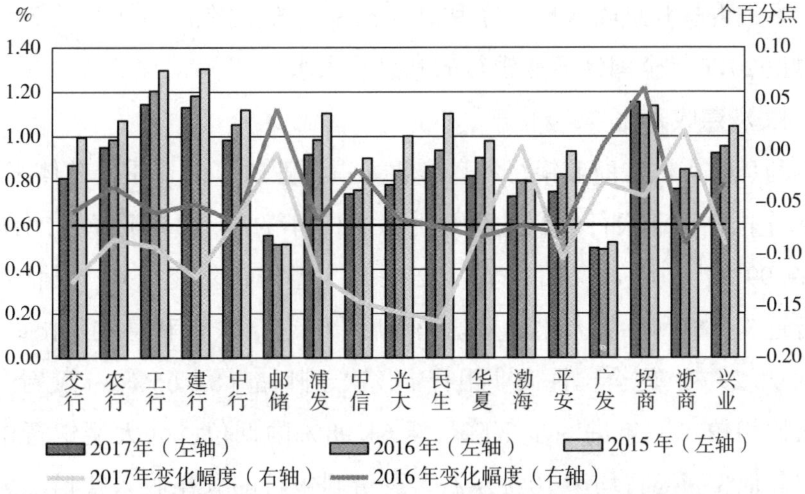

图 2－19　2015～2017 年全国性商业银行总资产收益率情况

五大行末位。股份制银行中，招商以 1.15% 的总资产收益率在全国性商业银行中排名第一，但其他银行该指标均低于 1%，多在 0.7% ~ 1%，广发（0.50%）排名垫底，已经低于 0.6% 的监管要求。

同上年相比，2017 年除了邮储、广发和招商，其余全国性商业银行的总资产收益率均有所下降，不过下降幅度普遍略小于 2016 年，均小于 0.1 个百分点。

（二）利息收入水平

目前，息差收入仍是我国银行业收入结构中最主要的组成部分，占整体营业收入的 70% 以上，是商业银行最主要的盈利来源。2017 年，17 家全国性商业银行的利息净收入达到 28435.13 亿元，较上年上升 5.09%，利息净收入的上升成为营业收入整体回升的重要因素。

2017 年，在严监管和金融去杠杆的背景下，商业银行负债端承压，利息净收入受到不利影响，但是相比 2016 年已有一定程度的好转。尤其是中行、农行、工行、建行 4 家银行通过资产规模的稳健增长和净息差的改善摆脱了利息净收入的负增长。

本报告从利息收入比、净利息收益率（净息差）与净利差 3 个角度讨论 2017 年全国性商业银行的利息收入水平。

1. 利息收入比

利息收入比是商业银行利息净收入占营业收入的比重。总体来看，17 家全国性商业银行的利息收入比由 2015 年的 74.70% 下降为 2016 年的 69.99%，2017 年又回升至 71.20%。大型银行除交行外，其他 4 家银行近 3 年的利息收入比都呈现先降后升趋势。农行利息收入比最高，达到 82.29%，在全国性商业银行中仅次于邮储（83.66%）；交行利息收入比相较前一年进一步下降，至 64.98% 的低位，为大型银行中最低；其他 3 家银行均为 70% 左右。股份制银行的利息收入比情况愈加分化，最高的是华夏（71.28%），其次是浙商（71.19%），仅有这两家银行的利息收入比也超过 70%，最低的则是广发（45.67%），其余几家股份制银行均处于 50% ~70%。

从近 3 年变化趋势来看，不同于 2016 年绝大多数全国性商业银行的利息收入比都有所下降，2017 年有 6 家银行的利息收入比上升，其中有 4 家是大型银行、1 家是股份制银行，分别是中行（6.74 个百分点）、建行（3.73 个百分点）、农行（3.62 个百分点）、工行（2.05 个百分点）、招商（1.18 个百分点）和邮储（0.54 个百分点）；下降幅度最大的是广发（11.81 个百分点），其次是兴业，为 8.32 个百分点（见图 2 -20）。

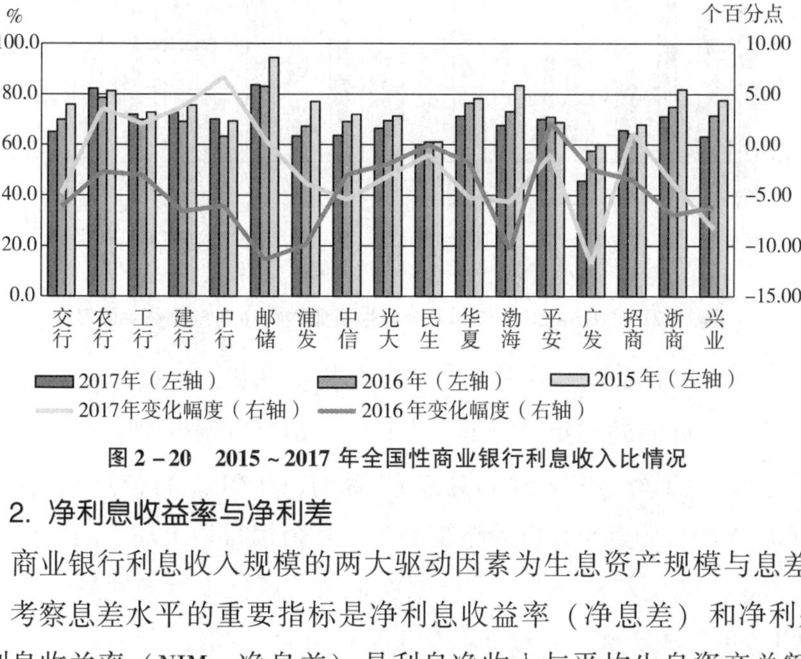

图 2 -20　2015 ~2017 年全国性商业银行利息收入比情况

2. 净利息收益率与净利差

商业银行利息收入规模的两大驱动因素为生息资产规模与息差水平。考察息差水平的重要指标是净利息收益率（净息差）和净利差。净利息收益率（NIM，净息差）是利息净收入与平均生息资产总额的比率，考察单位生息资产所创造的利息净收入；净利差（NIS）为日均生息资产收益率与日均计息负债付息率的差额。两者各有侧重，但整体而言，二者变化趋势和原因大体相似。2017 年，除中行、农行、工行、建行和邮储外，全国性商业银行净利息收益率、净利差普遍出现不同程度的下降。

图 2－21 列示了全国性商业银行近 3 年的净利息收益率。2017 年，仅有 7 家全国性商业银行的净利息收益率维持在 2% 以上。大型银行净利息收益率均值为 2.03%，交行（1.58%）取代中行（1.84%）成为最低。股份制银行中，招商（2.43%）、平安（2.37%）都超过了大型银行中最高的农行（2.28%）。广发净利息收益率仅为 1.21%，为 17 家银行中最低。

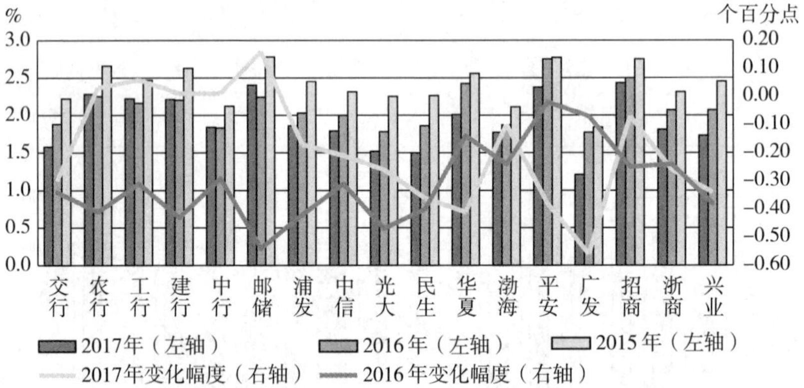

图 2－21　2015～2017 年部分全国性商业银行净利息收益率情况

就变化趋势而言，由于大型银行存款基础相对扎实，受监管影响相对较小，负债成本相对较低，中行（0.01 个百分点）、农行（0.03 个百分点）、工行（0.06 个百分点）、建行（0.01 个百分点），以及邮储（0.16 个百分点）净息差略微上升；其余银行均出现不同程度的下降，且下滑幅度差异较大，下滑幅度最大的广发银行净利息收益率下降了 0.56 个百分点。交行下降 0.3 个百分点，股份制银行中的招商、渤海和浦发净利息收益率分别下降 0.07 个、0.10 个和 0.17 个百分点，相对而言降幅较小，其他股份制银行均下降 0.2～0.4 个百分点。

净利差与净利息收益率情况类似，图 2－22 列示了全国性商业银行近 3 年的净利差。大型银行在净利差水平上相较于股份制银行的优势正在减弱。尽管大型银行的净利差均值为 1.93%，大于股份制银行的 1.66%，但是股份制银行中 2017 年净利差最大的招商（2.29%）和紧随其后的平安（2.20%）都获得了比五大行更高的净利差。五大行中最高的依然是农行（2.15%），最低的也还是交行（1.44%）。由于广发（1.12%）、光大（1.32%）和民生（1.35%）的净利差较低，股份制银行整体净利差水平不高。而邮储以 2.46% 的净利差在全国性商业银行中遥遥领先。

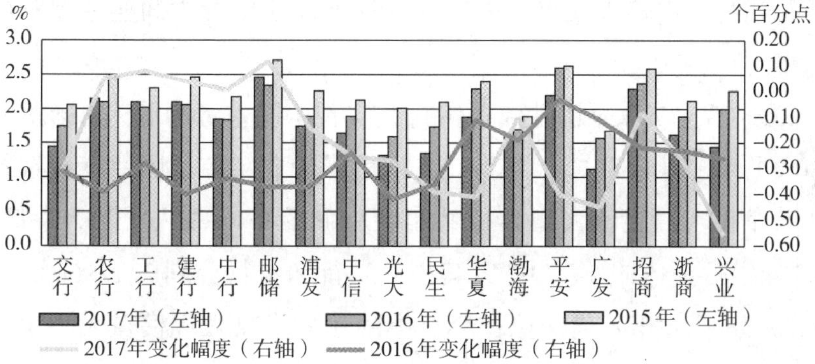

图 2-22　2015~2017 年全国性商业银行净利差情况

就变化趋势而言，交行和全部股份制银行的净利差在 2017 年继续下降，仅中行、农行、工行、建行和邮储上升 0.01 个、0.05 个、0.08 个、0.04 个和 0.12 个百分点。虽然招商、渤海和浦发下降幅度不大，只有 0.08 个、0.10 个和 0.14 个百分点，但是其他股份制银行降幅明显，兴业下降幅度高达 0.56 个百分点，是 17 家银行中净利差下降幅度最大的全国性商业银行。

（三）中间业务收入水平

本报告中，中间业务是商业银行作为中间人参与的金融服务，不构成商业银行的表内资产、表内负债。其收入反映为利润表上的“手续费及佣金收入”，是银行非利息收入的主要来源。增加中间业务收入是银行战略转型的重要方向。不过，在中国银行业中存在真实表内名义表外的业务。2017 年，在以资管新规、真实还原等为主要内容的监管政策引导下，商业银行中间业务面临较大调整，中间业务收入增速放缓。

本报告将选用中间业务净收入和中间业务净收入占营业收入的比例两个指标考察各全国性商业银行的中间业务情况。

1. 中间业务净收入及其增幅

中间业务净收入，即财务报表中的“手续费及佣金净收入”，是手续费及佣金收入减去支出后的净额，反映商业银行中间业务盈利的绝对水平。

2017 年，17 家全国性商业银行共实现中间业务净收入 8387.39 亿元，较上年上升 0.87%。图 2－23 列示了近 3 年各全国性商业银行中间业务净收入情况。大型银行共实现中间业务净收入 4595.68 亿元，占 17 家银行整体的 54.79%，其中：工行和中行分别以 1396.25 亿元和 1177.98 亿元排名前两位；交行中间业务净收入规模在大型银行中最小，为 405.51 亿元，低于招商、民生、中信和浦发这些股份制银行。股份制银行中，招商银行以 640.18 亿元继续保持领跑地位，而民生、中信和浦发紧随其后，分别实现了 477.42 亿元、468.58 亿元和 455.80 亿元的中间业务净收入；浙商、渤海则均在 100 亿元以下，分别为 80.13 亿元和 86.86 亿元。

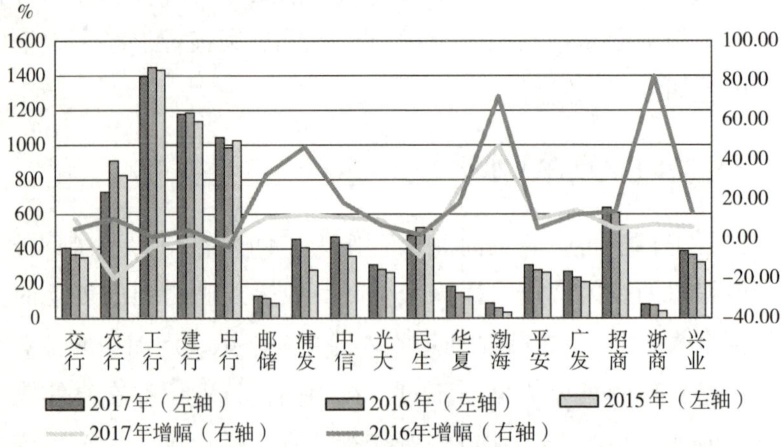

图 2－23　2015～2017 年全国性商业银行中间业务净收入情况

就近 3 年变化趋势而言，2017 年 5 家大型银行中间业务净收入下降 4.23 个百分点、11 家股份制银行中间业务净收入增长 7.72 个百分点，呈反向变化趋势，同时导致大型银行中间业务净收入在 17 家银行中的比重持续下降。与 2016 年相比，大型银行中，交行和中行分别上升了 10.21 个和 0.03 个百分点，其他 3 家都出现下滑，农行中间业务净收入下降 19.83 个百分点，下降幅度最大。股份制银行中，仅民生银行出现 8.65 个百分点的下降，其余股份制商业银行的中间业务净收入均高速增长；渤海银行以 47.21 个百分点的增速获得了最快的增长，而增速最慢的招商银行也达到了 5.18 个百分点。

2. 中间业务占比

手续费及佣金净收入占营业收入之比（以下简称“中间业务占比”）是衡量中间业务发展水平及商业银行收入结构的重要指标。由于利息净收入与中间业务净收入合计占我国商业银行营业收入的 90% 以上，因此中间业务占比与利息收入比的变化趋势整体上是相反的。2017 年，除邮储银行外的 16 家全国性商业银行中间业务占比为 21.72%，较上年下降 0.58 个百分点。

图 2－24 列示了近 3 年各家全国性商业银行中间业务占比情况，股份制银行的中间业务占比已经远高于大型银行。五大行中，交行达到 20.79%，超过工行（19.22%），在大型银行中占据首位；农行的中间业务占比依然最小（13.57%），而且经历了 17 家银行中最大幅度的下降，下降了 4.40 个百分点；中行和建行都在 18% 左右。股份制银行中，广发以 53.32% 的水平在所有全国性商业银行中占据头把交椅，最低的浙商银行也达到了 23.43%，其余股份制银行中间业务占比均在 27%～35%，明显超过大型银行。邮储的中间业务占比还比较低，在 2017 年还下降了 0.40 个百分点，降至 5.66%。

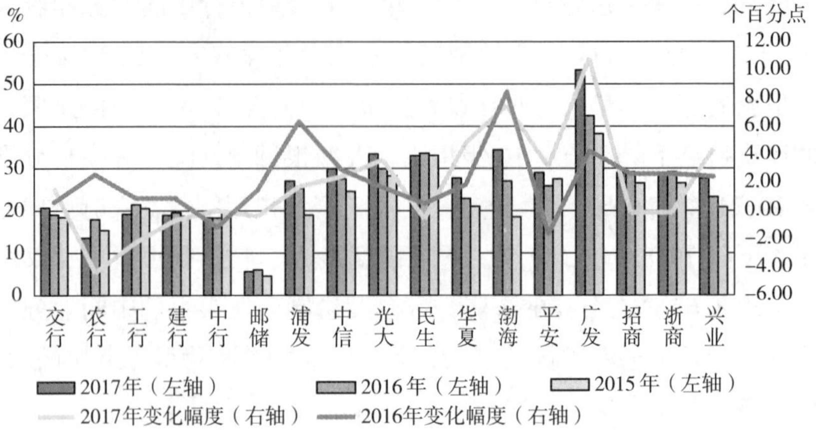

图 2－24　2015～2017 年全国性商业银行中间业务占比情况

从近 3 年的变化情况来看，2017 年，有 3 家大型银行、2 家股份制银行，以及邮储的中间业务占比都出现下滑。不同于 2016 年仅大型银行中的中行下降了 1.15 个百分点，还有股份制银行中的平安下降了 1.64 个百分点，其余银行全部呈上升趋势，2017 年有更多的银行中间业务占比出现下降。大型银行中，只有交行和中行分别上升了 1.64 个和 0.02 个百分点，农行下降幅度最大（4.40 个百分点），工行和建行分别下降了 2.23 个和 0.64 个百分点。股份制银行中，除了民生和浙商下降了 0.58 个和 0.14 个百分点，其余 9 家均出现了不同程度的上升，广发上升了 10.82 个百分点，涨幅最大。

（四）成本控制水平

影响商业银行净利润水平的因素除了收入，就是相应的成本。成本收入比是反映取得单位收入所耗费的成本，在数值上等于营业费用与营业收入之比。成本收入比是银监会风险监管核心指标中的风险抵补类指标之一，按照监管要求，该指标不应高于 45%。

图 2－25 列示了近 3 年各全国性商业银行成本收入比情况。2017 年，除邮储收入成本比较高外，达到 64.64%，其他 15 家全国性商业

银行成本收入比均继续保持在 40% 以内。大型银行中，工行最低（26.45%），农行 32.96% 的水平在大型银行中最高，交行成本收入比也在 30% 以上，中行、建行则均为 27% ~28%。股份制银行中，广发（39.27%）成本收入比在 17 家银行中最高；浦发仅有 24.34%，成本控制情况最佳；其他 9 家银行均为 25% ~35%。

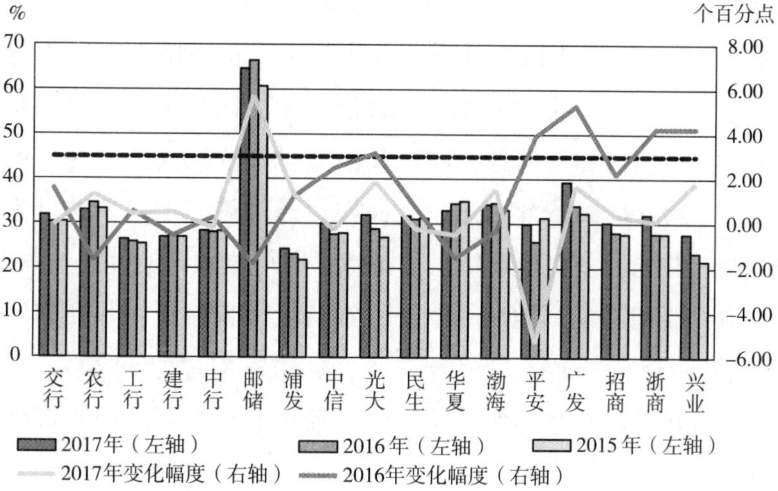

图 2-25　2015 ~2017 年全国性商业银行成本收入比情况

从近 3 年的变化情况来看，2017 年全国性商业银行成本收入比的变化各不一致，有升有降，但是大多数银行都有上升。大型银行中，农行和建行成本收入比分别下降 1.63 个和 0.54 个百分点，其余 3 家银行均有所上涨，交行上升幅度较大（1.56 个百分点）。股份制银行中，除华夏和渤海分别下降 1.54 个和 0.33 个百分点，其余股份制银行的成本收入比均有所上升，广发涨幅达到了 5.27 个百分点。邮储银行不再是增幅最快的商业银行，2017 年成本收入比反而下降了 1.8 个百分点。

五、流动性分析

本质上而言，商业银行要根据流动性、安全性、收益性相统一的原则对资产负债进行配置，保证安全稳健运行。发生于 2013 年 6 月的“钱荒”就是由于商业银行过于追求通过资产负债错配实现收益最大化，而忽视了对流动性的关注，导致最后无法以合理成本及时获得充足资金，用于偿付到期债务、履行其他支付义务和满足正常业务开展的其他资金需求。2015 年以来，人民银行通过诸多定向调控措施进行预调微调，并先后多次降准降息，保持了银行体系流动性的整体充裕。2017 年在严监管、防风险的背景下，银行业市场流动性和利率保持在合理水平。

本报告选择流动性比例和流动性覆盖率分析全国性商业银行的流动性管理水平。

（一）流动性比例

流动性比例为流动性资产余额与流动性负债余额之比，衡量商业银行流动性的总体水平，监管要求不应低于 25%。近年来，我国银行业金融机构流动性比例总体上保持了稳步上升的态势。

图 2－26 列示了近 3 年各全国性商业银行的流动性比例情况。2017 年末，全国性商业银行流动性比例均明显高于 25% 的监管要求。其中，大型银行流动性比例最高的是交行（58.66%），其次是农行（50.95%）、建行（43.53%）、中行（47.1%）和工行（41.7%），也都在 40% 以上。股份制银行中，广发（63.75%）、兴业（60.83%）和招商（60.58%）流动性比例均超过了 60%，最低的民生也有 39.8%。

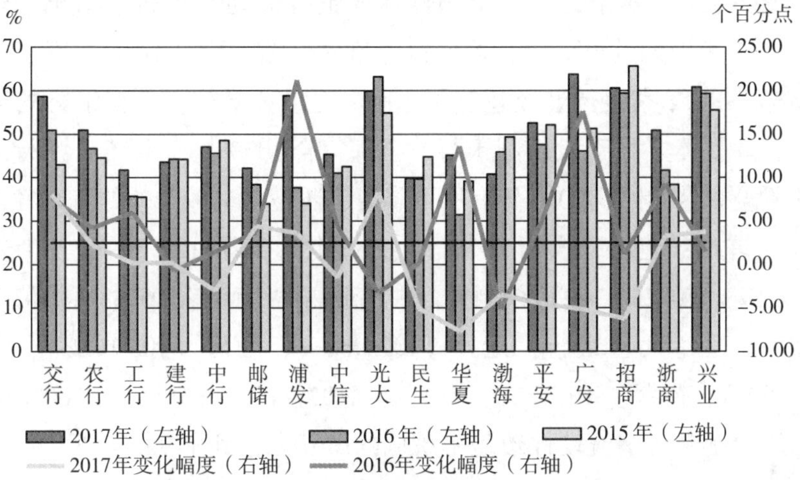

图 2-26　2015～2017 年全国性商业银行流动性比例情况

2017 年，全国性商业银行流动性比例以正增长为主，仅有建行、光大和渤海出现负增长。大型银行中，除了建行下降 0.68 个百分点，其余 4 家银行有不同程度的上升，交行大幅上涨了 7.74 个百分点，工行也上升了 6.00 个百分点。股份制银行中，流动性比例变动最大的是浦发银行，上升了 21.20 个百分点；广发、华夏和浙商也分别上升了 17.66 个、13.63 个和 9.27 个百分点；其他流动性比例上升的股份制银行上升幅度都在 5 个百分点以内；但是渤海和光大的流动性比例出现了下降，降幅分别达到了 5.15 个和 3.25 个百分点。

（二）流动性覆盖率

流动性覆盖率是合格优质流动性资产与未来 30 天现金净流出量之比，旨在确保商业银行在设定的严重流动性压力情景下，能够保持充足的、无变现障碍的优质流动性资产，并通过变现这些资产来满足未来 30 日的流动性需求。自 2018 年 7 月 1 日开始施行的《商业银行流动性风险管理办法》明确指出，商业银行的流动性覆盖率应当在 2018 年底前达到 100%。在过渡期内，应当不低于 90%。

图 2－27 列示了近 3 年全国性商业银行流动性覆盖率情况。总体来看，17 家全国性商业银行均已符合流动性覆盖率达到 90% 以上的监管指标，有 12 家银行已经超过了 100% 的监管要求。大型银行的流动性覆盖率整体上高于股份制银行，全部符合 100% 这一标准。工行的流动性覆盖率尽管相较 2016 年有所下降，但还是以 129.02% 的流动性覆盖率排在首位；建行、农行、中行、交行也达到了 121.99%、121.2%、117.41%、110.2%。在股份制银行中，最高的浙商有 199.83% 的流动性覆盖率，远超大型银行；光大（101.96%）、渤海（103.03%）、广发（103.6%）、招商（101.76%）和兴业（102.74%）都已满足 100% 的要求；股份制银行中流动性覆盖率最低的平安也达到了 98.35%。

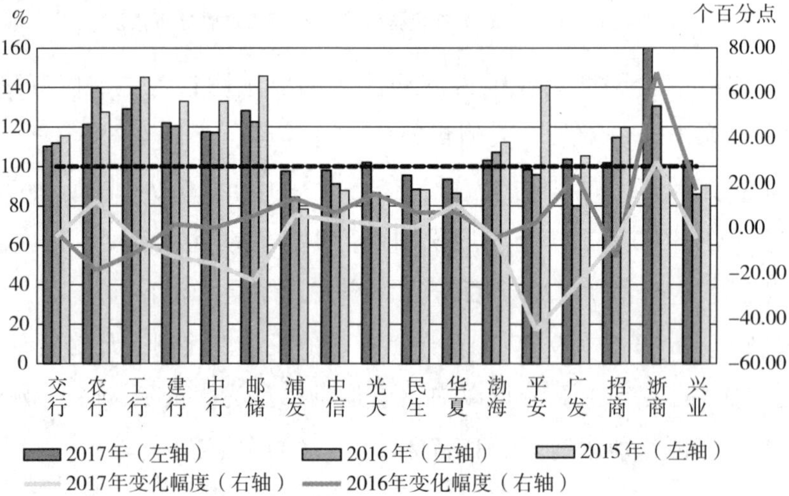

图 2－27　2015～2017 年全国性商业银行流动性覆盖率情况

与 2016 年相比，大多数银行的流动性覆盖率都呈上涨趋势，但是大型银行没有股份制银行表现良好。大型银行中有 3 家银行出现了下降，分别是农行下降 18.6 个百分点、工行下降 10.73 个百分点、交行下降 1.65 个百分点，建行和中行也只上升了 1.72 个和 0.24 个百分点。股份制银行中，除了招商和渤海分别下降 12.83 个和 4.09 个百分点外，其余 9 家银行都出现大幅上升，上升幅度最低的平安上升了 2.59 个百分点，最高的浙商甚至上升了 69.34 个百分点。

第三部分

2017年全国性商业银行核心竞争力评价报告[①]

① 本部分由欧明刚主持并修改，吴璇、刘媛、彭煜、李姝澜、郝佳根执笔。

对于中国银行业而言，2017 年是挑战巨大的一年，也是转型深化的一年。以“三去一降一补”为主要内容的供给侧结构性改革持续深化，对银行的资产质量和客户战略带来了挑战；第五次金融工作会议提出回归本源和服务实体经济的要求，银行的业务结构和发展模式亟须调整；以“三三四十”为主要内容的全面从严监管与 MPA 的实施以及不断开出的罚单，为银行的合规经营和资产调整带来了全面挑战；方兴未艾的金融科技浪潮为银行数字化转型提供了机遇和挑战。全国性商业银行面对新的形势和要求，围绕核心竞争能力的打造，不断做出新的努力。

一、发展战略

面对新的形势，银行或是调整和优化发展战略，或是狠抓战略的实施和落地。全国性商业银行在战略目标和路径选择上呈现一定的差异化和特色化，但也体现了一些共同特征与时代特点。5 家大行总体都定位于全球化、综合化的商业银行，但各家银行的起点不一，有着不同的路径和重点（见表 3－1）。

表 3－1　　2017 年部分全国性商业银行发展战略

中国工商银行	打造“价值卓越、坚守本源、创新领跑、安全稳健、以人为本”的具有全球竞争力的世界一流现代金融企业
中国银行	坚持科技引领、创新驱动、转型求实、变革图强，把中国银行建设成为新时代全球一流银行
中国建设银行	建设最具价值创造力的国际一流银行集团
中国农业银行	打造经营特色明显、服务高效便捷、功能齐全协同、价值创造能力突出的国际一流商业银行集团
交通银行	走国际化、综合化道路，建设以财富管理为特色的一流公众持股银行集团

续表

邮储银行	定位于服务社区、服务中小企业、服务“三农”，致力于为中国经济转型中最具活力的客户群体提供服务，成为最受信赖、最具价值的一流大型零售商业银行
招商银行	成为创新驱动、零售领先、特色鲜明的中国最佳商业银行，坚持“一体两翼”的战略定位，紧密围绕打造“轻型银行”的转型目标
中信银行	坚持以客户为中心，以价值创造和轻型发展为导向，坚持公司大客户、零售中高端、同业广覆盖的客户定位，坚持“一体两翼”业务定位，努力建设成为业务特色鲜明、盈利能力突出、资产质量较好的最佳综合融资服务银行
兴业银行	建设“结算型、投资型、交易型”三型银行，积极构建“商行＋投行”战略体系
平安银行	秉承“科技引领、零售突破、对公做精”的转型发展战略，致力于打造“领先的智能化零售银行”和“卓越的精品公司银行”
光大银行	转变增长方式，加快战略转型，夯实管理基础，提升盈利能力，突出财富管理特色，加大金融科技创新步伐，严守风险底线，提高服务质量，改善客户体验，全面建设国内一流股份制银行
广发银行	作为“中小企业服务商”，确定了功能完备、业务多元、特色鲜明、同业一流的战略愿景
华夏银行	立足服务实体经济，立足为客户和股东创造价值，以存款立行、金融科技兴行、人才强行作为根本的战略导向，坚持特色化、数字化、综合化、轻型化的发展方向，努力建设成为“大而强”“稳而优”的现代金融集团
民生银行	做强公司金融，做大零售金融，做优金融市场业务，做好综合化经营
浦发银行	以客户为中心，科技引领，打造一流数字生态银行
浙商银行	成为最具竞争力全国性股份制商业银行和浙江省最重要金融平台的“两最”总目标和全资产经营战略
渤海银行	确立了“最佳体验现代财资管家”的长远发展愿景，明确了以客户为中心，通过特色化、综合化、数字化、国际化四大抓手，建立人才、科技、财务、风险和机制五大保障，持续推动转型的战略定位

工商银行既坚持全球一流银行的目标，又突出从大行向强行的转型；既有新时代愿景，又有更高目标。新时期的愿景是“实现从传统大行到现代化强行的历史跨越”，打造“价值卓越、坚守本源、创新领

跑、安全稳健、以人为本”的具有全球竞争力的世界一流现代金融企业；更高目标就是打造基业长青的百年老店，能历经各种考验，树立长盛不衰的国际声誉。相应地，工商银行在具体定位上提出了“大资管、大零售、大投行”，定位于国际化和综合化。中国银行以建设成为新时代全球一流银行为发展目标，与党的十九大提出的国家发展分三步走的战略相一致。中国银行也提出了分三步走的阶段性目标：到2020年全面建成小康社会之际，实现“发展基础进一步夯实，特色优势进一步巩固，体制机制进一步完善，综合实力进一步增强”；到2035年国家基本实现现代化时，实现从世界一流大行向世界一流强行的跨越，全面建成新时代全球一流银行；到2050年全面建成社会主义现代化强国之际，将中国银行打造成为社会主义现代化强国的“金融重器”，打造成为全球金融业的一面旗帜。其战略手段则是“坚持科技引领、创新驱动、转型求实、变革图强”，依靠党的领导与文化建设。显然，中国银行与工商银行的战略目标有异曲同工之处。中国建设银行一直以“建设最具价值创造力的国际一流银行集团”为愿景。2017年，建设银行不断强化自己的特色，如房金融是建行的传统优势，随着“房子是用来住的”理念变为行动，房地产市场发生了深刻的变化，建行顺时而变，在2017年积极开拓住房租赁市场，在同业中率先推出住房租赁综合解决方案，倡导“长租即长住，长住即安家”的住房消费新理念，打响“要租房到建行”的品牌。中国农业银行一直坚定其“经营特色明显、服务高效便捷、功能齐全协同、价值创造能力突出的国际一流商业银行集团”的战略目标，致力于为“三农”提供更全面的金融服务。作为五大行中规模较小的交通银行较早就确立了一条国际化、综合化道路，建设以财富管理为特色的一流公众持股银行集团的发展道路。

股份制商业银行更倾向于通过业务特色和专业优势，制定差异化的发展路径，来增强银行的竞争力和吸引力。

招商银行作为股份制商业银行的领跑者，坚持零售银行、轻型银行的定位。兴业银行定位于“结算型、交易型和投资型”银行。平安银行强调对公业务做精、零售业务智能化。民生银行进一步落实凤凰计划。中信银行坚持特色化、差异化、客户一体化服务和金融科技融合发展，其区域定位立足差异化、梯次化发展，将 38 家一级分行划分为三类，在资源配置和回报要求等方面做出差异化安排，在推进分行特色化、差异化发展的同时，与全行发展要求以及区域发展基础相统一。光大银行加快了公司、零售和金融市场业务转型，推进综合化、特色化、轻型化、智能化发展。民生银行着力打造“直销银行、小微金融、投资银行”三个特色。中国邮政储蓄银行着力于服务社区、中小企业和“三农”。

2017 年，银行的战略转型主要包括以下几个方面。如无特别说明，资料来源于各银行 2017 年年报及各种公开资料。

（一）轻型化、零售化

目前，我国商业银行转型发展的最大热点就是轻型化，包括轻资产、轻负债、轻收入结构和轻运营结构，以建立资本消耗少、风险可控的资产与业务体系。近年来，由于存款保险制度的出台和利率市场化的推进，在金融脱媒的趋势下，利差不断收窄，传统的商业银行存贷款业务不再是各家银行业务发展的主要增长点，中间业务的创新和规模扩大将成为商业银行利润增长的主要推动力。中信银行不断推进轻型发展，资源重点向资本消耗少、使用效率高、价值创造多的区域、行业和业务倾斜，推动“调结构、提转速”常态化，加强成本管控，打造轻资本、轻资产、轻成本经营模式，实现更高质量发展。在公司业务中交易银行是其发展重点。

我国商业银行的另一大转型方向零售业务。“得零售业务者得天下”，发达国家和地区的大银行零售业务在总收入中占据超过半壁江山。在银行业息差收窄、利润增长趋缓、对公业务利润压缩、银行不良高发的背景下，各家商业银行对零售业务的重视程度逐渐增加。随着我国高收入人群数量的大幅增加，消费者对于金融的认知程度普遍提升，客户对于私人银行、财富管理、消费金融等业务需求的提升也加速了银行零售化转型的步伐。2017 年，全国性大型商业银行的零售业务量较上一年有普遍提升（见图 3－1）。

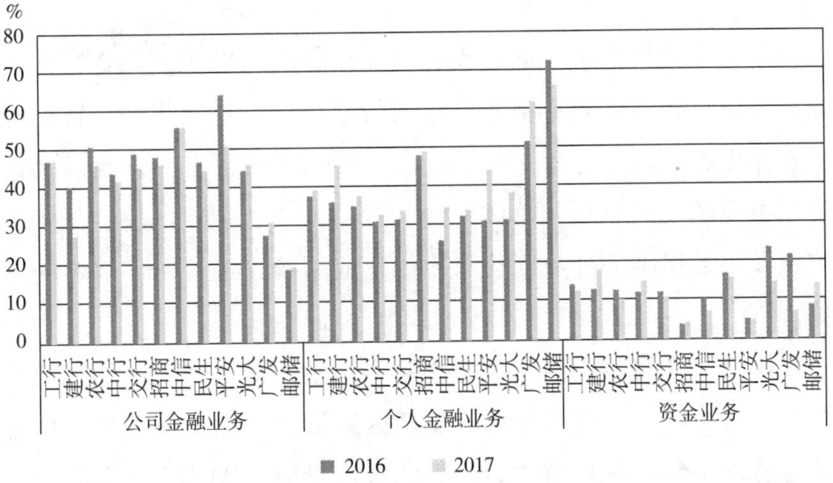

注：招商银行与平安银行在分部表述中使用的是批发金融与零售金融概念，资金业务在招商银行与平安银行表述中指的是其他业务而非资金业务。此外，这两家银行的定义本身也有不同，平安银行的零售金融业务中包括小企业金融。

图 3－1　2016 年、2017 年部分全国性商业银行业务收入占比

可以看出，建行、招商、广发、邮储、平安的零售业务收入在总营业收入中所占份额较大，超过了 40%，其中邮储银行零售业务收入的占比达到了 66.17%，这与其定位于社区服务，致力于成为一流零售商业银行的发展愿景相契合。建设银行大力推进零售业务优先战略，2017 年零售业务（个人银行业务）利润总额占比达到 45.95%，较上年有了较大提升。工商银行坚持传统动能改造提升与新动能培育壮大双管齐下，巩固多元动力、多点支撑的盈利增长格局。持续推进大零售战略，2017 年个人客户净增近 3800 万，是近年来之最。平安银行

2017 年零售转型成效显著，零售业务收入较上年同比增长 41.72%，净利润占比 67.62%。建立零售专属 IT 团队，建立敏捷机制和垂直化管控协调体系，打造智能零售新门店，8 月首家纯零售网点正式开业。广发银行的零售业务具有差异化竞争优势。2017 年度广发营业收入中零售业务的占比过半，是其第一大盈利来源。

（二）数字化、智能化

如今，金融科技正在逐步改变商业银行的营业模式，数字化、智能化成为银行转型的重要抓手。在银行数字化、智能化创新转型过程中，产品创新、风险管理、网点运营、智能客服、客户营销以及资产管理是重要的发展领域。总体来说，运用人工智能、区块链技术、云计算以及大数据来推进数字化与智能化成为各家银行落实战略的重要举措。

2017 年，工商银行组建七大创新实验室，全面布局金融科技各前沿领域，运用区块链技术推进雄安新区建设资金的透明管理，打造了贵州脱贫攻坚基金区块链平台，上线智能投顾“AI 投”，构建“工银物联网服务平台”。

建设银行吸纳国际领先技术和实践，建成业内领先的“新一代”核心系统。建立业界领先的企业级数据管理体系和数据应用体系，建设大数据工作平台，实施大数据应用项目 430 多个，释放大数据应用要素价值创造力。运用互联网思维和大数据技术，创新推出“龙支付”“快贷”等产品，市场影响力不断释放。以开放共享的理念探索科技能力输出，为客户提供“融资、融智、融网”全方位、多层次、综合化服务。适度超前布局，开展前沿金融科技研究，力争在互联网、大数据、人工智能和金融深度融合。

交通银行快速推进网点服务智能化发展，以智能机具为载体，通过引入人脸、指纹等生物识别技术，远程智能服务等技术，提升客户服务体验。

中信银行积极应用新技术，采用大数据处理、分布式计算等技术，逐步构建软件基础平台。联合百度发起设立中信百信银行，成为国内首家以独立法人形式开展业务的直销银行。

平安银行注重科技领先战略，高度重视科技创新和技术运用，紧跟人工智能、生物识别、大数据、区块链、云计算等前沿科技。运用互联网技术和思维改造业务和队伍，打造领先的智能化零售银行。在对公业务领域，利用大数据技术打造领先的中小企业数据征信平台，利用先进的 IT 系统打造“橙 e 网、跨境 e、保理云、行 e 通、黄金银行”新优势，提升对公司客户的数字化服务能力。

兴业银行作为目前国内唯一一家对外输出核心系统技术的商业银行，继续积极打造智慧金融和开放银行，推进流程机器人在信用卡和远程客服领域的试点应用，推动信息科技从提供支持保障向引领业务发展、促进经营模式转型。

（三）综合化

综合化经营是指商业银行在传统银行业务之外，为更好地满足客户的不同需求，开展证券、保险、资产管理、租赁等非银行的金融业务。随着供给侧结构性改革的持续推进，宏观经济环境和监管政策不断变化，综合化经营逐渐成为我国商业银行发展的主要方向。在我国，商业银行的综合化经营主要是通过子公司来经营证券、保险、基金、租赁和信托等业务。

工商银行的综合化经营主要集中在资产管理、寿险、租赁、投行四大领域，分别由工银瑞信、工银租赁、工银安盛、工银国际来承担。2017 年工行率先成立债转股公司工银投资，并开始了债转股业务。虽然工行的综合化经营的子公司并不太多，但都在相应的领域中地位较高，盈利能力较强，2017 年盈利超过 72 亿元，其中仅工银租赁盈利就达 35.68 亿元。

2017 年，农业银行也成立了专司债转股的农银投资公司，从而使综合化经营子公司牌照从资管、投行、租赁、人寿扩展到债转股。2017 年农银汇理、农银国际、农银租赁、农银人寿、农银投资 5 家综合化经营附属机构资产合计 1573 亿元，比 2016 年末增长 92 亿元；全年实现净利润合计 16.02 亿元，较 2016 年增长 37.9%。

建设银行在综合化经营上已经走在前列，先后成立建信基金、建信租赁、建信信托、建信人寿、建信期货、建银国际、建信养老、建信财险 8 家子公司。2017 年建行成立专司债转股的建行投资，从而使综合性经营子公司的家数达到 9 家。2017 年末，综合化经营子公司资产总额 4419.31 亿元，较 2016 年增长 19.14%；实现净利润 64.99 亿元，增长 22.86%，远超集团的总增长速度。

交通银行在 2017 年也成立了债转股的投资公司。综合化本身是交行的定位之一，在综合化方面起步较早，控股子公司包括交银国际、交银基金、交银国信、交银人寿等。其中，交银租赁 2017 年末的租赁资产余额达 2000.02 亿元，较年初增长 20.44%；交银国信充分发挥信托制度优势，管理资产规模达到 94764.29 亿元，较年初增长 35.31%；交银基金旗下多只公募基金业绩突出，管理资产规模达 4711.27 亿元。2017 年，交银国际成为首家在港上市的中资银行系券商。

招商银行是股份制银行中综合化经营起步较早的银行，旗下有基金、投行、租赁和保险四类牌照的子公司，2017 年 4 家子公司净利润超过 37 亿元。民生银行以综合化发展为目标，旗下有民生金融租赁、民生加银基金、民银国际等子公司。浦发银行的综合化除了涉及保险、基金管理之外，还涉及信托，这三类子公司共盈利 31 亿元。

（四）国际化

随着更多的企业走出国门，“一带一路”沿线国家的金融合作和项目建设范围扩大，近几年国内商业银行海外布局持续推进，虽然 2017 年新增海外机构数量并不算多，但海外收入的占比增长幅度却明显高于前两年。2017 年，中国银行、建设银行、工商银行、交通银行、浦发银行、浙商银行扩大了海外机构网点覆盖范围，分行/子行数量总共增加 37 个。其他商业银行则通过海外业务产品创新、与当地金融业机构进行合作等方式，在已有业务区域内增强业务能力与同业竞争力，为今后的国际化发展奠定坚实的基础（见表 3 –2、图 3 –2）。

表 3 –2　　2017 年底全国性商业银行海外分支机构数

	子公司/子行	分行	代表处	营业网点	覆盖国家/地区
中国银行	22	38	8	545	54
建设银行	9	49			29
工商银行	19	28	2	419	45
农业银行	5	10	3	23	15
交通银行	5	15	1	65	16
招商银行	2	5	3		8
中信银行	2	3	3	48	7
光大银行	2	3	1		
广发银行		2	1		
民生银行	1	1			
浦发银行	1	3			
华夏银行			1		
兴业银行		1			
浙商银行		1			
平安银行			1		
渤海银行			1		

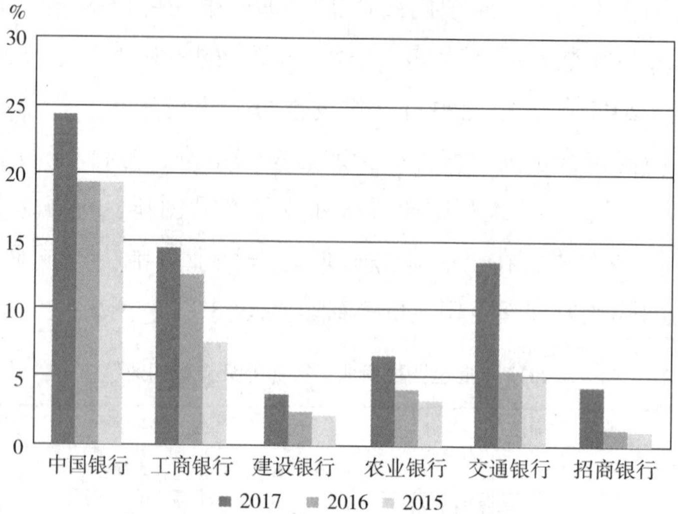

图 3-2　部分银行的海外机构营业收入占比

在所有实施国际化布局战略的商业银行中，中国银行是海外布局规模最大、业务最成熟的一家。2017 年，中国银行的海外业务市场竞争力持续提高，共实现利润总额 84.68 亿美元，占集团利润的 25.61%。海外分支机构覆盖国家较 2016 年增加 3 个，目前共有 545 家海外分支机构，遍布六大洲 53 个国家和地区。中国银行近年大力支持“一带一路”项目，加强与国际大银行和政策性金融机构的合作，为“走出去”的个人和企业提供全面的金融服务。此外，中行还成功在国际市场上发行了 36 亿美元等值的“一带一路”主题债券、15 亿美元等值气候债券，筹集中长期资金支持“一带一路”和绿色项目。

工商银行的国际化经营范围进一步扩大，2017 年布拉格分行、蒙古代表处正式开业，工银莫斯科圣彼得堡分行、工银美国休斯敦机构也先后开始运营，工商银行的服务网络覆盖了六大洲和全球重要国际金融中心。工行还为“一带一路”项目提供贷款支持，2017 年新承贷了 123 个项目，总金额达到 339 亿美元。

交通银行已初步建立起“以亚太为主体、欧美为两翼、拓展全球布局”的境外银行机构布局。截至目前，共有 21 家境外分（子）行及代表处，其中 2017 年新增英国子行。在境内外联动业务上实现收入 43.37 亿元人民币，境内外银行机构跨境人民币结算量超过 2 万亿元人民币。

建设银行的国际化布局在 2017 年有序推进，建行（印度尼西亚）公司揭牌，建行（欧洲）华沙分行、建行（马来西亚）公司、建行（澳大利亚）珀斯分行先后开业。2017 年海外机构实现净利润 71.96 亿元，同比增幅 69.46%。此外，建行注重国际业务产品的创新，使用"区块链 + 贸易金融"技术，在同业中率先实现国内信用证、福费廷和国际保理领域的区块链跨行、跨境实际应用，通过区块链累计交易业务量达到 16 亿元。

农业银行迪拜分行暨阿联酋人民币业务清算行正式营业；圣保罗代表处、伦敦分行、澳门分行和河内分行的设立获得当地监管机构正式批复；温哥华分行的境外申设工作顺利推进。截至 2017 年末，农行境外分行及控股机构资产总额 1222.07 亿美元，比 2016 年末增长 11.8%；全年实现净利润 5.01 亿美元，同比增长 77.1%。

除了 5 家大型国有商业银行之外，其他几家全国性股份制银行也迈出了国际化步伐。招商银行是股份制银行中国际化程度最高的一家，除了先后成立了纽约分行、新加坡分行、卢森堡分行、伦敦分行外，还收购了香港永隆银行；2017 年又取得了新突破，悉尼分行开业，成为第一家在澳大利亚建立机构的股份制商业银行。2017 年 4 月，浦发银行新加坡分行开业，成为其香港以外的另一家分行；2018 年 2 月伦敦分行也相继开业。2017 年，中国光大银行的子银行光银欧洲与卢森堡分行相继开业，同时申请了悉尼分行。中信银行、浙商银行于 2017 年底获得了香港金融管理局授予的银行牌照，香港分行于 2018 年正式营业。平安银行香港分行也于 2017 年获批。此外，华夏银行也正在加快设立香港分行。

二、公司治理

银行业要实现稳健运行和协调可持续发展，良好的公司治理机制是必要条件。通过股份制改造，我国银行业产权逐渐明晰，各家银行以此为基础逐渐建立起了以股东大会、董事会、监事会和高级管理层为主体的现代化商业银行治理架构。与普通企业相比，商业银行尤其是上市银行的治理运行机制存在特殊性，应当严格遵守《公司法》《证券法》《商业银行法》《上市银行治理准则》《商业银行公司治理指引》《商业银行监事会工作指引》等法律法规以及上市地上市交易所的规定，结合银行治理实践，持续推进公司治理体系和治理能力的现代化建设。治理主体应当遵循独立运作、有效制衡、相互合作、协调运转的原则，不断优化董事会科学决策、高级管理层高效执行和监事会严格监督的运行机制，促进公司治理水平进一步提高。

截至 2017 年 12 月 31 日，18 家全国性商业银行中共有 9 家成功在港交所和上交所上市，为工商银行、建设银行、农业银行、中国银行、交通银行、招商银行、中信银行、民生银行和光大银行；3 家仅在上交所上市，为浦发银行、兴业银行和华夏银行；1 家仅在深交所上市，为平安银行；2 家仅在香港上市，为浙商银行和邮储银行；3 家暂未上市，为广发银行、渤海银行和恒丰银行。除恒丰银行尚未披露 2017 年年报、渤海银行仅发布年报摘要以外，其余 16 家商业银行已于 2018 年 4 月底之前公布了 2017 年年报。根据年报及相关公开文件来看，上市银行信息披露显然更为全面，相关指标统计水准以及年报整体质量也高于未上市银行，但差距在逐渐减少。在社会责任方面，已上市银行与未上市银行都在服务实体经济、落实普惠金融、精准扶贫脱贫、发展绿色经济、支持科教文卫和保护消费者权益等方面发挥了自己的作用。

以下将从公司治理架构、股东大会会议、董事会监事会履职、信息披露执行，以及社会责任履行这 5 个角度来考察银行的公司治理情况。

（一）公司治理架构情况

17 家全国性商业银行（未含恒丰银行）根据现代公司治理结构要求，按照“三会分设、三权分开、有效制约、协调发展”的原则，设立股东大会、董事会、监事会和高级管理层。在报告期内，公司股东大会有效规范运作，董事会、监事会切实履行战略决策和监督职能，各专门委员会积极行使辅助决策监督职责，董事、监事通过开展专题调研检查不断提升履职能力，管理层认真贯彻董事会、监事会会议精神，有效落实董事会决策意见和监事会监督建议，公司各项事业持续稳健发展，全体股东和各相关者利益得到有效保障。

《商业银行公司治理指引》第二十二条规定，董事会应根据商业银行情况单独或合并设立其专门委员会，如战略委员会、审计委员会、风险管理委员会、关联交易控制委员会、提名委员会、薪酬委员会等。17 家商业银行均披露了相关情况，各银行董事会下设专门委员会情况如表 3 – 3 所示。

表 3 – 3　　全国性商业银行董事会专门委员会设立情况

银行名称	董事会专门委员会
工商银行	战略委员会、风险管理委员会、提名委员会、薪酬委员会、关联交易控制委员会、审计委员会
农业银行	提名与薪酬委员会、战略规划委员会、“三农”金融/普惠金融发展委员会、风险管理委员会、美国区域机构风险委员会、审计及合规管理委员会
中国银行	战略发展委员会、审计委员会、风险政策委员会、人事和薪酬委员会、关联交易控制委员会

续表

银行名称	董事会专门委员会
建设银行	战略发展委员会、审计委员会、风险管理委员会、提名与薪酬委员会、社会责任与关联交易控制委员会
交通银行	战略委员会（普惠金融发展委员会）、审计委员会、风险管理与关联交易控制委员会、人事薪酬委员会、社会责任与消费者权益保护委员会
招商银行	战略委员会、提名委员会、薪酬与考核委员会、风险与资本管理委员会、审计委员会、关联交易控制委员会
中信银行	战略发展委员会、审计与关联交易控制委员会、风险管理委员会、提名与薪酬委员会、消费者权益保护委员会
民生银行	战略发展与投资管理委员会、风险管理委员会、关联交易控制委员会、提名委员会、薪酬与考核委员会、审计委员会
浦发银行	战略委员会、资本与经营管理委员会、审计委员会、提名委员会、风险管理与关联交易控制委员会、薪酬与考核委员会
兴业银行	战略委员会、风险管理委员会、审计与关联交易控制委员会、提名委员会、薪酬考核委员会
光大银行	战略委员会、审计委员会、风险管理委员会、提名委员会、薪酬委员会、关联交易控制委员会、普惠金融发展和消费者权益保护委员会
华夏银行	战略管理与消费者权益保护委员会、风险与合规管理委员会、关联交易控制委员会、提名委员会、薪酬与考核委员会、审计委员会
平安银行	战略发展与消费者权益保护委员会、审计委员会、风险管理委员会、关联交易控制委员会、提名委员会、薪酬与考核委员会
广发银行	战略/消费者权益保护工作委员会、风险管理委员会、关联交易控制委员会、提名与薪酬委员会、审计委员会
浙商银行	战略委员会、审计委员会、风险与关联交易控制委员会、提名与薪酬委员会、消费者权益保护委员会、普惠金融发展委员会
渤海银行	审计委员会、风险管理委员会/关联交易控制委员会、提名薪酬委员会、发展战略委员会
邮储银行	战略规划委员会、关联交易控制委员会、审计委员会、风险管理委员会、提名和薪酬委员会、社会责任委员会

根据中国证监会《关于在上市公司建立独立董事制度的指导意见》

规定，所有上市银行都达到了这一标准。中信银行的独立董事比例最高，达到50%；未上市的渤海银行最低，仅为28.57%。监事会方面由职工代表、股东大会选举的外部监事和股东监事组成，根据银监会规定，外部监事的人数不得少于2人。只有中国银行和建设银行未达这一标准，外部监事仅有1人。具体董事会、监事会结构见表3-4。

表3-4　　全国性商业银行董事会与监事会机构

银行名称	董事会人数	独董人数	独董比例	监事会人数	外部监事人数	职工监事人数
工商银行	16	6	37.50	5	2	2
农业银行	13	5	38.46	5	2	2
中国银行	12	5	41.67	7	1	3
建设银行	15	5	33.33	7	1	3
交通银行	18	6	33.33	13	3	4
招商银行	15	6	40.00	9	3	3
中信银行	10	5	50.00	6	3	3
民生银行	18	6	33.33	9	3	3
浦发银行	15	7	46.67	9	3	3
兴业银行	15	5	33.33	9	3	3
光大银行	14	6	42.86	9	3	3
华夏银行	18	6	33.33	11	4	3
平安银行	14	5	35.71	7	3	3
广发银行	15	6	40.00	9	3	3
浙商银行	17	6	35.29	12	5	4
渤海银行	14	4	28.57	5	2	2
邮储银行	15	5	33.33	9	3	3

（二）股东大会召开情况

股东大会会议包括年度会议和临时会议。《商业银行公司治理指引》规定，股东大会年会应当由董事会在每一会计年度结束后6个月内召集和召开。因特殊情况需延期召开的，应当向银行业监督管理机构报告，并说明延期召开的事由。

表 3 – 5 列示了 17 家全国性商业银行（未含恒丰银行）2017 年股东大会的召开情况。各家银行全都在 2016 年结束后 6 个月之内召开了年度会议，大多数银行 2017 年还召开了 1 ~ 2 次临时会议，上市银行皆在上市地交易所网站和银行网站上登载股东大会的有关决议公告。

表 3 – 5　　全国性商业银行股东大会召开情况

银行名称	上市地	股东大会会议
工商银行	上海、香港	2017 年 6 月 27 日召开 2016 年度股东年会
		2017 年 11 月 29 日召开第一次临时股东大会
农业银行	上海、香港	2017 年 6 月 28 日召开 2016 年度股东大会
		2017 年 12 月 5 日召开第一次临时股东大会
中国银行	上海、香港	2017 年 6 月 29 日召开 2016 年度股东大会
建设银行	上海、香港	2017 年 6 月 15 日召开 2016 年度股东大会
		2017 年 10 月 9 日召开第一次临时股东大会
交通银行	上海、香港	2017 年 6 月 22 日召开 2016 年度股东大会
		2017 年 10 月 27 日召开第一次临时股东大会
招商银行	上海、香港	2017 年 5 月 26 日召开 2016 年度股东大会、2017 年第一次 A 股类别股东会议和 2017 年第一次 H 股类别股东会议
中信银行	上海、香港	2017 年 2 月 7 日召开 2017 年第一次临时股东大会、2017 年第一次 A 股类别股东会和 2017 年第一次 H 股类别股东会
		2017 年 5 月 26 日召开 2016 年度股东大会
		2017 年 11 月 30 日召开 2017 年第二次临时股东大会
民生银行	上海、香港	2017 年 2 月 20 日召开 2017 年第一次临时股东大会、2017 年第一次 A 股类别股东大会和 2017 年第一次 H 股类别股东大会
		2017 年 6 月 16 日召开 2016 年度股东大会、2017 年第二次 A 股类别股东会议和 2017 年第二次 H 股类别股东会议
浦发银行	上海	2017 年 4 月 25 日召开 2016 年度股东大会
		2017 年 6 月 28 日召开 2017 年第一次临时股东大会
		2017 年 11 月 17 日召开 2017 年第二次临时股东大会
兴业银行	上海	2017 年 5 月 26 日召开 2016 年度股东大会

续表

银行名称	上市地	股东大会会议
光大银行	上海、香港	2017 年 2 月 28 日召开 2017 年第一次临时股东大会、2017 年第一次 A 股类别股东大会、2017 年第一次 H 股类别股东大会及 2017 年第一次优先股类别股东大会
		2017 年 6 月 20 日召开 2016 年度股东大会、2017 年第二次 A 股类别股东大会及 2017 年第二次 H 股类别股东大会
		2017 年 12 月 21 日召开 2017 年第二次临时股东大会
华夏银行	上海	2017 年 3 月 29 日召开第一次临时股东大会
		2017 年 5 月 24 日召开 2016 年度股东大会
平安银行	深圳	2017 年 6 月 29 日召开 2016 年度股东大会
		2017 年 8 月 14 日召开 2017 年第一次临时股东大会
		2017 年 12 月 21 日召开 2017 年第二次临时股东大会
广发银行	未上市	2017 年 6 月 26 日召开 2016 年度股东大会
		2017 年 4 月 13 日召开 2017 年第一次临时股东大会
浙商银行	香港	2017 年 5 月 31 日召开 2016 年度股东大会、2017 年度第一次内资股类别股东大会和 2017 年度第一次 H 股类别股东大会
渤海银行	未上市	2017 年 3 月 21 日召开 2016 年度会议
		2017 年 4 月 14 日召开第一次临时股东大会
		2017 年 6 月 29 日召开第二次临时股东大会
邮储银行	香港	2017 年 3 月 2 日召开 2017 年第一次临时股东大会
		2017 年 6 月 8 日召开 2016 年度股东大会、2017 年第一次内资股类别股东大会及 2017 年第一次 H 股类别股东大会
		2017 年 10 月 27 日召开 2017 年第二次临时股东大会、2017 年第二次内资股类别股东大会及 2017 年第二次 H 股类别股东大会

（三）董事会监事会成员履职情况

根据相关规定，董事会例会每年需召开 4 次以上（每季度至少 1 次），董事应当投入足够时间履行职责，每年至少出席三分之二以上的董事会会议，因故不能出席但可书面委托同类别其他董事代为出席。

董事会会议可以通过现场会议进行，也可以通过通信表决的形式进行。17 家商业银行均满足会议次数要求，其中农业银行召开的董事会次数最多，达 14 次，浦发银行以 13 次紧随其后。招商、民生和广发银行的董事出席率和独董出席率都达到了 100%；兴业银行尽管独董出席率是 100%，但是董事出席率为 96%。交通银行董事出席率最低，只有 84.31%；独董出席率最低的是平安银行，仅有 72%。整体来看，董事履职情况较好。

监事会例会的要求是每季度至少应当召开 1 次，监事连续两次未能出席且不委托其他监事代为出席监事会会议，或每年未能出席至少三分之二的监事会会议的，视为不能履职，监事会应当建议股东大会或股东会、职工代表大会等予以罢免。各家商业银行均符合这一规定，民生银行更是以 97.78% 的监事出席率排在首位。披露了相关信息的 10 家银行的监事出席率都在 85% 以上，监事履职情况良好。表 3－6 列示了相关数据。

表 3－6　全国性商业银行董事会、监事会成员履职情况

银行名称	董事会次数	现场会议次数	董事出席率（%）	独董出席率（%）	监事会次数	监事出席率（%）
工商银行	9	—	95.63	97.62	8	87.50
农业银行	14	—	96.15	91.43	6	93.33
中国银行	10	8	99.00	98.00	6	92.86
建设银行	9		93.70	97.78	8	92.86
交通银行	6	6	84.31	80.00	4	91.67
招商银行	12	2	100.00	100.00	8	—
中信银行	10	9	86.00	92.00	9	94.44
民生银行	11	—	100.00	100.00	5	97.78
浦发银行	13	7	88.72	89.01	12	92.08
兴业银行	5	4	96.00	100.00	5	—
光大银行	11	6	96.38	87.88	5	88.89
华夏银行	9	6	85.42	81.48	4	—

续表

银行名称	董事会次数	现场会议次数	董事出席率（%）	独董出席率（%）	监事会次数	监事出席率（%）
平安银行	10	—	—	72.00	8	—
广发银行	8	—	100.00	100.00	6	—
浙商银行	6	—	87.25	88.89	8	—
渤海银行	11	—	95.15	93.18	5	96.00
邮储银行	9	—	91.67	93.33	8	91.67

（四）信息披露执行情况

兼具真实性、全面性、时效性的信息披露能增强银行业的金融机构透明度，切实保障投资者和社会公众的信息知情权，维护金融市场的公平、公开、有序竞争。非上市银行只需按照银监会的信息披露指引制定年报，上市银行则需严格遵照证监会相关规定，充分把握上市地的监管要求，全面遵循相关信息披露规定。

2017 年，各家商业银行严格遵循真实、准确、完整、及时和公平的原则，编制和披露定期报告及各项临时报告，不断提高信息披露的针对性、有效性和透明度，确保投资者、社会公众能够公平获取信息。积极探索主动性信息披露，力争为投资者提供更为丰富、有效的信息。

除恒丰银行还未披露 2017 年年报以外，其他 17 家全国性商业银行均按照银监会《商业银行信息披露办法》于会计年度结束 4 个月内完成年度报告并进行披露（见表 3－7）。在内地与香港同时上市的 9 家银行因信息披露需要满足两地监管要求，披露项目更多，内容更详尽。部分银行年报格式与往年相比改变较大。整体来看，上市银行年报内容更加全面，格式也越发规范。

表 3－7　　全国性商业银行年报披露情况

银行名称	年报披露时间	财务报表附注项目数
平安银行	2018 年 3 月 15 日	11
招商银行	2018 年 3 月 24 日	64
农业银行	2018 年 3 月 27 日	15
中信银行	2018 年 3 月 27 日	61
工商银行	2018 年 3 月 28 日	13
建设银行	2018 年 3 月 28 日	62
光大银行	2018 年 3 月 29 日	14
中国银行	2018 年 3 月 30 日	12
交通银行	2018 年 3 月 30 日	11
民生银行	2018 年 3 月 30 日	18
渤海银行	2018 年 4 月 19 日	43
华夏银行	2018 年 4 月 20 日	19
兴业银行	2018 年 4 月 25 日	50
浦发银行	2018 年 4 月 28 日	12
广发银行	2018 年 4 月 28 日	18
浙商银行	2018 年 4 月 28 日	46
邮储银行	2018 年 4 月 30 日	47

（五）社会责任履行情况

全国性商业银行积极践行社会责任，助力国家发展战略，不断推进经济、环境与社会协调可持续发展，在支持实体经济、助力改善民生、推进公益事业、建设生态文明、保护消费者权益方面做出积极贡献。除广发银行之外，其他 16 家银行均发布了 2017 年社会责任报告，纷纷落实《社会责任工作基本规定》，规范社会责任信息采集渠道、披露方式及工作内容。

12 家在上交所上市的全国性商业银行中，有 10 家银行根据上海证券交易所 2008 年 5 月 14 日发布的《关于加强上市公司社会责任承担工作暨发布〈上海证券交易所上市公司环境信息披露指引〉的通知》

的相关要求，并结合银行业的行业特征计算了每股社会贡献值，计算方式为：每股社会贡献值 = 每股收益 + （纳税总额 + 职工费用 + 利息支出 + 公益投入总额）/期末总股本。由表 3 – 8 可以看出，股份制银行的每股社会贡献值整体上大于大型银行。

表 3 – 8　　　　　全国性商业银行每股社会贡献值

银行名称	每股社会贡献值（元）		
	2015 年	2016 年	2017 年
交通银行	3.86	3.77	4.25
农业银行	2.04	1.98	2.00
工商银行	2.48	2.44	2.40
建设银行	2.95	2.73	2.74
中国银行	1.81	1.71	1.73
浦发银行	7.93	7.62	8.60
中信银行	4.12	4.07	4.37
民生银行	5.61	5.61	6.57
招商银行	8.57	7.98	9.08
兴业银行	12.49	12.12	13.10

1. 支持国家战略，服务实体经济

全国性商业银行坚守银行本源，落实国家战略，注重提升服务实体经济的针对性和有效性。各家银行积极发挥资金优势，致力于为京津冀协同发展、长江经济带发展、中西部崛起、东北地区振兴、“中国制造 2025”战略和“一带一路”建设等提供金融支持。围绕实体经济发展和供给侧结构性改革大局，各家银行精准对接实体经济多元化金融需求，支持“三去一降一补”，助推产业结构升级，推动区域协调，助力高端制造，实现支持经济高质量发展和银行自身升级发展的深度融合共进。

例如，建设银行始终把服务实体经济作为天职和宗旨，服务国家战略，发挥在基础设施领域的传统优势，全年基础设施行业领域贷款

新增 4612.97 亿元。中国银行持续发挥全球化优势，深化“一带一路”金融大动脉建设，截至 2017 年末共跟进“一带一路”重大项目逾 500 个；2015～2017 年，对“一带一路”沿线国家提供约 1000 亿美元的授信支持；举办太平洋岛国、拉美四国（巴拿马、厄瓜多尔、哥斯达黎加、哥伦比亚）“一带一路”国际金融交流合作研修班。

2. 落实普惠金融，布局精准扶贫

全国性商业银行积极完善普惠金融服务体系，一方面通过加强经济落后地区营业网点建设和自助设备投放，借助移动互联网、云计算等技术搭建移动平台，提高金融服务的覆盖率和可获得性，着力保障和改善民生；另一方面大力扶植小微和“双创”企业，支持乡村振兴战略，倾力精准扶贫。

根据银监会统计，截至 2017 年末，银行业金融机构用于小微企业贷款和涉农贷款余额均达到 31 万亿元，同比分别增长 15.1% 和 9.6%。保障性安居工程贷款达 4.48 万亿元，同比增长 42.3%，高于各项贷款平均增速 29.9 个百分点。在精准扶贫方面，银行业金融机构发放扶贫小额信贷余额近 2500 亿元，比 2016 年末增加了 800 多亿元；扶贫开发项目贷款余额 2316 亿元，比 2016 年末增加了 1513 亿元；支持建档立卡增加了 205 万户，户均贷款 4.11 万元，扶贫小额信贷支持的建档立卡贫困户已经占到全国的 25.81%。

截至 2017 年末，大型银行和股份制商业银行用于小微企业的贷款余额分别为 74225 亿元和 42864 亿元。如图 3－3 所示，除邮储银行缩减了小微企业贷款规模外，其他商业银行都加大了小微企业信贷投放力度，支持小微企业发展。

扶贫工作是商业银行旅行社会责任的重要内容，全国性商业银行强化精准扶贫机制建设，支持精准扶贫资金需求，创新精准扶贫产品服务，不断加大金融支持和精准帮扶力度。通过拓展对贫困地区的帮扶渠道，加大扶贫信贷投放力度，开展公益类扶贫活动，全国性商业银行努力在脱贫攻坚中发挥应有作用。

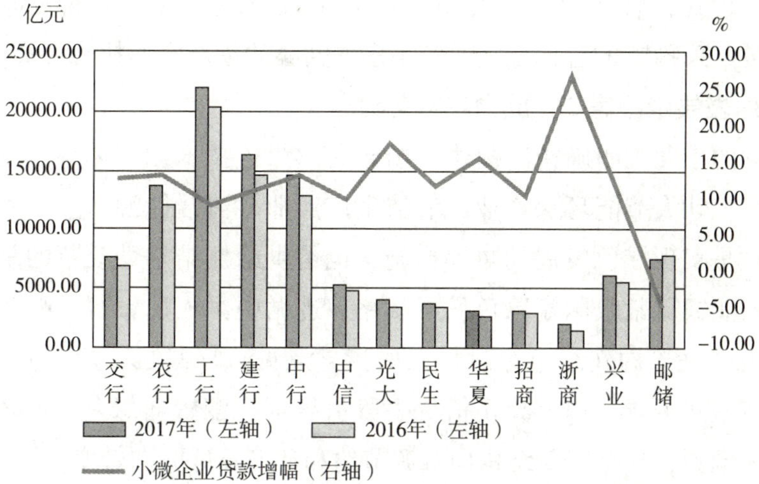

图 3-3　全国性商业银行小微贷款余额情况

工商银行从金融扶贫、教育扶贫、卫生扶贫、产业扶贫四个方面对接贫困地区服务需求。2017 年，工商银行各项扶贫贷款余额合计为 1270 亿元，同比增加 340 亿元。农业银行主动对接贫困地区发展规划，持续加大贫困地区贷款投放力度，着力支持贫困地区基础设施建设、现代农业发展、县域工业企业、小微企业、惠民项目建设等经济社会发展重点领域和薄弱环节。农业银行在所有贫困县域设立物理网点，对于网点无法覆盖的贫困村，加快推进“惠农通”工程；在 685 个国家扶贫重点县上线“惠农 e 通”电商平台，为 13 万农企、农户提供电商金融服务；在 10 个国家扶贫重点县打造特色产品网上销售通道；截至 2017 年底，农业银行代理城乡居民养老保险 1425 个县，代理新农合 920 个县，营销涉农财政资金代理项目 5586 个，代理农村水电气等公用事业项目 9954 个。此外，根据贫困地区当地特色，农业银行重点支持新型农业经营主体和旅游扶贫、电商扶贫等重大扶贫工程，带动服务建档立卡贫困人口 51.07 万人。

招商银行坚持“以更新观念为突破口，以教育扶贫为重点，以综合开发为主攻方向"的工作思路，协助当地农户以"互联网+农业产业化"模式，启动"当地优质农产品+政府政策支持+高效电商平台+员工采购"的合作方式，实现多方共赢的创新产业扶贫模式。

3. 发展绿色信贷，助力生态文明

党的十九大明确指出构建市场导向的绿色技术创新体系，发展绿色金融，壮大节能环保产业、清洁生产产业、清洁能源产业。发展绿色金融是实现绿色发展的重要措施，也是供给侧结构性改革的重要内容。商业银行紧跟国家绿色发展战略，遵循中国人民银行、财政部等七部委《关于构建绿色金融体系的指导意见》、银监会《绿色信贷指引》等政策要求，以差异化信贷手段引导资源配置向绿色、循环、低碳领域倾斜，支持产业结构向资源节约和环境友好方向转变。

各家商业银行都加大对节能环保、低碳经济和战略性新兴产业的支持力度，监督落实绿色信贷政策实施，以分析评估绿色信贷发展成果和需要改进的方向。根据银监会披露的国内 21 家主要银行绿色信贷数据，截至 2017 年 6 月，18 家全国性商业银行加上 3 家政策性银行的绿色信贷合计 82956.63 亿元，其中节能环保及服务贷款余额 65312.63 亿元。根据年报数据，大型银行得益于自身体量优势，在绿色信贷投放的表现更加突出，不管是绿色信贷余额总量，还是占贷款总额的比例，规模大的银行普遍都要高于规模小的银行（见表 3-9）。

表 3-9　全国性商业银行绿色信贷情况

银行名称	绿色信贷占比（%）		绿色信贷增幅（%）
	2017 年	2016 年	
建设银行	7.77	7.56	12.74
工商银行	7.72	7.49	12.33
农业银行	6.97	6.68	15.12
浦发银行	5.68	6.29	4.35
中国银行	4.94	4.69	15.29
邮储银行	4.87	2.50	134.78

续表

银行名称	绿色信贷占比（%）		绿色信贷增幅（%）
	2017 年	2016 年	
平安银行	4.74	4.00	36.94
招商银行	4.41	4.40	9.35
渤海银行	3.96	4.40	18.43
华夏银行	3.82	3.73	17.42
光大银行	3.69	2.69	54.83
中信银行	1.89	1.38	52.15
民生银行	1.07	0.56	117.17
浙商银行	0.54	0.14	446.91

农业银行制定了《中国农业银行绿色金融发展规划（2017～2020年）》，构建绿色金融服务和管理体系，大力发展绿色信贷，创新绿色金融产品和服务，提升绿色金融服务水平，打造独具特色的绿色金融领军银行。2017 年，共发行绿色金融债券 10 期，募集资金 383 亿元，其中农业银行份额 61.6 亿元。中国银行着力发展绿色金融，成功发行首笔气候债券倡议组织（CBI）贴标认证人民币绿色债券。作为中国首家赤道银行，兴业银行充分担当可持续理念布道者的责任，将可持续发展理念贯穿于日常运营管理的方方面面。

三、风险管理

（一）各类风险管理重点与机制

截至 2017 年底，大型商业银行和绝大多数股份制商业银行都已经建立起全面风险管理体系，董事会、监事会、高级管理层、员工共同参与，对集团所有机构、业务、经营流程中所承担的各类风险进行识别、评估、计量、监测、控制、报告。大型商业银行长年的积累使其风险管理体系相对成熟，股份制商业银行经过数年发展风险管理体系也逐步完善。

以下从信用风险、市场风险、操作风险、其他风险四个方面对各行风险管理的具体情况进行分析。

1. 信用风险

信用风险是指借款人或交易对象不能按事先达成的协议履行义务而导致损失的潜在可能性，也包括由于借款人的信用评级和履约能力变动导致其债务的市场价值发生变动所引起的损失可能性。信用风险表现为违约风险、交易对手风险、信用迁移风险、信用事件风险、可归因于信用风险的结算风险等形式。

2017 年，面对复杂严峻的信用风险管控形势，多家银行对全行各类信用风险敞口执行统一的信用风险偏好，信用风险管理覆盖从客户调查、评级授信、贷款评估、贷款审查审批、贷款发放到贷后监控整个过程；持续加强信贷信息系统建设，完善信用风险管控工具，对经营机构和信贷从业人员实行严格的资质管理，并设置专门机构负责对各类信用风险业务实施统一风险监控。

公司类信用风险方面，大型银行对处置不良资产十分重视。工商银行继续加强信贷制度体系建设，紧紧围绕国家重大战略规划实施，结合宏观经济政策、产业政策导向和行业运行特征，不断优化调整信贷政策体系，继续加强房地产行业风险管理和小企业信贷风险管理。中国银行进一步加强重点领域风险识别、管控和主动压退，通过限额管理严格控制总量和投向，防范化解产能严重过剩行业风险；加强地方政府融资平台贷款管理，严格控制总量。农业银行完善政策制度体系，出台高标准农田、畜牧业、战略性新兴产业等信贷政策，持续健全行业信贷政策体系；强化重点领域风险管理，严格落实房地产调控政策及各项监管要求，坚持“一城一策”的差异化管理策略，从严控制高库存城市的住房项目及地价过高的高成本项目；强化重点客户贷后管理工作，加强大额风险监测，及时化解风险；加大不良贷款清收处置力度，在坚持自主清收、加快核销的基础上，积极拓宽处置渠道，继续开展不良贷款批量转让，推进不良资产证券化和市场化债转股。招商银行健全风险扎口管理机制，扎牢全面风险管理体系；持续优化资产组合，稳步调整资产结构；加强资产质量检测管控，强化重点领域风险排查与监督，提升风险识别的敏感度与前瞻性；优化不良处置组合，提升不良资产经营能力；夯实管理基础，全面推进信贷全流程优化工作；积极深化金融科技应用，提升风险管理专业技术。

个人类信用风险方面，各家银行密切关注个人住房贷款。工商银行全面梳理个人贷款贷后管理基础框架，进一步规范个人贷款全流程管理，进一步提升与大型优质房地产企业合作的深度和广度，实现个人住房贷款业务“量、质、价”协调发展；从重点分行入手推进个人不良贷款清收处置，积极推动个人不良贷款证券化，以市场化手段化解个人贷款信用风险。中国银行建立个人客户统一授信，完善个人贷款、个人网络贷款、信用卡授信管理政策，防范过度授信和交叉传染风险；严格执行差别化的个人住房贷款政策，加强对重点产品、重点地区的风险防控。

信用卡业务信用风险方面，各行不断强化信用卡业务风险管理能力，有效防范信用卡信贷风险。工商银行运用大数据手段强化高危客群早期监测预警，有针对性地采取风险控制措施，加强内部评级结果应用，结合风险量化指标优化内部评级结果刚性控制标准。邮储银行创新政策管理与系统升级，优化发卡准入，改善客群结构；提升额度管理效果，平衡风险收益水平；推进量化风险体系建设，增强贷前、贷中、贷后风险识别能力；加大风险预警处置，提升风险预判与处置能力；完善欺诈管控规则，拓展欺诈识别手段，有效防控申请欺诈和交易欺诈；丰富催收手段和工具，实施差异化催收管理，提高催收效率，提升催收效果。

资金业务信用风险的管理方面，各行进一步强化债券投资业务存续期间风险管理，强化穿透式管理，积极落实投前调查、投中审批、投后管理，实现信用风险的全流程管控。工商银行加强债券投前甄别分析，多渠道收集信息分析债券发行人信用风险变化，建立存量信用债券组合定期风险梳理排查机制；严格落实货币市场交易准入管理机制，加强交易对手精细化管理，从业务源头严控风险。邮储银行不断优化资金业务作业流程，加强统一授信及集中度管理，以风险前移、预期可控为原则，严格同业客户准入，明确客户分类分层标准，进行合作机构名单制管理；完善审查审议机制，加强放款审查管理，规范放款流程标准，严格底层资产资料管理，强化授权审查；着重加强投后管理，定期开展专项风险排查及现场检查，强化风险预警、风险监测和风险报告工作；定期开展资产风险分类，基于风险审慎原则计提资产减值准备。

2. 市场风险

市场风险是指因市场价格（利率、汇率、商品价格和股票价格等）发生不利变动而使本集团表内外业务发生损失的风险。上市银行面临的市场风险主要是利率风险和汇率风险。利率风险是指利率水平、期限结构等要素发生不利变动导致银行账户整体收益和经济价值遭受损失的风险；汇率风险是指外汇资产与外汇负债之间币种结构不平衡产生的外汇敞口因汇率的不利变动而蒙受损失的风险。

2017 年，国际主要货币和大宗商品价格波动较为剧烈。人民币对美元保持强劲升值势头，美元由盛转衰，构成 2017 年人民币对美元走势逆转的基本背景。人民币汇率 2017 年涨幅达到 6.2%。与此同时，东北亚地缘的不平静，中印边境的冲突，中美双边会谈的不愉快，中美贸易摩擦的加剧，美联储加息和缩表，美国宣布减税，这其中的任何一个消息都足以让外汇市场出现剧烈波动。在这些背景下，上市银行面对复杂的市场环境，有必要加强市场形势分析与预判，不断提升市场风险和银行账户利率风险管理水平。

中国银行加强市场风险及交叉风险前瞻性研判，提高风险预警及化解能力，持续推进市场风险数据集市及系统建设，研究运用先进风险计量手段，提高风险计量准确性及风险量化能力。农业银行在2017年正式上线银行账户利率风险系统，大幅提高了利率风险计量的精确性和及时性；深化内部资金转移定价管理改革，提升内部资金转移定价在反映资金价值、优化资源配置、引导外部定价、强化风险管理等方面的作用。建设银行在2017年优化货币期权计量方法，实现对黄金期货数据的自动计量；开展金融部门评估规划（FSAP）汇率风险压力测试，结果显示整体风险可控；按季度向高级管理层和风险管理委员会提交汇率风险报告。兴业银行在组织体系建设、风险限额指标体系、基本风险管理策略和政策等方面建立较为完善的市场风险管理基本架构，加强投资决策管理和交易账户利率监测管理，有效防范利率、汇率风险；加强对交易账户利率风险的盯市管理，通过有效的市场风险管控手段，将市场风险控制在合理范围内，实现公司效益最大化，同时结合市场风险压力测试等手段，评估在极端情况下公司面临的风险状况，为控制市场风险提供参考。

3. 操作风险

操作风险是指由不完善或有问题的内部程序、人员、系统或外部事件所造成损失的风险。上市银行可能面临的操作风险主要来源于七个方面，分别是内部欺诈，外部欺诈，就业制度和工作场所安全，客户、产品和业务活动，实物资产的损坏，IT 系统，执行、交割和流程管理。

平安银行坚持“变革、创新、发展”的理念。一是深化提升操作风险管理三大工具“操作风险与控制自我评估（RCSA）、关键风险指标（KRI）、损失数据收集（LDC）”的运用深度、覆盖广度及实施效果，提升操作风险管理专业工具的实效和“风险敏感性”；二是借助科技手段，引入大数据分析方法，不断创新整合内部控制和操作风险监测工具，优化完善风险热图评级机制，强化部门控制检查体系（DCFC），持续提升业务部门、基层管理人员风险管控能力；三是加大操作风险管理系统整合优化、推广力度，有效提升系统操作易用性、功能完整性、运行可靠性，不断提高全行操作风险管理工作效率和信息化水平。

兴业银行持续加强操作风险管理的“三道防线”建设，在公司治理层面，由董事会、监事会、高级管理层组成操作风险管理的领导、监督机构；在职能管理层面，由总行审计部、法律与合规部和总行相关部门以及分支机构共同组成多防线、矩阵式的操作风险管理架构。通过依托合规内控与操作风险管理系统，定期开展业务和管理流程分析梳理、操作风险与控制识别评估、关键风险指标设置、重检与监测、风险事件收集与分析、问题整改与管理改进等各项工作，强化新产品、新业务操作风险评估，持续开展操作风险资本计量和分析应用，完善标准化、常态化的工作机制。

4. 合规风险

合规风险是指因没有遵循法律、规则和准则而可能遭受法律制裁、监管处罚、重大财务损失和声誉损失的风险。

严监管是贯穿银行业 2017 年全年的主要特征，银监会以整治银行业市场乱象为主要抓手，组织各银行业金融机构和各级监管机构以问题导向加大治理力度，开展了“三三四十”等专项治理行动。2017 年，银监会共做出行政处罚 3452 件。其中，处罚机构 1877 家，罚没 29. 32 亿元；处罚责任人员 1547 名，罚款合计 3759. 4 万元；对 270 名相关责任人取消一定期限直至终身银行业从业资格和高管任职资格。陆续开具并公布了 14 张金额超过千万元的罚单，罚没金额巨大，不断引起业内震动。

2017 年 3 月，银监会向平安银行和华夏银行分别开出了金额为

1670 万元和 1190 万元的罚单。对平安银行的处罚案由有 5 项，包括内控管理违反审慎经营规则，非真实转让信贷资产，销售对公非保本理财产品出具回购承诺和承诺保本，为同业投资提供第三方信用担保，对票据业务贸易背景审查不严格；对华夏银行的处罚案由多达 24 项，几乎对华夏银行总行以及全国分支行的违规行为都进行了处罚，涉及信贷、票据、同业、理财等各类业务。

2017 年 7 月，地方银监局对花旗银行开出罚没金额合计 1064 万元的罚单，其案由是违规发放房地产贷款以及违规发放信用卡，该处罚针对的是花旗银行 2015 年的违规行为。

2017 年 11 月，银监系统不断开具并公布重磅罚单，在 11 月底公布了具有超高“话题度”的民生银行“飞单”案和农行票据案的罚单，罚单中同时包括对机构和责任人的处罚。机构层面，农业银行北京分行被罚 1950 万元，民生银行北京分行被罚 2750 万元。此外，两家机构分别有多名责任人员受罚，其中数名情节严重者被终身禁止从事银行业工作或取消董事和高管任职资格。民生银行北京分行的两名责任人被分别处以 50 万元的罚款，这也是 2017 年度银监系统对个人金额最高的罚款。

2017 年 12 月，银监会针对广发银行惠州分行违规担保案，对广发银行一次性罚没 7. 22 亿元。该罚单是针对 2016 年“侨兴私募债”案件中广发银行违规担保以及其他数类违法行为的处罚。12 月 29 日，银监会以及各地银监局又批量公布罚单，其中有 50 余张罚单都是对广发银行违规担保案中出资机构（包括责任人）的处罚，罚单案由多列示为“违反国家规定从事投资活动”或“违规接受第三方金融机构信用担保”，罚没金额合计 13. 41 亿元，同时对 45 名责任人做出行政处罚。该案的罚没金额超过了 20 亿元，占银监系统 2017 年度罚没总金额的近四分之三，其金额之巨、力度之大实属罕见。对违规担保方以及违规接受担保方同时处以巨额罚款，可见监管机构对金融活动中违规兜底行为处罚的决心。

2018 年 1 月，银监会针对浦发银行成都分行内控管理严重失效、授信管理违规、违规办理信贷业务等严重违反审慎经营规则的违规行为依法查处，执行罚款 4.62 亿元人民币。此外，对成都分行原行长、2 名副行长、1 名部门负责人和 1 名支行行长分别给予禁止终身从事银行业工作、取消其高级管理人员任职资格、警告和罚款的处罚。

对于商业银行来说，在全年严监管的大背景下，合规风险的管理和处置能力显得格外重要。

招商银行主动适应监管政策调整，积极应对金融形势与风险管控的重大变化，全面贯彻落实战略转型部署，研究并推动各项内控合规管理举措落地，进一步建立健全内控合规管理的长效机制。制定并发布 2017 年全行内控合规工作指导意见，将总行管理思路与工作要求落实到全行；按时、按步骤完成中国银监会部署的系列专项治理工作，及时报送相关报告；加强政策解读与新规传导，识别、评估新产品新业务及重大项目的合规风险，在法律合规框架内支持价值性创新；结合体制改革推进内控合规管理“治本”工作，加快法律合规管理标准化建设；积极开展多层次的合规教育培训，及时共享全行内控合规信息，持续营造良好合规氛围；持续提升监督检查及问题整改管理实效，保障内控合规的有效性与严肃性。

农业银行持续优化内控合规管理信息系统的功能，丰富完善合规风险监测平台功能，改进重点业务领域风险监控模型，提升风险监测和预警处置能力。

民生银行提升全面风险管理水平。加强信用风险管控，完善流动性风险管理，规范交叉金融业务，规范理财和代销业务，规范销售行为，加强同业业务和委托贷款业务管理，加强互联网金融与信息科技风险防控，加强外部冲击风险防控。严格执行中国银监会的最新要求，不折不扣地全面排查“三违反”“三套利”“四不当”和“银行业市场乱象”，风控合规管理明显加强。

中信银行扎实开展银监会有关银行业市场乱象整治等专项治理，持续提升内控管理水平；不断健全内控监督体系，强化内控制度及长效机制建设，加强授权管理，健全案件防控体系；全面加强反洗钱工作，强化管理手段和管控力度，优化管理系统和数据治理，积极推进境外机构内控建设，确保监管合规。

光大银行持续加强合规风险管理，建立健全内控合规体系，夯实基层机构的内控合规措施；积极跟踪法律法规变化，持续完善外部法规库；组织开展年度规章制度评估重检，改善全行内部制度环境；充分利用系统监测功能，强化日常内控合规监测预警管理；组织开展员工异常行为排查及合规、稽核检查，强化对检查发现问题的整改落实；加强全行内控合规宣传培训工作，提升全员合规意识。

平安银行总行、分行及事业部每两个月召开合规内控与案防委员会会议，通过风险热图揭示主要风险领域、各条线和分支机构的风险程度与突出问题，检视内控与合规重点工作落实情况，督促责任部门采取切实有效的整改措施，进一步提升合规内控管理质效。同时，根据监管部署，着重检视信贷、同业、票据和理财业务的合规性，加强问题整改与问责处罚，强化员工合规意识，保障业务合规经营；开展分行、事业部案防合规督导，保持对一线人员和基层机构的案防高压态势，督促落实监管和总行案防合规工作要求；将案防合规工作情况纳入各机构及机构负责人绩效考核，层层落实案防合规责任。

5. 其他风险

商业银行还面临声誉风险、国别风险、流动性风险、法律风险等风险，严格遵循监管部门相关规定，监控并及时处理这些风险，对于公司的稳定和发展有重要意义。

工商银行持续加强声誉风险管理，主动防范声誉风险，提升全行声誉风险管理水平和声誉风险防控能力。根据最新监管要求、外部形势变化和本土管理实践，修订《声誉风险管理办法》，进一步健全声誉风险管理工作机制，优化声誉风险管理系统应用，深入开展声誉风险识别、评估、监测、控制、缓释和评价工作，强化声誉风险并表管理；开展新业务和新产品的声誉风险评估，全面排查声誉风险，逐级建立声誉风险管理台账；组织声誉风险压力测试和应急演练，加强声誉风险因素的事前控制和缓释；主动回应社会关切，与利益相关方及社会公众进行有效沟通。

光大银行声誉风险作为全面风险管理体系的重要组成部分，按照“早预警、深研判、妥处置”的整体方针，不断提升声誉风险管理水平；加强队伍建设，加大培训和考核力度，定期开展应急演练和风险排查；增强对声誉风险隐患的预判能力，重大决策引入声誉风险评估机制，在产品设计、业务开展及客户服务等各个环节充分考虑声誉风险因素，较好地维护了声誉形象。

中国银行开展国别风险年审，对国别风险敞口实施限额管控。持续优化国别风险敞口统计系统，定期评估、监测、分析、报告国别风险敞口，建立“年度报告 + 季度监测 + 重大风险事项报告”的国别风险检测报告体系，定期发布国别风险分析报告，更新国别风险监测表，及时评估国别风险重大风险事项影响，发布风险提示，对潜在高风险及敏感国家和地区实施差异化管理。

招商银行将国别风险管理纳入全面风险管理体系，按照监管要求，动态监测国别风险变动，使用本公司主权评级模型并结合外部评级结果，制定国别风险限额，按季度进行国别风险评级及准备金计提。

（二）风险管理的效果

2017 年宏观经济企稳复苏，供给侧结构性改革成效明显，上游周期性行业盈利改善推动银行存量资产逐步修复。监管明确提出“当前金融风险有所积聚，要把防控金融风险放到更加重要的位置，下决心处置一批风险点，着力防控资产泡沫，提高和改进监管能力，确保不发生系统性金融风险”，金融领域的监管趋严的态势非常明显，多数银行的不良生成率保持同比下降的趋势，关注贷款率、逾期贷款率等指标均呈下降趋势。

国有五大行整体资产质量有所提升，但农行和工行部分指标出现弱化。逾期贷款率方面，农行增长最快，由 2016 年末的 1.4% 增长至 2017 年末的 2.1%；另外 4 家银行均有所下降。交行的逾期贷款率虽较 2016 年末下降了 0.5 个百分点，但仍在五大行中处于最高水平，为 2.2%。建行的逾期贷款率由 2016 年末的 2.2% 下降至 2017 年末的 1.3%，为五大行中的最低水平，且降幅最大。不良贷款率方面，农行处于最高水平，为 1.8%，较 2016 年末提高了 0.3 个百分点。另外 4 家银行不良率均有所下降，工行、建行、中行、交行 2017 年末的不良贷款率分别为 1.6%、1.5%、1.5%、1.5%。拨备覆盖率方面，除去工行出现下滑，由 2016 年末的 173.4% 下降至 2017 年末的 154.1%，另外 4 家银行均呈上升趋势。其中，农行由 2016 年末的 150.4% 提高至 2017 年末的 208.4%，增长最快，2017 年末的拨备覆盖率在五大行中处于最高水平。贷款拨备率方面，农行出现较大提升，由 2016 年末的 2.3% 提高至 2017 年末的 3.8%；工行出现较大下降，由 2016 年末的 4.1% 降至 2017 年末的 2.4%；交行、建行、中行 2017 年末的拨贷比分别为 2.3%、2.5%、2.3%，基本与 2016 年末保持不变。

股份制银行中，资产质量有所改善，但仍存在一定结构性分化。逾期贷款率方面，民生、华夏、广发、兴业指标出现弱化，其中广发银行逾期贷款率增长最快，由 2016 年末的 1.6% 增长至 2017 年末的 4.9%，处于股份制银行中的最高水平。邮储、浦东、光大、平安、招商、浙商逾期贷款率降低，其中邮储由 2016 年末的 2.1% 降至 2017 年末的 1.0%，改善幅度最大。信贷不良率方面，浦发、华夏、广发、兴业出现弱化，其中兴业由 2016 年末的 0.9% 增长至 2017 年末的 1.6%，增长最快，浦发银行2017年末信贷不良率为3.2%，处于股份制银行中最高水平。邮储、光大、浙商信贷不良率情况有所改善。拨备覆盖率方面，邮储、中信、渤海、招商、浙商指标有所提升，其中邮储增长最快，由2016年末的180%增长至2017年末的324.8%，处于最高水平；浦发、光大、民生、广发、兴业有所弱化，其中广发由2016年末的259.3%降至2017年末的152.7%，降幅最大。贷款拨备率方面，浦发、中信、华夏、渤海、招商、浙商、兴业指标有所提升，邮储、光大、民生、广发出现弱化。

2017年全国性银行贷款质量整体出现一定提升。关注类、次级类和可疑类贷款所占比例从整体来看均出现下降。除民生、华夏、渤海3家银行正常类贷款占比分别下滑0.4个、0.5个和0.1个百分点外，其他银行正常类贷款占比均出现上升。其中邮储正常贷款占比最高，达到98.6%，华夏最低为93.6%。可疑类贷款占比农行达到1.2%，处在行业最高水平，此外工行、建行、浦发、中信、民生、渤海可疑类贷款占比相对较高，值得关注（见表3-10）。

表3-10　　全国性商业银行贷款迁徙率　　单位：%

银行名称	2017年				2016年				2015年			
	正常	关注	次级	可疑	正常	关注	次级	可疑	正常	关注	次级	可疑
交行	95.6	2.9	0.4	0.6	95.5	3.0	0.4	0.7	96.1	3.2	0.6	0.6
农行	94.9	3.3	0.4	1.2	93.7	3.9	0.6	1.6	93.4	4.2	0.5	1.7
工行	94.5	3.9	0.6	0.8	93.9	4.5	0.8	0.6	95.5	4.4	0.9	0.5
建行	95.7	2.8	0.6	0.8	95.6	2.9	0.6	0.7	95.7	2.9	0.9	0.6
中行	95.6	2.9	0.5	0.4	95.4	3.1	0.6	0.4	95.3	2.5	0.6	0.5
邮储	98.6	0.7	0.1	0.2	98.3	0.8	0.3	0.2	97.7	1.5	0.2	0.3
浦发	94.6	3.3	0.8	0.8	94.3	3.8	0.7	0.6	95.0	2.9	0.9	0.4
中信	96.2	2.1	0.7	0.8	95.7	2.6	0.7	0.6	94.7	3.6	0.8	0.4
光大	95.4	3.0	0.5	0.7	94.6	3.8	0.6	0.8	94.0	4.4	0.7	0.7
民生	94.2	4.1	0.6	0.8	94.6	3.7	0.6	0.8	96.9	3.7	1.0	0.4
华夏	93.6	4.6	0.7	0.6	94.1	4.2	0.6	0.8	95.7	4.2	0.6	0.6

续表

银行名称	2017 年				2016 年				2015 年			
	正常	关注	次级	可疑	正常	关注	次级	可疑	正常	关注	次级	可疑
渤海	95.0	3.2	0.9	0.8	95.2	3.2	1.2	0.4	95.7	3.0	1.0	0.3
恒丰	—	—	—	—	97.3	4.1	1.4	0.3	95.6	3.1	1.2	0.2
平安	94.6	3.7	0.7	0.2	94.1	4.1	0.9	0.3	94.4	4.2	0.7	0.2
广发	94.4	4.2	0.2	0.7	93.8	4.6	0.2	0.8	94.3	5.5	0.6	0.4
招商	96.8	1.6	0.5	0.6	96.0	2.1	0.7	0.7	95.7	2.6	1.1	0.4
浙商	96.8	1.6	0.5	0.4	96.0	2.1	0.7	0.7	94.1	2.6	1.1	0.4
兴业	96.1	2.3	0.7	0.5	95.8	2.6	0.8	0.6	95.6	2.3	0.6	0.5

整体来看，2017 年银行业在监管趋严和行业向好的大背景下，风险控制成效明显，资产质量改善，但银行之间的结构性分化和部分指标的弱化仍然不容忽视。2018 年上半年，监管层出台银行不良资产更加严格认定的标准，银行业的不良率后续存在较大上升压力。2018 年以来，由于受外部贸易战和内部去杠杆的叠加影响，金融市场震荡明显，系统性风险仍处于高位，种种金融乱象仍处于推进解决的过程中，我们必须筑牢底线思维，严控金融风险。

四、信息技术

（一）ABCD 的应用

银行业是高度依赖计算机与互联网的行业。现代金融科技的发展既对银行业的传统模式发起挑战，又对银行业在处理同时发生的大量交易、实时的风险控制、用户行为分析提供了便利，可以说信息技术是银行创新发展的重要动力来源。ABCD（人工智能、区块链、云计算、大数据）等金融科技的不断完善和深入应用，也给银行业的生态带来深刻的影响。商业银行与金融科技二者的融合可以产生显著的协同效应。

人工智能的定义在 1956 年的达特茅斯会议上首次提出：使一部机器的反应像一个人在行动时所依据的智能。人工智能在商业银行业务中有着广泛的应用潜力。例如，智能投顾可以更加精准地跟踪用户、更加智能地管理投资目标，更加有针对性地为客户提供投资咨询服务，工商银行、招商银行、兴业银行、浦发银行、平安银行等都已经推出了智能投顾服务产品。人工智能和人脸识别的结合，可以有效提高身份识别和支付的效率。例如，2017 年 10 月 28 日，农业银行开始在柜面应用人脸识别技术，站在农行 ATM 前，客户看一眼摄像头，再输入手机号、取款金额、密码等信息，ATM 可以自动吐钞。整个过程不要银行卡、不要手机扫码，只需要不到一分钟的时间就可以完成取款。此外，智能语音服务和柜台服务的结合，在节约银行成本的同时还可以有效提高客户体验；将人工智能应用于风控，可以有效优化方案、提高效率。

区块链是用分布式数据库识别、传播和记载信息的智能化对等网络，基于去中心化的对等网络，通过开源软件把密码学原理、时序数据和共识机制相结合，来保障分布式数据库中各节点的连贯和持续，使信息能即时验证、可追溯，但难以篡改和无法屏蔽，进而创造一套隐私、高效、安全的共享价值体系。区块链在金融科技领域的应用和突破主要集中在跨境支付、法定电子货币、票据市场和供应链金融四个方向。目前，国内已经有民生银行、招商银行等先后加入 R3 等国际区块链组织，进行标准的统一制定与合作。同时，各大银行都在加强自身技术的研发与应用，在不同的领域进行积极尝试。招商银行首创区块链直联跨境支付应用技术，即国内的南海控股有限公司通过永隆银行向其在香港同名账户实现跨境支付，在国内区块链金融应用领域具有里程碑意义。

云计算是一种按使用量付费的模式，这种模式提供可用、便捷、按需的网络访问，进入可配置的计算资源共享池（包括网络、服务器、存储、应用软件、服务），这些资源能够被快速提供，无须投入大量的管理工作，也无须与服务供应商进行大量的交互。

大数据技术指的是利用新一代技术与架构，在成本可控的前提下，通过快速采集、发现和分析，从海量、多样的数据中提取价值。规模大、流转快、种类多、价值密度低是大数据的主要特征。从全球范围来看，银行业处在科技推动变革的转型阶段，云计算和大数据对行业的影响无疑最具颠覆性。云计算和大数据不仅会对银行业务的各个环节产生革命性影响，还将成为银行的核心资产，帮助银行降低成本、细分客户、优化决策，甚至催生新的产业、生态和模式。以云计算和大数据为核心积极推进数字化转型，成为打造商业银行核心竞争力的重要部分。在营销端不断培养数字化营销能力，提高销售效率，发掘新的市场；在产品端通过大数据重塑信贷业务体系；在运营端进行组织架构调整，将网点进行优化转型。

（二）信息技术的主要突破

2017 年度银行在科技创新应用上主要呈现四大特点：一是深耕基础研究，为技术应用提供支撑；二是重视自主创新，着眼于核心能力的提升；三是布局金融科技，致力于服务实体经济；四是注重风险管理，有效落实金融监管要求。中国人民银行 2017 年度银行科技发展奖获奖结果能从一定程度上反映各家银行总体信息技术水平。以获奖总数为标准对各家银行进行排名，前 5 名分别是招商银行、建设银行、中国银行、中国工商银行、中国农业银行。从奖项层次来看，其中唯一的特等奖由建设银行获得，3 个一等奖分别被中行、工行、农行获得。从奖项数目来看，股份制银行的科技水平已经迎头赶上，并不弱于四大行，招商银行、中信银行、华夏银行、平安银行、光大银行在奖项总数排名中名列前茅（见图3－4）。

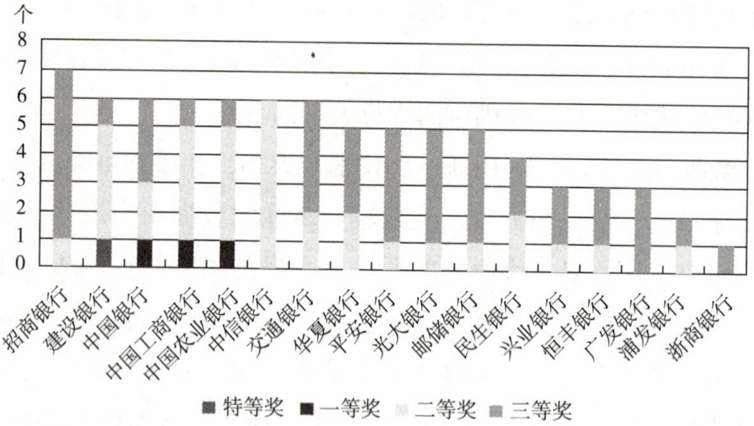

资料来源：中国人民银行。

图3－4　2017年银行科技发展奖获奖情况

2017年，多家银行在专利申请和自主创新方面有着突出成果。

中国工商银行通过ZigBee协议创造性地设计了一种手机伴侣装置，可与设置有ZigBee芯片的手机进行交互，在认证的基础上完成手机对外支付。

中国银行的银行交易密码锁的解锁方法及装置的专利，可以平滑地对所有银行账号的密码锁状态和密码重试次数进行重置，在处理中不需要集中批量处理，不会因为更新时间过长导致记录数据锁定而影响客户体验。

建设银行的银行业务处理设备改进专利，只需要占用电脑的一个连接端口即可实现二代证阅读器、指纹仪、金融IC读卡器、磁条刷卡器的功能，相比原有技术大大减少了电脑连接端口的占用率。

农业银行的数据处理系统专利，集合了关系型数据库服务器集群处理并发任务和Spark内存计算服务器快速处理大数据的双重优点，在不影响原有银行系统大规模并发任务处理能力的情况下，显著提升银行系统的大数据处理能力。

交通银行的银行网点现金需求预测方法及装置、预测调拨系统专利，可以精确预测银行网点现金需求，减少网点库存现金量，降低库存现金成本。

民生银行基于浏览器的自助终端控制系统专利，可通过管理中间层对动态链接库的调用实现对硬件驱动层的驱动控制，无须再通过 ActiveX 控件实现对物理硬件的调用，从而避免了相应的安全隐患。

(三) 信息技术的应用

金融科技对于银行业务发展的创新、管理效率的提升、运营稳定性的保证起到越加重要的作用，各家银行正在积极探索机制创新、模式创新、应用创新，坚守防范金融风险的红线，坚持差异化、特色化发展策略，真正实现科技引领金融业转型发展。

1. 服务创新与产品创新

在业务发展创新方面，商业银行通过重塑传统业务流程，将一些专业的金融服务封装为标准化产品，开展与客户使用场景更紧密结合的业务，更深入地挖掘客户的需求，提高服务的覆盖面和效率。具体来说：第一，有助于覆盖长尾客户，实现普惠金融。商业银行通过人脸识别、云计算等技术提供金融服务，可以使金融服务突破物理网点和营业时间的限制，大幅度提升服务的效率、便利性和可得性。在技术红利的推进下业务成本更低、风险更小，从而有助于覆盖长尾客户，实现普惠金融。比如通过手机端的移动银行模式可以有效覆盖偏远地区客户的金融服务需求。同时还可以借用大数据、行为分析等手段深层次挖掘不同客户群体的不同需求，实现个性化服务定制和定价。第二，优化用户体验，增强用户黏性。在便利性方面，移动终端的普及使用户可以足不出户地享受在线的远程开户、交易转账等金融服务。未来随着人脸识别等技术的普及，线上服务体验会更加优化。此外，银行可以通过大数据实现金融服务与场景的深度融合，更好地挖掘用户需求，融入客户的工作和生活，实现服务层级的提升。

例如，工商银行积极探索对公领域与互联网金融结合新方式，以用户为中心积极推动产品和服务创新，加快对公客户的智能化发展，推出对公客户“智能开户”服务。利用工商企业通、小微企业平台、工银 e 缴费和大额资金监控平台扩大客户规模、提高客户质量、夯实客户基础。

中国银行紧盯市场趋势和客户需求，加快推动技术创新、产品创新和业务创新，通过颠覆传统、打破常规的行动，在全球范围内成为优质金融服务的提供者、平台连接的缔造者、数据价值的创造者和智能服务的先行者，以手机银行为载体，打造综合金融移动门户。

建设银行改进服务流程，采用人脸识别技术，构建多样化的场景服务形态。同时投放标准化智慧柜员机 4.3 万台，打造独具特色的智慧型银行。此外，还基于新一代核心系统，快速投产住房租赁系列平台，实现海内外一体化管理，提升海外机构服务能力，快速支持云闪付、银联标准二维码、手环等近场移动支付，提高智慧化服务水平。

交通银行深化生活服务场景建设，与“饿了么”“易果生鲜”等细分行业巨头合作，为客户提供优质、全面的生活服务场景。在汽车、装修、留学等领域推出指定消费信贷用途的新产品“好商贷”和大额现金贷款产品“好现贷”，丰富消费信贷场景模式。

民生银行不断提升线上金融服务能力，依托电子账户，强化与平台型企业合作，大力发展移动金融，加强基础支付产品创新，金融服务的广度与深度不断拓展，品牌影响力持续提升。

2. 提升运行效率和风控水平

在管理效率提升方面，商业银行通过大数据、人工智能等技术，对多维度信息进行全面挖掘应用，搭建反欺诈、信用风险管理等风控系统，可有效甄别逾期、不良账户等风险，优化管理效率和水平。

例如，工商银行搭建多层次、广覆盖的普惠金融机构体系，依托互联网加强产品创新，丰富基于场景的风控和授信模式，实现信贷审批的线上化、智能化，研发推出网上质押贷款、网上小额贷款产品。

建设银行实现了对业务需求的企业级管控、组件式研发，形成敏捷高效的研发体系，显著增强企业的核心竞争力。

中信银行对接实体企业互联网平台，通过系统优化和流程改造，为企业及其上下游客户提供体验更佳的银行服务，更好地服务实体经济。

光大银行先后开展了核心业务系统 3.0、新一代对公业务管理系统、新一代票据综合业务系统、对公主动负债管理系统、智能柜员机平台、互联网信贷管理平台、全球金融市场业务系统、法人客户统一额度管理系统和押品管理系统等重点项目建设。

平安银行打造中小企业征信体系，初步建成 KYB 模式，为中小企业提供线上化、批量化、智能化的融资服务。同时，借助科技力量，持续扩大“橙 e 网、跨境 e、保理云、行 e 通”等平台影响力，向客户提供精益化的产品与服务。大力推进云计算、大数据、区块链、人工智能等新技术应用，开展现金管理云平台等建设，发布“大零售客户画像超市”等大数据产品，上线区块链可信凭证系统等，孵化客服智能语音项目和全终端视频客服项目，引入指纹识别和人脸识别技术，建立全行统一生物识别平台。

（四）确保系统安全

在运营稳定性保证方面，随着信息化程度的不断提高，银行对信息科技的依赖程度日益加大，但对于信息系统稳定运行的要求也更加严格，信息系统出现的任何细小问题，都可能造成巨大损失和声誉风险。对商业银行而言，在信息系统建设阶段，利用金融科技前沿技术，采用先进、周密的安全策略，保证信息系统不出现较大安全漏洞，不仅是商业银行自身资金安全的诉求，更是为银行广大客户群体负责。

例如，建设银行新增和优化系统功能，增强操作风险管理信息化水平。及时跟踪监管动态，研究分析操作风险新标准法及其影响。开展“新一代”核心系统重要业务应急预案建设及演练，提升业务中断突发事件应对能力。

中信银行持续提升应急处置能力，进一步加强信息科技风险防控，开展信息科技风险全面评估和持续监控，全面重检业务连续性管理体系，并组织开展应急演练。

平安银行引入大数据分析方法，借助科技手段，不断创新整合内部控制和操作风险监测工具，优化完善风险热图评级机制，强化部门控制检查体系（DCFC），持续提升业务部门、基层管理人员风险管控能力。

农业银行开展了信息科技专项风险评估，制订业务连续性总体预案，加快推进灾备中心建设，强化信息科技风险管理和业务连续性保障能力。

兴业银行信息安全工作提升到企业战略高度，成立网络与信息安全工作领导小组，持续推进信息安全建设规划咨询项目。引进终端安全、网络与系统安全、数据加密、安全监控与分析等技术和工具，信息安全防护能力大幅增强。

商业银行应该紧跟全球银行业信息技术革命的浪潮，按照“十三五”发展规划的要求，推动银行业数据中心迈上更加安全、高效的新台阶，促进我国商业银行在新的经营环境和市场格局中锻造出新的核心竞争力。

五、人力资源

2017 年，在经营压力和互联网金融的冲击下，上市银行继续推动网点优化转型，银行网点的定位也逐步从交易型向营销型转变，继而实现银行服务供给能力的提升和人力资源运营效率的改善。各家银行在实行人力资源策略时，普遍侧重于员工技能的提高和员工结构的优化，根据未来发展战略，加大人力资源向战略业务、核心业务、新兴业务的倾斜力度，持续提升人员效能。

（一）人力资源概况

1. 员工数量和结构

银行员工数量主要取决于银行规模和业务发展情况，尤其是网点分布情况。近年来，伴随网点布局的不断优化，各家商业银行纷纷采取措施加强网点转型过程中的人力资源配置，减少柜员数量，推进柜员向营销服务岗位转型。截至 2017 年底，上市银行员工总数较年初略有下降。规模下降主要体现在 5 家大型商业银行，2017 年末员工总数合计 169.5 万人，较上年减少 2.7 万人，减少幅度为 1.57%。中行员工总数虽然较 2016 年有所增加，但增加的主要是内地非银机构员工和海外员工，这与其努力打造分层、分类、长效的全球化人才培养体系，推进全球化、综合化人才培养开发，加强小语种人才储备的人才战略密不可分。

总体来看，2017 年农业银行以 487307 名员工蝉联榜首，工商银行、建设银行和中国银行紧随其后。股份制银行的员工数量普遍小于国有商业银行，其中渤海银行、浙商银行、平安银行等银行员工规模最小（见图 3－5）。

从人员变动结构来看，总体上职能岗位和前台柜员人员减幅明显。例如，截至 2017 年末，农行柜面人员为 138438 人，比上年减少 9189 人，占全行减少总人数的 97.9%；建行同期营业网点和综合柜员人数也减少了 7231 人，占全行减少总人数的 73.3%。股份制银行中，平安员工人数较上年减少较多，58% 集中于派遣人员的减少；另外，在信用卡领域，人员数量也从年初的 4557 人减少到 2029 人，主要由于移动互联平台、人脸识别、大数据等前沿科技的应用，提升了服务的快捷

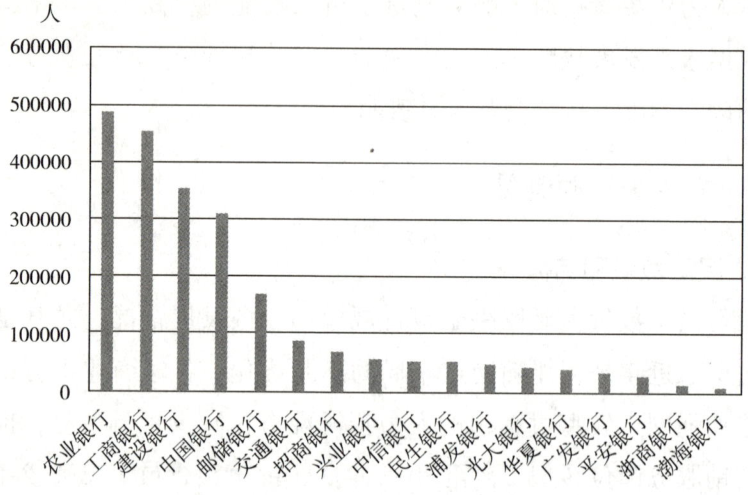

图 3-5　2017 年全国性商业银行员工规模

性、自动化性和精准性。兴业、华夏和招商是股份制银行中增员最多的上市银行，员工总数分别较 2016 年增加 4789 人、3260 人和 2069 人。从结构上看，增量主要集中在零售、营销、中后台以及风险管理、信息科技、业务等部门，柜员数量则在减少。

员工学历结构和水平反映了所在公司的员工素质。一般而言，员工学历水平越高，员工整体素质就越高。整体来看，我国商业银行的学历结构高知化趋势不断加强，高学历员工比例不断提升，本科及以上学历已成为入职银行的基本门槛。2017 年，各商业银行员工结构中本科及以上比例进一步提升，硕博等高学历员工的占比均有明显提升。股份制银行的学历水平整体较高，本科以上学历员工的比例明显高于国有行。中信银行的拥有硕士及以上学历的员工比例最高，达 19.68%，浙商银行次之（见表 3-11）。

表 3-11　2017 年全国性商业银行员工构成　单位：%

银行名称	硕士及以上	本科	专科及以下
农业银行	5.23	46.18	48.59
工商银行	6.00	52.50	41.50

续表

银行名称	硕士及以上	本科	专科及以下
建设银行	8.09	57.84	34.07
中国银行	8.87	64.60	26.53
交通银行	11.65	68.96	19.39
招商银行	17.58	70.35	12.06
兴业银行	15.82	72.48	11.69
中信银行	19.68	69.73	10.59
浦发银行	14.42	62.79	19.21
光大银行	13.65	69.34	17.01
平安银行	82.52		17.48
广发银行	9.36	64.40	26.24
浙商银行	19.55	67.75	12.70
渤海银行	14.83	68.21	16.96
邮储银行	5.27	61.05	33.68

2. 员工费用

人均员工费用反映了银行的员工成本，人均员工成本揭示了银行的经营方式，也与业务的功能及范围紧密相关。一方面，较高的人均员工费用反映了人均员工薪酬水平较高，能够激励员工高效率地工作，另一方面，过高的人力成本加重了银行的经营负担，意味着银行需要优化成本控制能力。2017 年，在人均员工费用上，浙商银行以 50.28 万元蝉联首位。人均员工费用在 40 万元以上的银行有招商银行、兴业银行、中信银行、平安银行、浙商银行、渤海银行、民生银行。总体来看，股份制银行的人均费用高于大型国有商业银行，人均员工费用普遍在 30 万～50 万元，而大型国有商业银行的人均员工费用平均在 20 万～30 万元。五大行中，交通银行以 30.62 万元位居第一。股份制银行近年来发展迅速，人力成本投入不断加大（见图 3－6）。

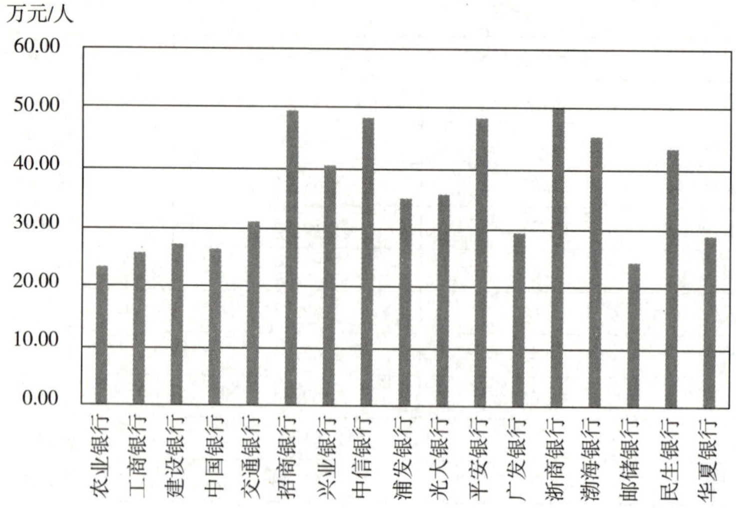

图 3－6　2017 年全国性商业银行人均员工费用

员工费用占营业收入的比例是反映该银行员工支出与员工贡献之间的关系，如果这一比例过高，说明员工待遇与收入之间不太匹配。2017 年，广发银行的这一指标最高，浦发银行最低。大部分银行的指标在 10%～20%，有 3 家银行的指标超过 20%，分别是农业银行、广发银行和渤海银行（见图 3－7）。

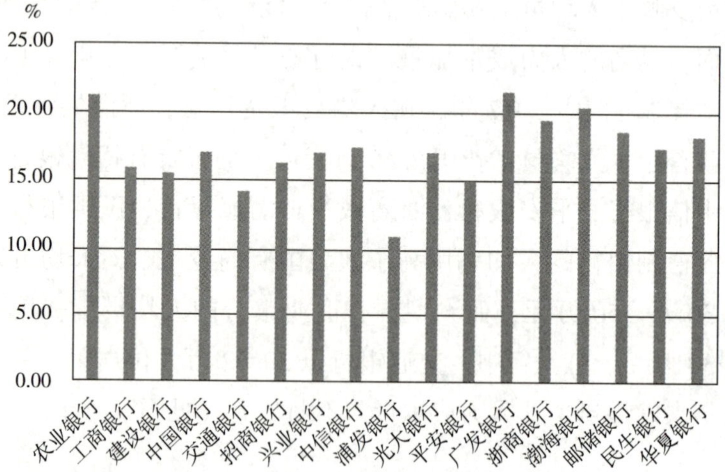

图 3－7　2017 年全国性商业银行员工费用与营业收入之比

员工费用占营业支出的比例反映了营业成本中人力成本的比重，也反映了人力资源使用效率的高低。2017 年，农业银行的这一指标最高，达 37.73%；浦发银行最低，不足 20%。其他银行的这一指标介于 20% ~33%（见图 3－8）。

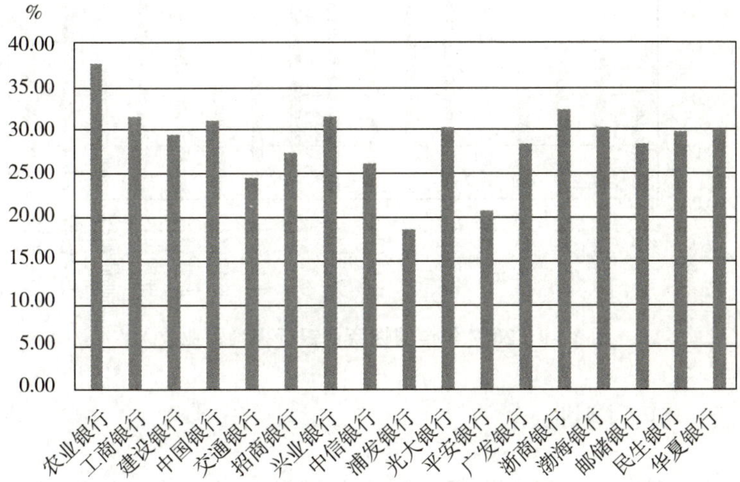

图 3－8　2017 年全国性商业银行员工费用占营业支出比例

3. 员工效率

人均营业收入是反映员工生产效率的基本指标。从 2017 年的数据来看，平安银行以 325.48 万元/人位居首位，农业银行人均营业收入最低，为 110.21 万元/人。总体来看，2017 年的人均营业收入较上年有所提升，且股份制银行的这一指标普遍高于国有商业银行（见图 3－9）。

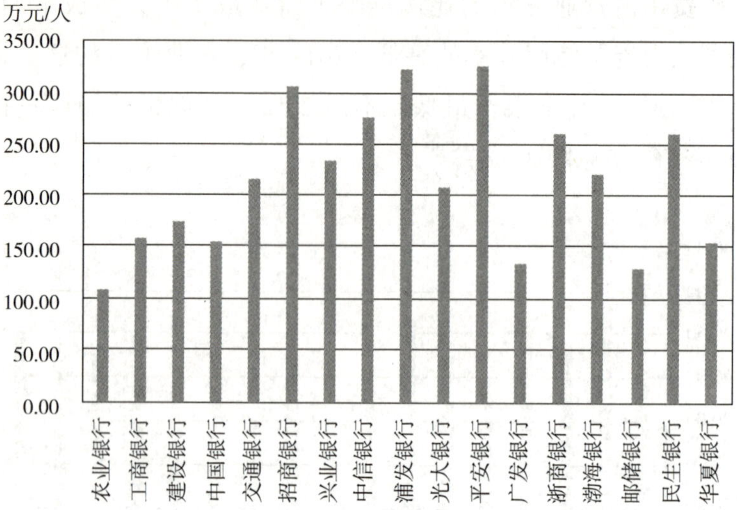

图 3－9　2017 年全国性商业银行人均营业收入

（二）员工培训

随着社会经济的迅猛发展，社会各界越加重视人才资源的重要性，国际市场中以往的资源竞争也逐渐转变成了人才资源的竞争，因此，对于商业银行来说，必须要加大培养人才的力度。不仅如此，以大数据、人工智能、区块链以及云计算等信息技术正以超乎想象的速度发展，与金融领域的融合只会越加紧密，这就导致了传统商业银行面临新的竞争格局和洗牌，对人才的引进、培养与使用就显得非常重要。现代金融业是一个终身学习的行业，对员工培训的重视是银行的应有之义。

大型银行历来重视人才培训。2017 年，农业银行的培训重点是加强关键领域人才培养，围绕金融科技融合，积极培养金融科技复合型人才；围绕新兴业务发展，加大对直营部门、境外机构和子公司的人才引进和培养力度；围绕国际化发展战略，出台国际化人才发展规划，加快国际化人才培养；围绕服务“三农”定位，深入推进县域青年英才开发工程。2017 年，全行共举办培训班 2.99 万期，培训 161.37 万人次。

工商银行有一套成熟的培训体系，围绕战略实施，统筹境内与境外、全员培训与专业人才培养。鉴于近年来国际化的快速发展，积极推动境外培训多元化融合、一体化运作，将境外员工培训纳入集团统一管理框架。全年共完成培训 4.9 万期，培训 567 万人次，人均受训 9.9 天。

建设银行则围绕全行改革发展重点领域，实施“213 人才工程”培训、各级“一把手”培训、新任职管理人员培训、客户经理及对公信贷相关岗位人员培训等重点工作，强化风险防控、金融科技、大数据应用等重点内容培训，将现场培训与网络培训相结合。2017 年共举办现场培训 27708 期，培训 149 万人次，网络培训 34.8 万人，学习网络课程 653 万课次。

作为国内国际化程度最高的银行，中国银行一方面加强小语种人才培训与储备，另一方面响应国家“一带一路”倡议，面向 8 个太平洋岛国和 4 个拉美国家分别举办“一带一路”国际金融交流合作研修班，促进国家经贸合作与人文交流。围绕国家战略，加大对涉及精准扶贫、“一带一路”、京津冀协同发展、雄安新区建设、普惠金融、县域经济发展等重点领域的人才支持与培养力度。加大重点领域专业培训，提升员工在风险内控与不良化解、人民币国际化、京津冀协同发展、互联网金融、利率市场化、绿色信贷等方面的专业能力。2017 年，中国银行内地商业银行机构共举办各类培训班 7.5 万期，培训员工 285 万人次。

各股份制银行同样重视员工的培训，并将员工培养体系与自身特点相结合，根据自身发展战略制订培训方案。

2017 年，中信银行全面深化分层分类的员工培养体系，开发了“培训 + 考试 + 认证 + 晋升”培养模式，已完成公司、零售、风险条线资格认证的体系规划、资源开发、在线学习、考试认证工作，覆盖员工 3 万多名，全年共举办各类面授培训 5800 期，参训 60 万人次。此外，光大银行在 2017 年全行共组织开展各类集中培训近 6000 期次，培训人数达 34 万多人次。

六、产品与服务

（一）创新能力

2017 年，全国性商业银行的金融创新能力体现如下特点。

1. 注重创新体制建设

创新能力是银行竞争能力的重要组成部分，可持续创新能力则需要银行加强创新体制和创新文化建设。

中国工商银行围绕智能化、场景化、体验极致化等金融创新热点，积极开展产品创新统筹管理和顶层设计，加强跨产品整合提升，突出发挥创新引领作用，推动金融创新由单一化“产品”创新向“产品 + 场景 + 平台”立体化创新转变，努力打造极致产品体验。

建设银行在总行层级设有产品创新与管理部，通过机制建设，构建产品全生命周期管理平台，打造企业级银行产品工厂。2017 年，建设银行完成战略性产品创新 41 项、重点产品创新 187 项，分行层面产品创新 1325 项、分行间产品移植 2419 项，海外机构和各子公司完成产品创新 7 项，全面覆盖“一带一路”、大数据、小微金融、农村金融、科技金融、绿色金融、民生金融、自贸区及特殊经济区等创新热点领域。

招商银行在 2017 年 5 月成立了金融创新中心——金融科技创新孵化平台，从制度上确保了超前性、可持续性的创新能力。

中国工商银行在行内外大力培育创新文化，营造良好的创新氛围，汇聚来自市场前沿、基层一线、社会大众的创新智慧，为持续开展金融创新提供丰富的创意源泉。面向行内，举办首届员工产品创新创意竞赛，共收集全行员工创新作品 1800 余份，作品涵盖支付结算、投资理财、贷款融资、渠道建设、互联网金融和场景拓展等领域，进一步丰富了创意源泉。同时，参与人数达到 18.7 万人，是各类竞赛中员工参与度最高的活动之一，很好地发挥了一线员工市场敏感度高、创新思路活跃的特点，营造了重视创新、鼓励创新的良好氛围。

2. 强化传统优势领域

2017 年，建设银行积极开拓住房租赁市场，打造新的商业模式和业务增长点。依托住房金融领域传统优势，紧抓租购并举住房制度建设的历史机遇，在同业中率先推出住房租赁综合解决方案，基本实现住房租赁平台对全国主要大中城市全覆盖，打响“要租房，到建行”品牌。以住房租赁市场为切入口，推动智慧城市建设，把金融服务融入城市运行和居民衣食住行“大生态”中，实现经营获客和产品服务能力的持续提升，为业务发展奠定坚实基础。

中国银行充分利用境内外一体化经营优势，于 2017 年 3 月 6 日作为项目安排人和承销商，成功发行我国首单以地方政府债券为基础资产的跨境资产证券化产品。2017 年，在熊猫债产品领域取得了一系列创新成果和重大突破，包括为加拿大 BC 省发行首只主权类机构熊猫债，为波兰共和国发行首只欧洲主权国家熊猫债，为匈牙利政府发行首只“债券通”项下主权熊猫债，为沙迦酋长国发行首只中东地区主权熊猫债，为中银香港发行目前单只发行量最大的熊猫债等。2017 年，中行还在业内首批推出了外贸综合服务平台代理出口收汇业务，通过中行系统与外贸综合服务平台信息系统的对接，为外贸综合服务平台提供出口企业编码、出口收汇和信息反馈功能，满足了外贸综合服务平台企业对收汇信息分账、自动反馈的迫切要求。

农业银行强化对“三农”的服务创新。全面推进互联网金融服务“三农”“一号工程”，搭建贴合涉农产业链商户生产经营活动线上化场景的“农银惠农e通”平台，着力打造“农银惠农e贷”“农银惠农e付”“农银惠农e商”三大模块，实现对农企农户提供平台化、标准化、综合化、场景化的金融服务。

中信银行在出国金融产品方面的特色不断强化。出国金融是中信银行零售业务的特色单品，作为美国、英国、澳大利亚、巴西、以色列、新加坡、南非、意大利、新西兰9国使馆签证代缴费、代传递或开立留学汇款专用账户国内唯一合作金融机构，中信银行推出“中信银行全球签”，为客户提供覆盖70个国家的签证办理服务。

3. 发挥科技引领作用

金融创新越来越依赖科技的作用，不论大型银行还是股份制银行，不论上市银行还是非上市银行，概莫能外。

工商银行在业界首次将区块链技术应用于扶贫攻坚，建设连接工商银行资金划拨系统的金融服务区块链平台，通过与贵州有关机构的行政审批链进行对接和信息共享，将金融服务、科技创新与精准扶贫三者有机结合，实现扶贫资金从审批到拨付的全流程透明使用、精准投放和高效管理。2017年5月17日，脱贫攻坚基金区块链平台下拨的第一笔扶贫款157万元顺利拨付到位，实现了全流程信息自动化处理。

2017年8月，平安银行将原橙子银行APP、口袋银行APP以及平安信用卡APP 3个移动终端整合为新口袋银行APP，集贷款、理财、信用卡、支付等业务于一身，形成统一流量入口，提供证券、理财等在内的综合化金融服务，为客户提供一站式综合金融解决方案，成为客户的全能金融管家。

从各类金融创新奖的排名中来看，国有商业银行依靠自身规模优势和资源优势，在产品的全面性、覆盖面上具备优势，但股份制银行在细分领域和特色领域仍然有自己的特色，特别是在金融科技、财富管理、零售业务中有所突破。

（二）品牌管理

近年来，我国银行业已从开发新业务领域的竞争阶段逐渐进入争夺同一领域市场份额的新阶段，各家商业银行纷纷以产品创新和市场营销为卖点展开竞争。银行品牌营销的核心是培养品牌的忠诚度，建立自己的忠诚客户群。在当今金融产品和服务迅速变革的时代，打造著名的银行品牌是整合金融商品的有效形式。目前，我国商业银行的品牌建设还处于初级阶段，面对实力雄厚的著名跨国金融机构，还需继续深耕和优化自身特色产品和服务，建立强势的品牌资产。

2017 年，面对金融新需求和金融科技的飞速发展，在继续发展和推广原有特色服务产品的同时，各家银行纷纷依托自身优势和市场细分特色，开展特色化、差异化经营。同时，各家银行善用互联网思维，借助大数据和金融科技，引入“互联网 +”概念，突破地域限制，发掘潜在客户，加强创新能力，提供更多高便捷、高品质的金融产品和服务。

工商银行在 2017 年全面推进 e－IBC3.0 互联网金融发展战略，加快创新引领，升级完善以信息平台、开放平台和服务平台融 e 联，线上智能金融交易服务平台融 e 行，集合化电商金融平台融 e 购为主体，覆盖和贯通金融服务、电子商务、支付、社交生活的互联网金融整体架构。持续提升客户体验，健全风险防控体系，为银行经营转型贡献新力量。同时，工行通过完善机制、强化管理、优化体验等具体举措，促进客户满意度提升和体验优化，服务效率稳步提升，服务面貌持续改善，客户口碑不断向好。

中国银行是中国全球化和综合化程度最高的银行，在强化公司跨境业务品牌的同时，还持续打响个人跨境业务品牌，如打造美国“美好前程”、英国“金色年华”“英伦管家”、加拿大“加国有家”、澳大利亚“留金岁月”、新加坡“扬帆狮城”等留学服务品牌。

招商银行历来重视品牌建设，在 2017 年继续打造“千鹰展翼”这一服务成长型中小科技创新企业的战略品牌。中信银行发挥对公业务支撑作用，在业内首推“交易 +”品牌，债券承销、并购融资、银团贷款规模保持领先，对公存款日均规模、存贷利差率优势明显。

（三）网点建设

数字化时代，交易的电子化成为潮流，物理网点的重要性在下降。虽然一些网点较少的股份制商业银行还在增设物理网点，但更多的是对现有网点进行转型。2017 年银行网点建设的一个重要方面就是网点转型。

中国银行的网点智能化建设，核心理念是以流程优化为主线，深度衔接前沿科技进步成果，着力破解当前网点经营发展的痛点，推动网点从交易操作型向价值创造型的转型升级，最大限度地发挥线下渠道“人”的服务优势，成为创新产品的体验平台、情感交互的社交平台、定制服务的交付平台和便捷金融的提供平台，凸显移动互联时代网点的战略价值和重要意义。截至 2017 年底，已推广至境内全部 36 家一级分行，在 8526 家网点投产，网点覆盖率达到 80%。此外，自 2016 年 9 月试点投产以来，坚持“一月一迭代”的升级频率，截至 2017 年底，累计迭代投产 15 次，覆盖 29 大类、73 子类服务场景。智能柜台和网点智能化建设是前沿金融科技在中国银行落地的“试验田”之一。现阶段主要探索应用了生物识别、大数据分析、电子签名三类金融科技，作业模式从“医院候诊”转为“餐馆点餐”，流程设计从“以银行为中心”转为“以客户为中心”。智能柜台通过“业务流程优化 + 前沿科技创新”，破解了过去人工柜台模式下客户等待久、排队长、操作多、服务体验不佳的痛点，改变了中国银行网点服务面貌。截至 2017 年底，已上线 29 大类、73 子类服务场景，涵盖了客户反映集中、抱怨密集的开卡、开户、签约、外币兑换、打印流水、转账汇款、修改客户信息、理财、基金、保险、存折业务等各类业务。

2017 年 8 月 29 日，作为平安银行零售智能新门店的广州流花支行开业亮相，作为纯零售网点，流花支行在设计时融入“零售门店”概念，向轻型化、社区化、智能化、多元化转型。客户在这里可以一站式办理银行零售业务和综合金融业务。同时，新门店还在空间、家具等各方面通过嵌入智能化、人性化的配套设备，构建以“智能化 + O2O + 客户体验”为核心的服务体系，打造“更懂你”的标杆式银行。

七、市场影响力

（一）传统业务

1. 资产规模

截至 2017 年底，我国银行业金融机构本外币资产 252 万亿元，同比增长 8.7%，增速较上年末下降 7.1 个百分点；其中各项贷款 129 万亿元，同比增长 12.4%。总负债 233 万亿元，同比增长 8.4%；其中各项存款 157 万亿元，同比增长 7.8%。就资产规模而言，四大国有银行仍然处在第一梯队且规模远超其他 13 家全国性商业银行。其中，工商银行以 26.09 万亿元的资产规模雄居首位，市场份额达到 10.35%；建设银行和农业银行也均突破 20 万亿元大关，分别以 22.12 万亿元和 21.05 万亿元的资产规模居于二、三名，在金融机构总资产中占比分别为 8.78% 和 8.35%；中国银行以 19.47 万亿元的资产规模居于第四名，在金融机构总资产中占比分别为 7.73%。前十名中其余 6 家商业银行分别是交通银行（9.04 万亿元）、邮储银行（9.01 万亿元）、兴业银行

(6.42 万亿元)、招商银行(6.30 万亿元)、浦发银行(6.14 万亿元)和民生银行(5.9 万亿元),这 6 家银行占金融机构的比重分别为 3.59%、3.58%、2.55%、2.50%、2.44%和 2.34%。

资产增速方面,由于 2017 年金融去杠杆以及同业业务整治加强,银行资产负债增速明显放缓,对业绩增长的驱动力也有所减弱。仅渤海银行和浙商银行超过了 10%,增速分别达到 17.11%和 13.43%;平安银行为 9.99%,邮储银行为 9.08%,略低于前两家银行,位列第三和第四。个别银行甚至出现持平或者负增长情况,其中,中信银行资产规模增速为 -4.27%,民生银行、广发银行、光大银行增速分别为 0.11%、1.24%、1.70%。其他全国性银行的增速分布在 5% ~9%。分布情况为工商银行(8.08%)、农业银行(7.58%)、交通银行(7.56%)、中国银行(7.27%)、华夏银行(6.48%)、招商银行(5.98%)、建设银行(5.54%)、兴业银行(5.44%)、浦发银行(4.78%)(见图 3 -10、图 3 -11)。

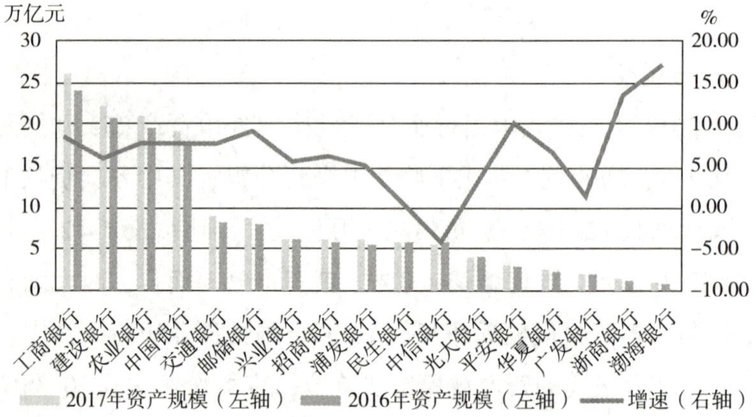

图 3 -10 全国性商业银行资产规模及增速

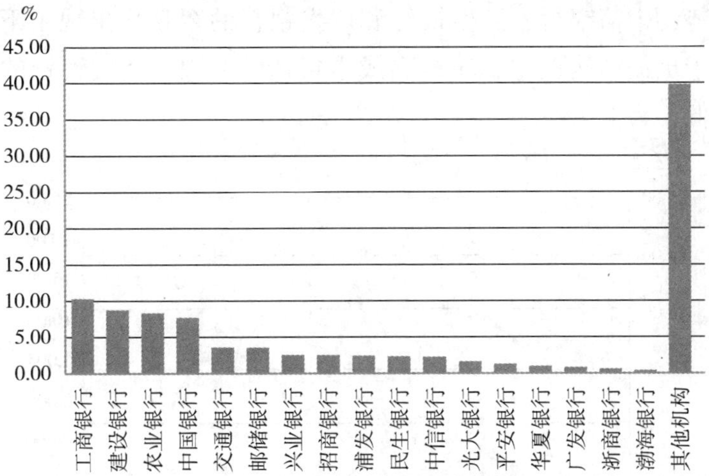

图 3－11 2017 年全国性商业银行资产份额

2. 存款规模

存款作为银行重要的传统业务和主要资金来源之一，在一定程度上可以反映银行的市场影响力。2017 年末，全国金融机构人民币各项存款 157 万亿元，同比增长 7.8%，增速大幅放缓。从存款规模来看，第一名仍然是工商银行，为 19.23 万亿元，占金融机构存款总额的 12.25%。建设银行、农业银行、中国银行、邮储银行和交通银行的存款总额分别为 16.36 万亿元、16.19 万亿元、13.66 万亿元、8.06 万亿元和 4.93 万亿元（见图 3－12），在金融机构存款总额中占比分别为 10.42%、10.31%、8.70%、5.13% 和 3.14%（见图 3－13）。5 家大型银行及邮储银行的市场份额合计占比达到 49.96%，市场占有率与 2016 年差别不大，依然保持着较强的影响力，占比较上年均有不同幅度的增加。其余各家股份制银行的占比均不超过 3%，11 家股份制银行占比合计 15.79%，较上年有所提升。

存款增速方面，17 家全国性银行表现良莠不齐，相差最大达到 25.12%。其中渤海银行达到 18.75%，以亮眼的成绩排在第一位；招商银行紧随其后，达到 16.89%，兴业银行也取得 14.55% 的好成绩，邮储银行以 10.56% 的增速位居前列。股份制银行的存款增速呈现两极分化态势，中信银行、民生银行和广发银行的存款均出现了下滑，主要是由于负债结构调整，压缩高成本负债的原因。浦发银行的存款增速也较低，为 1.20%。

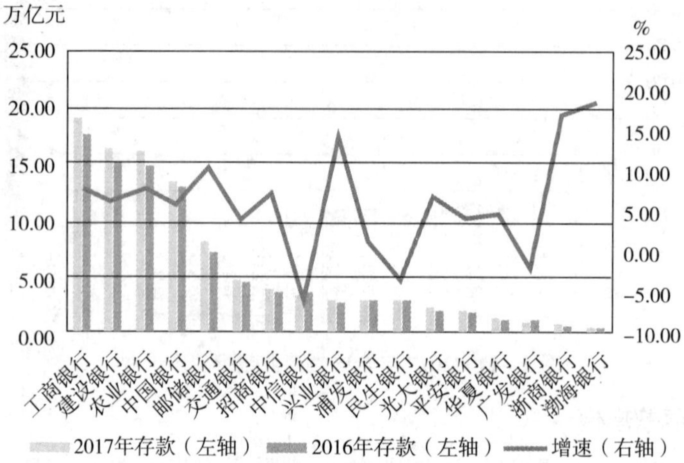

图 3-12　全国性商业银行存款规模及增速

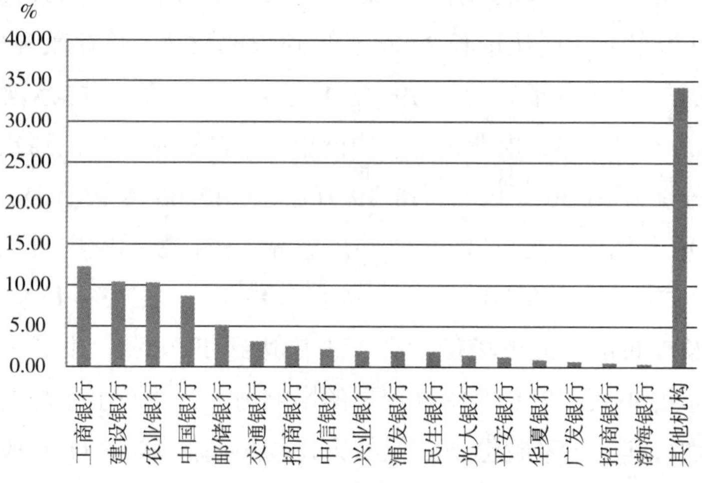

图 3-13　2017 年全国性商业银行存款份额

3. 贷款规模

截至 2017 年底，人民币各项贷款 129 万亿元，同比增长 12.4%，比年初增加 16.94 万亿元，其中全国性商业银行贷款总额达到 79.37 万亿元，占金融机构贷款总额的 61.53%。从规模上看，四大行仍然占据前四名，其规模排名分别为工商银行（14.23 万亿元）、建设银行（12.90 万亿元）、中国银行（10.90 万亿元）和农业银行（10.72 万亿元），市场份额分别为11.03%、10.00%、8.45%和8.31%。交通银行以4.46 万亿元贷款规模位列第五。除此之外，仍有7 家商业银行贷款规模超过2 万亿元，分别为邮储银行（3.60 万亿元）、招商银行（3.57 万亿元）、中信银行（3.20 万亿元）、浦发银行（3.19 万亿元）、民生银行（2.80 万亿元）、兴业银行（2.43 万亿元）和光大银行（2.03 万亿元）。

贷款增速方面，股份制银行整体好于四大银行。四大行中，农业银行表现较好，增速达到10.30%。而建设银行、中国银行和工商银行分别为9.75%、9.26%和9.01%。值得注意的是，招商银行和渤海银行增速分别达到46.44%和31.44%，这是由于两家银行资产中贷款相对较少的缘故。交通银行增速最低，仅为8.63%。其他股份制银行中除中信银行（11.08%）、广发银行（12.53%）、光大银行（13.19%）民生银行（13.92%）和华夏银行（14.58%）以外，均达到15%以上的增速（见图3－14、图3－15）。

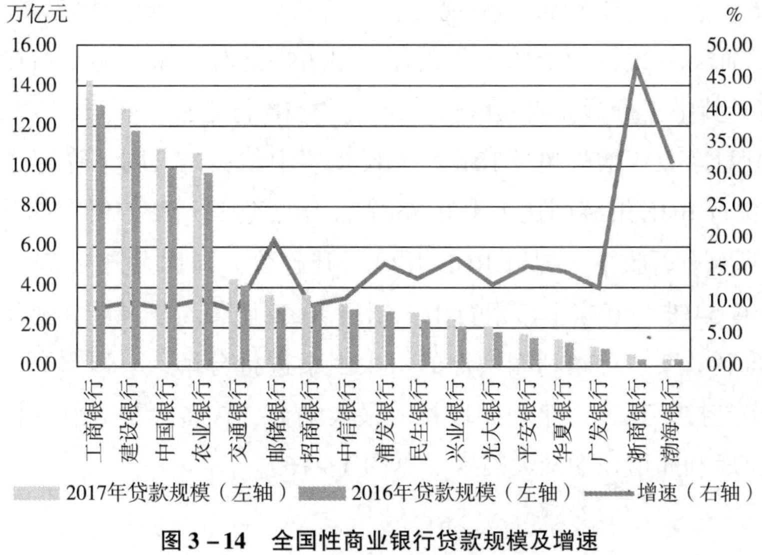

图3－14　全国性商业银行贷款规模及增速

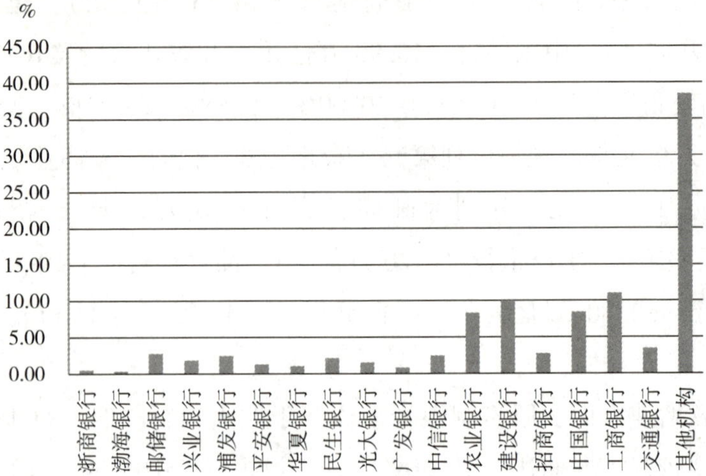

图 3－15　2017 年全国性商业银行贷款份额

2017 年，10 家银行净利润合计 1.2 万亿元，同比增长 4%。10 家银行中，招行是唯一一家净利润增速超过 5% 的银行（高达 13.2%）。与 2016 年相比，有 8 家银行净利润增速出现提升，前三名分别为招行（提升 5.7 个百分点）、建行（提升 3.3 个百分点）和交行（提升 3.3 个百分点），仅中行、平安净利润增速出现下滑。从主要收入和费用增速来看，大型、中型银行呈现分化，若排除招行，则分化更为明显。收入方面，五大行营业收入平均增长 3.6%，而 5 家中型银行则下降 0.7%，其中工行营业收入增长 7.5%，居 10 行之首。农行、工行、中行的利息净收入增长超过 10%，而民生、中信、光大则下降超过 5%。10 家银行 ROE 继续同比下滑 0.76 个百分点至 13.4%，但大部分银行 ROE 降幅有所收窄。招行 ROE 开启回升趋势，同比上升 0.27 个百分点至 16.54%。10 家上市银行中，招行 ROE 显著高于同业，显示出较强的盈利效率。对净利润增加的六大因素进行分解，可以看到，规模扩张仍是拉动五大行净利润增长的最大动力，拨备计提和利率因素则是下拉净利润增长的两大因素（见图 3－16）。

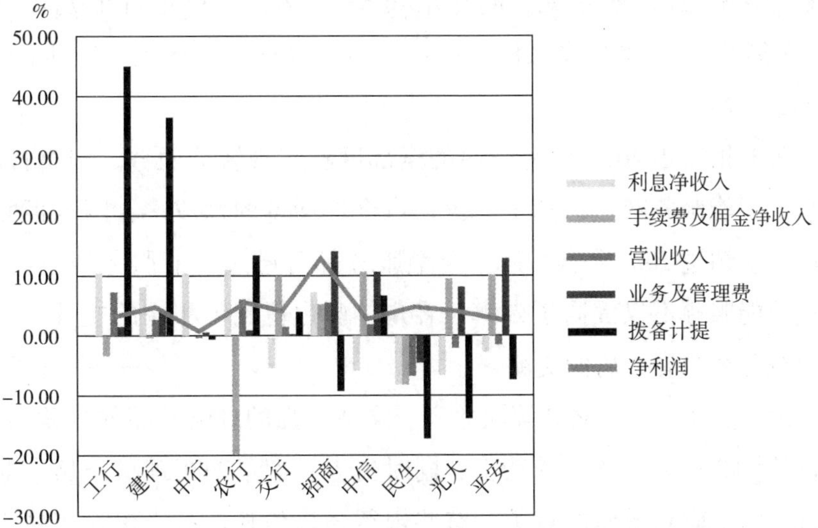

图 3－16　2017 年部分全国性商业银行收入、费用、利润增速

4. 网点情况

2017 年，银行业金融机构离柜交易达 2600.44 亿笔，同比增长 46.33%；离柜交易金额达 2010.67 万亿元，同比增长 32.06%；行业平均离柜业务率为 87.58%。2017 年，中国银行业综合分析各营业网点发展潜力，制订周密的规划，调整优化网点布局，改善设施，细化分区，提高网点单产。截至 2017 年末，全国银行业金融机构营业网点总数达到 22.87 万个，其中新增营业网点 800 多个，年内改造营业网点 1.07 万个，社区网点 7890 个，小微网点 2550 个。布局建设自助银行 16.84 万家，较上年增加 7300 多家；布放自助设备 80.26 万台，其中创新自助设备 11.39 万台；自助设备交易笔数达 400.06 亿笔，交易总额 66.13 万亿元。2017 年，中国银行业持续优化网上银行各项功能。全年网上银行交易达 1171.72 亿笔，同比增长 37.86%；交易金额达 1725.38 万亿元，同比增长 32.77%；网上银行个人客户达 14.31 亿户，同比增长 17.32%；企业客户达 0.29 亿户，同比增长 9.56%。支付方式更趋丰富，全年手机银行交易达 969.29 亿笔，同比增长 103.42%；

交易金额达 216.06 亿元，同比增长 53.70%；手机银行个人客户达 15.02 亿户，同比增长 28.28%；企业客户达 0.05 亿户，同比增长 57.52%。

工商银行于2017 年为境内的全部网点实现智能服务。截至目前，工行的智能服务网点已达1 万家，占全部网点的六成多，网点柜面九成以上、超过200 项个人常用金融服务都可通过智能服务渠道办理。通过智能服务不仅提高了效率，客户体验也得到了相应的提升，实现了银行与客户肩并肩的交流。

随着货币基金、P2P 等收益高、灵活性强的理财产品的日益盛行，银行传统的存款业务备受冲击，同时失去了大量购买理财产品的渠道利益。为了应对激烈的竞争，有些银行搭售信托产品、保险产品、基金产品甚至美容产品，而这些产品可能存在较大风险，在强监管的背景下其生存空间也会越来越小；有些银行从成本角度考虑，开始去柜台化、轻资产化，减少营业网点的设立，甚至大面积关停已有营业网点。2017 年，全国五大行、股份行、农商行、城商行、邮储银行、农村信用社、农村合作银行和村镇银行共有 1942 家营业网点收到终止营业的批复。从时间上来看，2017 年银行营业网点的关停多集中在年中和年末，6 月和 12 月收到终止营业批复的银行营业网点合计 549 家，占全年总数的 28.27%。从银行类型来看，2017 年五大行和股份行营业网点关停 1088 家，占比过半。从地域分布来看，大陆地区除西藏自治区外，30 个省（含直辖市、自治区）的银行均收到了终止营业的批复，其中广东省银行营业网点关停数量最多，达 169 家，浙江省、山东省紧随其后，分别关停银行营业网点 163 家和 142 家。此外，农商行屡现分理处大规模关停，村镇银行营业网点关停了 2 家。

在网点数量方面，邮储银行凭借其自身邮储业务的优势，网点居于首位。2017 年末，邮储银行共拥有近 4 万家营业网点，远超其他全国性银行，目前其网点已经覆盖大陆所有城市和 98% 的区县地区，虽

80%的营业网点为代理机构，但大大节约了相应的管理成本。除此之外，四大行仍然占据优势，组织结构也相对复杂，“总行——二级分行——二级支行和营业部”的组织结构加上广泛分布于乡镇一级的微型网点，其规模都远超其他股份制银行。四大行中，农业银行有 24295 家营业网点；紧接着是工商银行，截至报告期已设立 17035 家网点；建设银行和中国银行分别设有 14985 家和 11556 家网点。需要指出的是，由于统计数据只考虑境内网点数量，像中行这样以国际化、综合化见长的银行，其网点数量不能直接反映市场影响力。交通银行位居第六，营业网点有 3285 家，与其他中小银行相比，仍然具有一定竞争力。兴业银行网点数首次突破 2000 家，部分原因是其社区银行的发展。其他全国性股份商业银行中网点超过 1000 家的银行有 6 家，分别是浦发银行（1843 家）、招商银行（1819 家）、中信银行（1424 家）、民生银行（1119 家）、光大银行（1119 家）和平安银行（1072 家）（见图 3－17）。

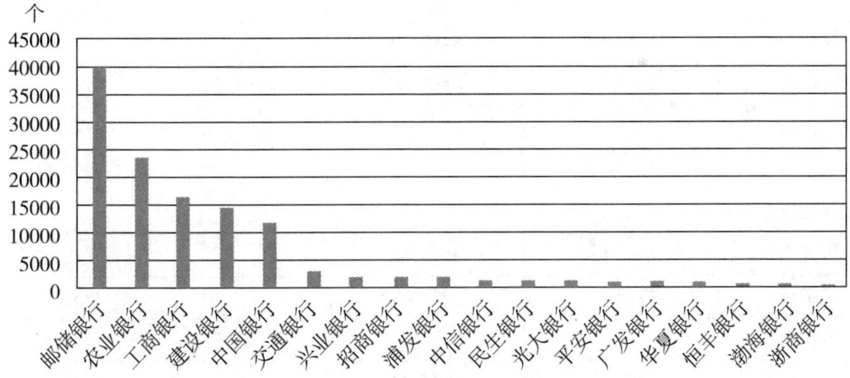

图 3－17　全国性商业银行网点数量

（二）战略性业务

1. 信用卡业务

2017 年，卡组织、商业银行、互联网背景支付机构纷纷加快了国际化步伐，取得了显著成效。从网络扩张看，截至 2017 年 10 月末，银联卡全球受理网络已延伸到 162 个国家和地区，境外累计开通商户超过 2200 万户、ATM 终端超过 160 万台，境外累计发卡近 1 亿张。信用卡是银行重要的中间业务之一，同时也是一项会直接面向个人消费者的常用业务。随着社会经济的发展，人们使用信用卡的次数和频率在不断增加。因此，信用卡的累计发行量和增速能够在一定程度上反映银行的影响力。

表 3 – 12　　2017 年部分全国性商业银行信用卡数据

银行名称	新增发卡量（万张）	累计发卡量（万张）	有效卡量（万张）	贷款余额（亿元）
中国建设银行	1286.00	10693.00		5631.13
兴业银行	1022.00	3104.30		1862.56
平安银行	1509.00		3834.00	3036.28
浙商银行	139.30	249.60		73.32
上海银行	103.30	561.91		248.43
浦发银行	1358.21	4116.52		4180.78
中国民生银行	1040.22	3873.86		2940.19
中国农业银行	1617.89	8480.89		3175.47
招商银行	1991.72	10022.72	6245.68	4912.38
华夏银行				1179.66
交通银行	1200.00	6243.00		3990.04
杭州银行				
中国光大银行	930.46	4526.33		3029.46
中信银行	1219.04	4957.09		3332.97
中国银行			6821.73	3742.97
中国工商银行	2300.00	14300.00		5347.76
广发银行	874.00	5711.00		3788.66
邮储银行				776.95
渤海银行				11.03

2017 年，工行信用卡累计发卡量以 1.43 亿张领跑，全年个人客户净增近 3800 万，其中信用卡客户增至 8859 万，成为国内客户总量最大

的信用卡发卡行；建行信用卡累计发卡首次突破 1 亿张，消费额达 2.62 万亿元；农行累计发卡 8481 万张，当年新增发卡 1618 万张，同比增长 23.6%（见表 3 – 12）。

虽然工行在发卡量上存在优势，建行的信用卡透支余额却反超工行，保持行业第一。2017 年，建行信用卡透支余额达 5636.13 亿元，反超工行的 5347.76 亿元。除了工行、建行外，其余 3 家国有大行均位居 3000 亿元梯队。其中，交行的透支余额为 3999.04 亿元，逼近 4000 亿元；中行与农行的信用卡透支余额分别为 3620.38 亿元与 3175.47 亿元。

工行侧重于信用卡的互联网化布局，不仅推出纯线上信用产品，还联手京东将触角伸向电商。2017 年，工行推出了纯信用、全线上的互联网个人信用消费贷款产品“融 e 借”，该产品去年累计发卡贷款 983.15 亿元。工行还联手互联网公司——京东，发行“工银京东小白卡”等产品。此外，2017 年 8 月，工行信用卡专属 APP“工银 e 生活”也正式上线。

2. 电子银行业务

中国银行坚持科技引领，高度重视金融科技的驱动作用，积极探索适应网络金融发展的新机制。全面升级手机银行，2017 年交易金额达到 10.97 万亿元，同比增长 60%，成为个人客户最为活跃的线上交易渠道，电子渠道对网点业务的替代率达到 94.19%。加快完善手机银行综合金融移动门户，金融超市交易规模同比增长 128%。加快推进网点智能化升级改造，智能柜台网点覆盖率达 80%，大大降低客户等候时间，提升客户体验。

截至 2017 年底，工商银行以互联网为主的电子银行业务量占全部业务比重已达 95%，业务量相当于现有全部网点的 4 倍多；1.5 万家网点已完成智能化改造，为客户提供全面的智能金融服务。在互联网金融业务总量上，以互联网业务为主的电子银行总交易额 646 万亿元，同比增长 7.7%，业务量占全部业务的比重进一步提升至约 95%。

在披露年报的全国性商业银行中，共有 8 家银行的年报披露了个人网银用户增长率，其中有 7 家银行个人网银用户规模增速为两位数，中信银行、农业银行该项规模增速接近 20%。披露个人网银增速数据的 8 家银行中，农业银行、建设银行、中国银行个人网银用户规模已破亿，其中建设银行和农业银行个人网银用户总数分别为 2.7 亿和 2.23 亿，仍旧有较为明显的增长态势。在股份制银行中，浦发银行个人网银用户总数为 2507.93 万，居于领先地位（见图 3－18）。

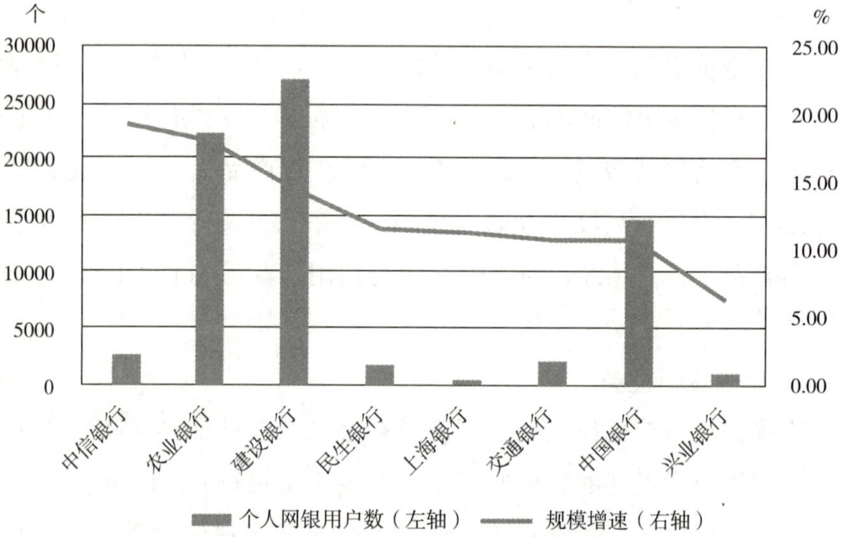

图 3－18　2017 年部分全国性商业银行个人网银用户情况

同样有 8 家银行的年报披露了 2017 年企业网银用户增长率，3 家银行该项增速超过 20%，2 家银行接近 20%。在企业网银用户总数上，全国性大行和股份制银行并没有拉开明显差距，大多保有百万数量级的用户总规模，其中建设银行和农业银行以 603 万和 531.8 万居于前两位，而招商银行 137.94 万和民生银行 104.27 万为股份制银行中企业网银用户规模最大的两家（见图 3－19）。

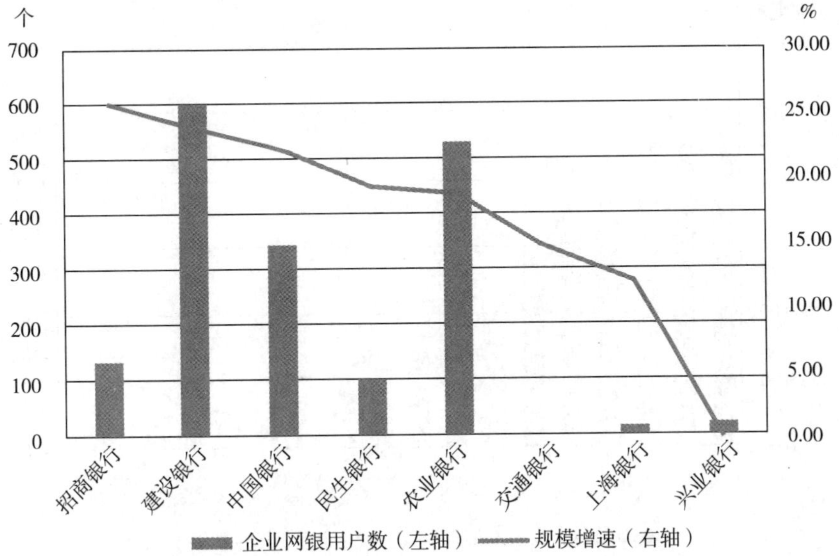

图 3－19　2017 年部分全国性商业银行企业网银用户情况

2017 年，农业银行、中国银行、建设银行和招商银行的网银交易额突破百万亿元。其中，招商银行总交易额 113. 16 万亿元；建设银行个人网银交易额 36. 35 万亿元，企业网银交易额 272. 4 万亿元，为已披露相关数据的银行中网银交易规模之最。

3. 债券承销

债券承销是重要的投行业务，是银行中间业务收入的重要来源。近年来，中国债券市场发展迅速，品种不断增加，规模不断扩大。不论是全国性商业银行还是城商行，都在争抢债券市场承销机会。从承销金额来说，工行位列第一，建行紧跟其后。股份制银行中的兴业银行表现抢眼，继续成为股份制银行中债券承销规模最大的银行（见图 3－20）。

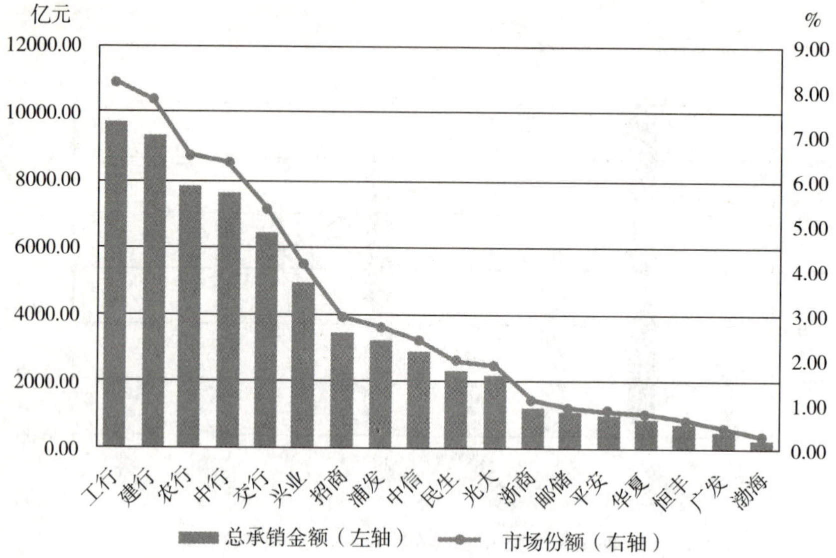

图 3－20　2017 年全国性商业银行债券承销金额及市场份额

第四部分

2017 年城市商业银行竞争力评价报告[①]

① 本部分由欧明刚、郝佳根、彭煜、李淑澜执笔。

一、2017 年城商行财务格局

2017 年，银行业面临的经济政策环境和市场环境都发生了深刻变化。全球经济出现明显复苏迹象，保护主义加剧，贸易摩擦增大，不确定因素逐渐增加。从国内来看，经济风险正在累积，金融监管从严，城商行群体受影响较大。2017 年，城商行资产和负债规模继续保持增长，但增速自 2015 年以来持续下降；城商行平均资产总额和平均负债总额继续保持增长，但增速略有下降；整体不良贷款余额和不良贷款率较 2016 年底出现“双升”；资产收益率和资本收益率整体延续了 2011 年以来持续走低的态势，转型之路仍然艰难。

（一）资产负债

根据银监会统计信息，截至 2017 年底，我国银行业总资产高达 252 万亿元，同比增长 8.7%，其中商业银行总资产为 196.8 万亿元，占银行业金融机构的 77.96%。大型商业银行仍占据主导地位，股份制商业银行占据重要地位，城商行和农商行市场份额逐步提升。

2017 年，城商行资产和负债规模继续保持增长，但增速延续了 2015 年以来持续下降的趋势。截至 2017 年底，城商行总资产达到 31.72 万亿元，增速由 2016 年末的 24.50% 下降至 2017 年末的 12.33%；总负债达到 29.5 万亿元，增速由 2016 年末的 24.95% 下降至 2017 年末的 11.84%；所有者权益达到 2.19 万亿元，增速为 19.42%，较 2016 年末 18.45% 的水平小幅提升（见图 4－1）。

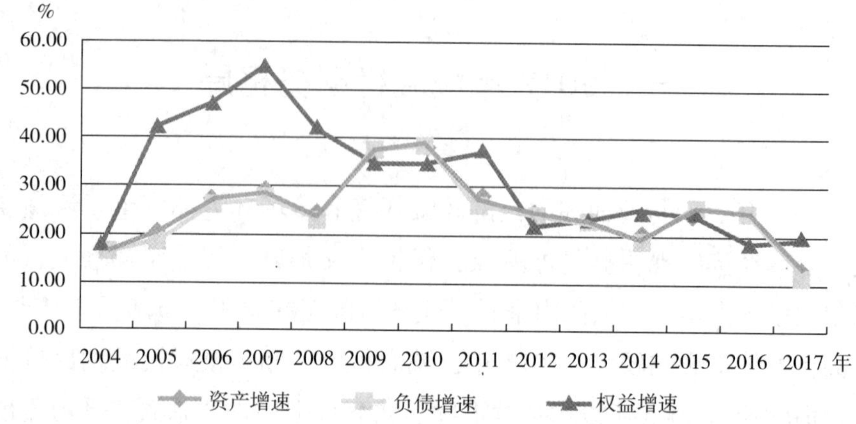

数据来源：银监会 2016 年报及 2017 年统计信息。

图 4－1　城商行资产、负债及权益增速走势

2017 年，城商行的资产、负债和权益在全部银行业金融机构中的占比进一步提升。截至 2017 年底，城商行资产总额在全部银行业金融机构中的占比升至 12.90%，较 2016 年底提升 0.4 个百分点（见图 4－2）；负债总额占比提升至 13.00%，较 2016 年底提升 0.4 个百分点（见图 4－3）；权益总额占比提升至 11.27%，较 2016 年底提升 0.69 个百分点（见图 4－4）。

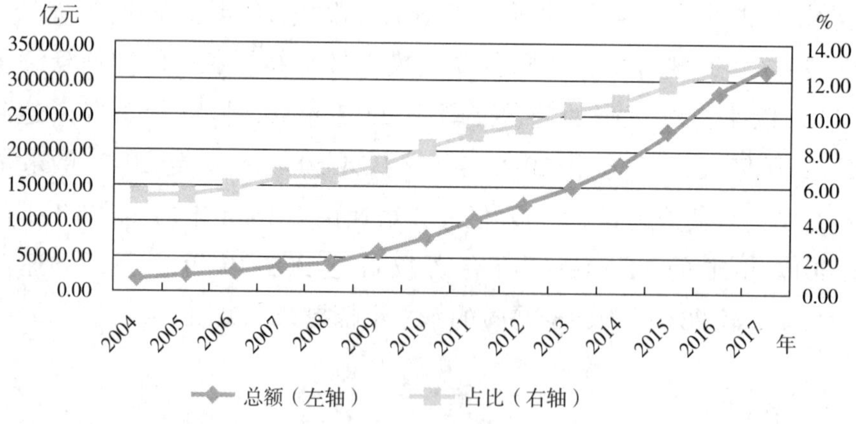

数据来源：银监会 2016 年报及 2017 年统计信息。

图 4－2　城商行资产总额及其在全部银行业金融机构中的占比走势

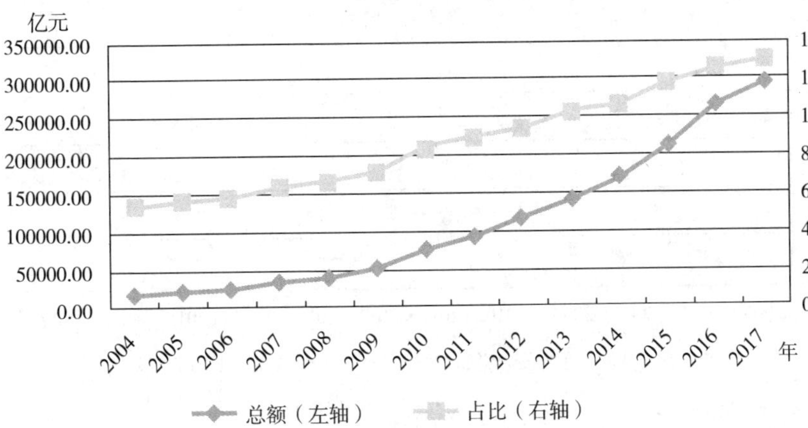

数据来源：银监会 2016 年报及 2017 年统计信息。

图 4－3　城商行负债总额及其在全部银行业金融机构中的占比走势

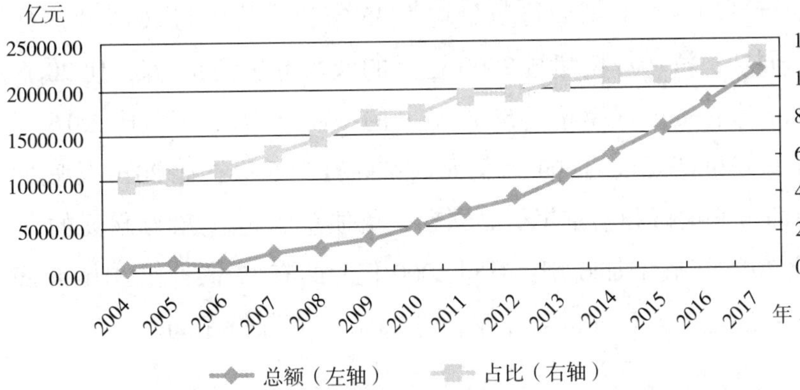

数据来源：银监会 2016 年报及 2017 年统计信息。

图 4－4　城商行权益总额及其在全部银行业金融机构中的占比走势

2017 年，城商行平均资产总额和平均负债总额继续保持增长，但增速比 2016 年略有下降。截至 2017 年底，城商行平均资产总额达到 2367 亿元，较 2016 年底增长 12.3%；平均负债总额也突破 2000 亿元大关，达到 2204 亿元，较 2016 年底增长 11.9%；平均权益总额达到 163 亿元，较 2016 年底增长 19.3%（见图 4－5）。

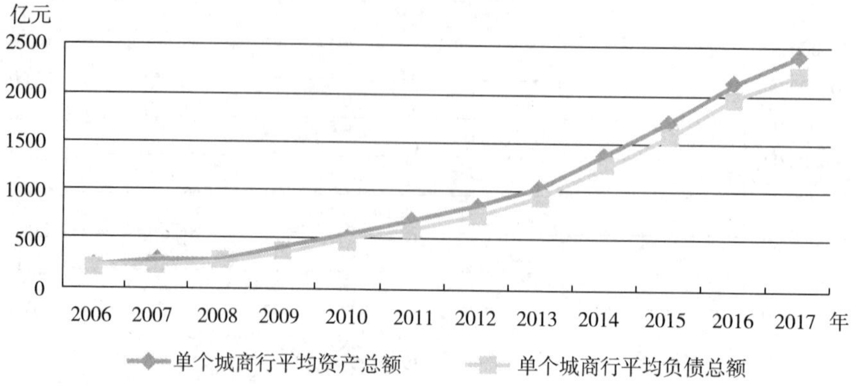

数据来源：银监会 2016 年报及 2017 年统计信息。

图 4-5　单个城商行平均资产总额及平均负债总额变化情况

从单家城商行数据来看，截至 2017 年底，资产总额、负债总额超过城商行平均水平的城商行数量均为 35 家，该数字与 2016 年底保持一致。同期，资产规模超过 2000 亿元的城商行达到 50 家，比 2016 年底增加 7 家；资产规模超过 5000 亿元的城商行为 13 家，比 2016 年底增加 1 家；资产规模超过 1 万亿元的城商行为 6 家，比 2016 年底增加 2 家，即宁波银行和盛京银行。同期，负债总额超过 2000 亿元的有 41 家，比 2015 年底增加 6 家；超过 5000 亿元的有 12 家，比 2016 年底增加 1 家；超过 1 万亿元的有 4 家，与 2016 年底保持相同。

（二）贷款质量

随着实体经济下行，资金脱实向虚的现象日益凸显。在金融市场层面，传统信贷转向票据、同业和理财等业务，商业银行表内业务转向表外，金融机构充当通道加杠杆，导致资金在金融机构内部空转，推升了实体经济融资成本，出现利率双轨，货币政策传导受阻；在实体企业层面，部分企业将大量资金用于购买理财产品，从事资本运作等金融活动，而非投入生产。这种现象出现的原因很大程度在于实体经济回报率较低、金融机构过度加杠杆、金融监管滞后于金融创新。

2017 年以来，我国金融监管形势空前加强，城商行首当其冲，受到了巨大的挑战。

2017 年底，商业银行整体不良贷款余额较 2015 年底继续上升，但增速有所下滑。从银监会披露的季度数据来看，4 个季度商业银行整体的不良贷款率均为 1.74%，较 2016 年同期的水平略有下降。但 2018 年第一、第二季度，商业银行整体不良贷款率重新出现上涨，第一季度为 1.75%，第二季度更是增长至 1.86%（见图 4－6）。这一方面与资管新规下融资环境收紧有关，同时监管机构对于不良资产界定的进一步趋严也是第二季度不良率迅速提升的重要原因。

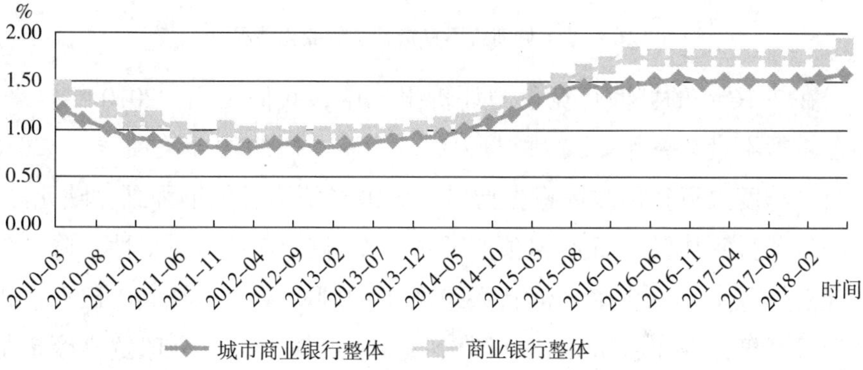

数据来源：银监会统计信息。

图 4－6 商业银行及城商行不良贷款率走势

2017 年底，城商行整体不良贷款余额和不良贷款率较 2016 年底出现“双升”。2017 年 4 个季度，城商行整体不良率均保持在 1.50% 以上，截至 2017 年底，城商行整体不良贷款率达到 1.52%，较 2016 年底提高 0.04 个百分点。受资管新规和不良认定趋严的影响，2018 年第二季度城商行整体不良率进一步提升至 1.57%。截至 2017 年末，城商行整体不良贷款余额为 1823 亿元，较 2016 年末增加 325 亿元。2018 年第二季度城商行整体不良贷款余额为 2089 亿元，较 2017 年末又增加了 266 亿元（见图 4－7）。过半数的城商行 2017 年底不良贷款率低于商业银行平均水平。从 2017 年末的可获得的数据来看，有 45 家城商行不良贷款率低于商业银行平均水平，有 73 家城商行不良贷款率高于商业银行平均水平。

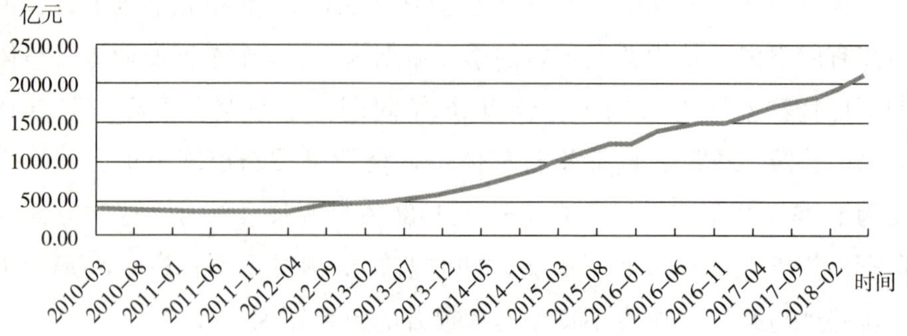

数据来源：银监会统计信息。

图 4-7　城商行不良贷款总额变化情况

在 2016 年的城商行竞争力评价报告中，我们指出，2010 年以来，商业银行不良贷款率季度数据形成了一条“扭曲的微笑曲线”。2018 年第二季度央行货币政策报告指出，美国经济增长依旧强劲，欧元区、英国复苏势头放缓，日本超预期反弹，全球经济复苏同步性下降。发达经济体股市小幅上涨，但新兴市场中的阿根廷、土耳其、巴西、俄罗斯等经济体股市部分承压，国债收益率总体上行。全球贸易摩擦加剧，新兴市场金融市场波动加大，金融市场脆弱性加强。从国内来看，地方基建投资增速下降，地方政府隐性债务暴露，企业债务违约风险集聚；人均可支配收入增速下滑，消费下降。我们由此推断，包括城商行在内的商业银行体系不良率短期难以下降。

从不同规模区间分组来看，2017 年底资产规模在 3000 亿元以上的城商行不良率由 2016 年末的 1.43% 略微下降至 2017 年末的 1.42%，处在各个组别中的最低水平，另外 3 个组别城商行的不良率均有所上升。其中 1000 亿元以下规模城商行的不良率增长最快，由 2016 年末的 1.50% 提升至 2017 年末的 1.74%，增长了 0.24 个百分点；而 1000 亿～2000 亿元规模城商行 2017 年末的不良率在 4 个组别中最高，为 1.82%（见图 4-8）。

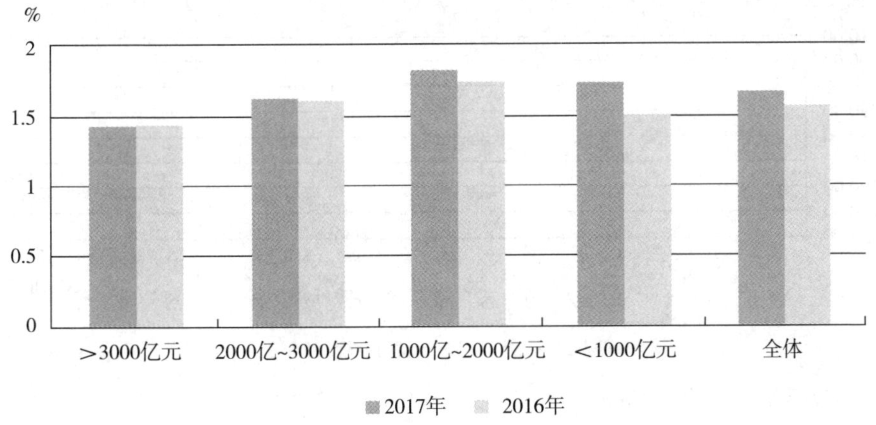

数据来源：《银行家》数据库。

图 4－8　不同规模区间城商行不良贷款率均值变化情况

（三）抵偿能力

商业银行通过计提贷款损失准备来抵补贷款预期损失。贷款损失准备的充足性可以通过贷款损失准备充足率、拨备覆盖率和拨贷比等指标描述。根据国内银行业监管要求，商业银行的贷款损失准备充足率不应低于 100%，拨备覆盖率不得低于 150%（2018 年 3 月银监会 7 号文放松这一标准至 120%），贷款拨备率不得低于 2.5%。

从整体上看，城商行拨备覆盖率的走势与所有商业银行类似，且城商行拨备覆盖率要优于商业银行整体。2017 年，所有商业银行和城市商业银行的拨备覆盖率均与 2016 年处于近似水平，但二者走势出现一定分化。其中，全体商业银行 2017 年末的拨备覆盖率为 181.42%，较 2016 年末提高了 5.02 个百分点，城商行 2017 年末为 214.48%，较 2016 年末下降了 5.41 个百分点；截至 2018 年第二季度，全体商业银行的拨备覆盖率为 178.70%，城商行为 207.89%，均较 2017 年末有小幅下滑。从城商行高于商业银行的幅度来看，2017 年末城商行的拨备覆盖率高于商业银行 33.06 个百分点，较 2016 年末 43.49 个百分点的领先幅度略有下降。2018 年第二季度，城商行的领先幅度为 29.19 个百分点，较 2017 年末进一步小幅下滑（见图 4－9）。

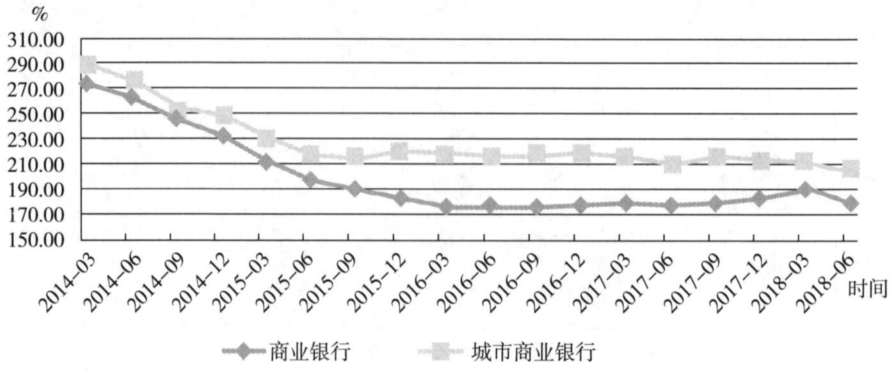

数据来源：银监会统计信息。

图4-9 商业银行与城商行拨备覆盖率走势

从拨备覆盖率来看，超过一半的城商行2017年底拨备覆盖率高于全体商业银行平均水平。从可获得的数据看，78家城商行2017年末的拨备覆盖率高于商业银行平均水平，39家城商行2017年末的拨备覆盖率低于商业银行的平均水平。分组方面，仅有规模在3000亿元以上规模区间城商行的拨备覆盖率出现提升，由2016年末的231.7%提升至2017年末的234.8%，处在各组中的最高水平。另外3个规模区间的拨备覆盖率均出现下降，其中规模在1000亿~2000亿元城商行的拨备覆盖率降幅最大，由2016年末的210.10%降至2017年末的202.55%，处在各组中的最低水平，降幅达7.55个百分点（见图4-10）。

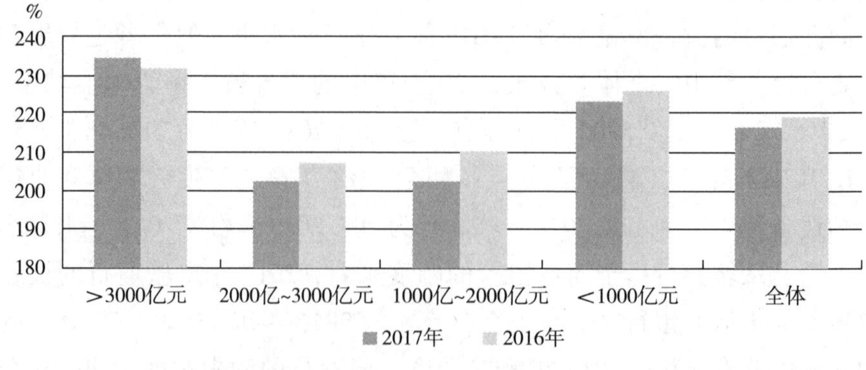

数据来源：《银行家》数据库。

图4-10 不同规模区间城商行拨备覆盖率均值变化情况

从拨贷比率的数据来看，近年来商业银行与城商行的拨贷比整体呈现上升趋势。2017 年底，商业银行整体的拨贷比为 3.16%，较 2016 年底的 3.08% 提高了 0.08 个百分点；2017 年底城商行的拨贷比为 3.26%，较 2016 年底的 3.25% 提高了 0.01 个百分点（见图 4－11）。从可获得的数据来看，截至 2017 年底，65 家城商行的拨贷比高于商业银行的平均水平，48 家城商行的拨贷比小于商业银行的平均水平。分组方面，除 2000 亿～3000 亿元规模城商行的拨贷比有所下降外，另外 3 个组别城商行的拨贷比均有所提高（见图 4－12）。其中，小于 1000 亿元规模区间城商行拨贷比的增幅最快，2017 年末为 3.54%，较 2016 年末增长了 0.11 个百分点。大于 3000 亿元规模区间城商行的拨贷比在 2017 年末处于最低水平，为 3.13%。1000 亿～2000 亿元和小于 1000 亿元两个组别高于城商行整体平均值，而大于 3000 亿元和 2000 亿～3000 亿元两个组别低于平均值。城商行拨贷比自 2015 年第一季度末到 2017 年末一直好于商业银行平均水平，但 2018 年第一、第二季度被商业银行反超。2018 年第二季度，商业银行和城商行的拨贷比分别为 3.33% 和 3.26%，城商行的拨贷比保持基本不变，但商业银行的拨贷比出现提升。

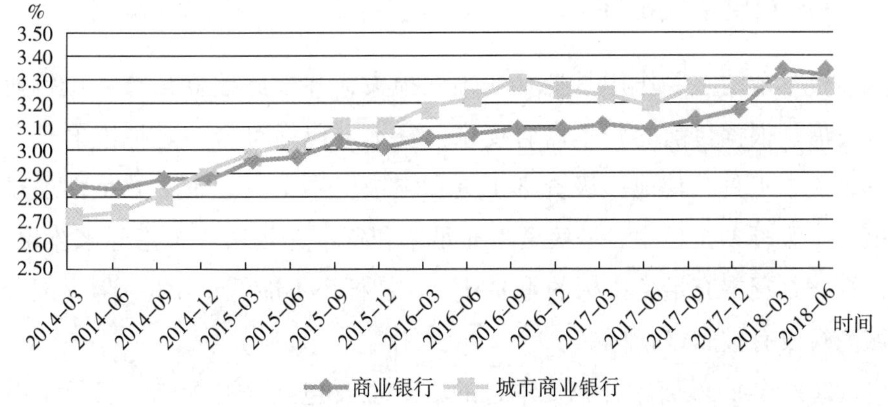

数据来源：商业银行拨贷比数据来自银监会统计信息，城市商业银行拨贷比数据根据银监会统计信息测算。

图 4－11　商业银行与城市商业银行拨贷比走势

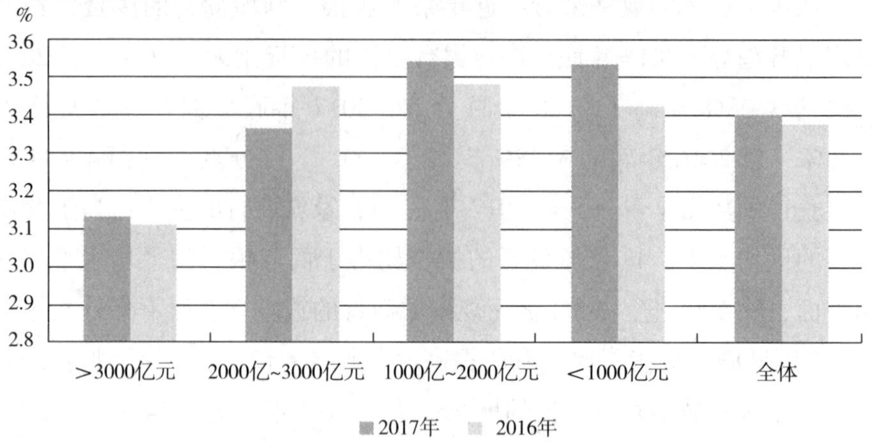

数据来源：《银行家》数据库。

图 4－12　不同规模区间城商行拨贷比均值变化情况

从拨备覆盖率和拨贷比两个指标综合来看，城商行和全体商业银行出现一定分化。相较 2016 年末，2017 年末全体商业银行拨备覆盖率小幅上涨，而城商行拨备覆盖率小幅下降。全体商业银行的拨贷比出现较快上升，而城商行拨贷比基本保持稳定。从 2018 年前两个季度数据来看，预计这种分化将在短期内继续维持。

(四) 资本充足性

资本金的主要作用是抵补非预期损失，并以此建立信誉，支持业务发展。根据目前的资本监管要求，资本金包括符合一定标准的核心一级资本工具、其他一级资本工具和二级资本工具。资本充足性通过核心一级资本充足率、一级资本充足率和资本充足率 3 个指标来体现。杠杆率是资本充足率指标的重要补充，杠杆率不能低于 4%，但大部分城商行没有披露该指标。

2017 年，城商行补充资本金的方式主要包括公开上市、发行二级资本债、利润留存、增资扩股等。截至 2017 年底，国内共有 17 家城商行实现了公开上市。北京银行于 2017 年 12 月 28 日完成了定向增资，筹资净额超过 206 亿元，大大增强了资本实力。成都银行则在 2017 年 12 月 19 日在上交所成功首次公开发行 3.6 亿股，募得 24.4 亿元，大大补充了核心一级资本，更为重要的是建立了更好的资本补充机制。2017 年 12 月 5 日，宁波银行发行了 100 亿元的可转债。贵阳银行拟发行优先股，仍在证监会审核过程中。二级资本债发行方面，共有重庆银行、保定银行、厦门银行、泸州市商业银行、郑州银行、青岛银行、浙江稠州商业银行、华融湘江银行、青岛银行、威海市商业银行等 51 家银行发行二级资本债共计 1026 亿元，期限都是 10 年。

从各年横向比较情况看，城商行资本充足率一直低于商业银行平均水平，原因有三：一是城商行资产规模增长速度快于商业银行平均水平；二是大部分城商行补充资本金的渠道比较单一，主要依靠利润留存和增资扩股；三是城商行资产扩张对于资本的消耗比较快，这个因素还需要进一步验证。截至 2017 年底，商业银行核心一级资本充足率为 10.75%，一级资本充足率为 11.35%，资本充足率为 13.65%。核心一级资本充足率保持稳定，一级资本充足率和资本充足率较 2016 年末略有提升。

超过一半的城商行 2017 年底资本充足率低于商业银行平均水平。截至 2017 年底，城商行资本充足率为 12.75%，低于商业银行平均 0.9 个百分点，低于大型商业银行 1.9 个百分点。从可获得的数据看，83 家城商行 2016 年底资本充足率低于商业银行平均水平，38 家城商行 2017 年底资本充足率高于商业银行平均水平。

城商行资本充足率在 2017 年全年先降后升，2017 年底较 2016 年底略有上升，提高了 0.33 个百分点。2016 年底城商行的资本充足率为 12.42%，2017 年第一、第二季度该指标出现连续下滑，第二季度末为 12.20%，但下半年开始上升，年末达到 12.75%，且进入 2018 年后一直同 2017 年末保持稳定（见图 4－13）。从分组情况来看，规模在 1000 亿元以下的城商行资本充足率均值略有下降，由 2016 年末的

13.90%降至13.70%，但仍处于各组中的最高水平；另外3组虽均有所提升，但2017年末指标值仍都低于2017年末城商行的平均水平。其中，规模在2000亿~3000亿元的城商行2017年末的资本充足率最低，为12.79%（见图4-14）。

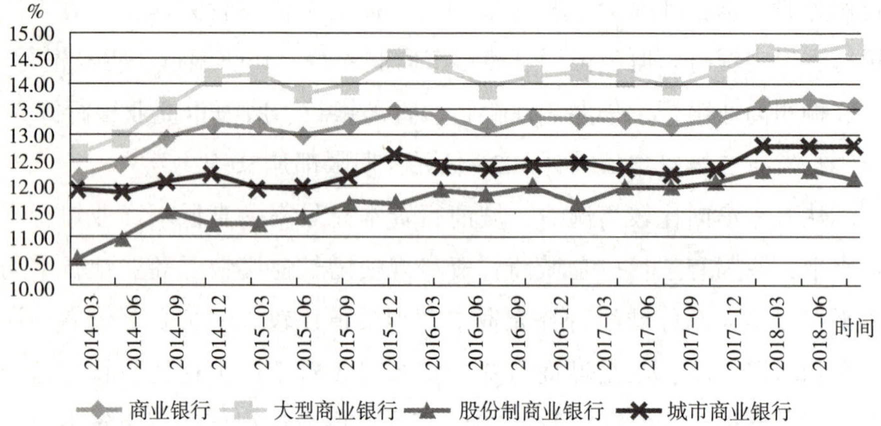

数据来源：银监会统计信息。

图4-13 商业银行资本充足率变化情况

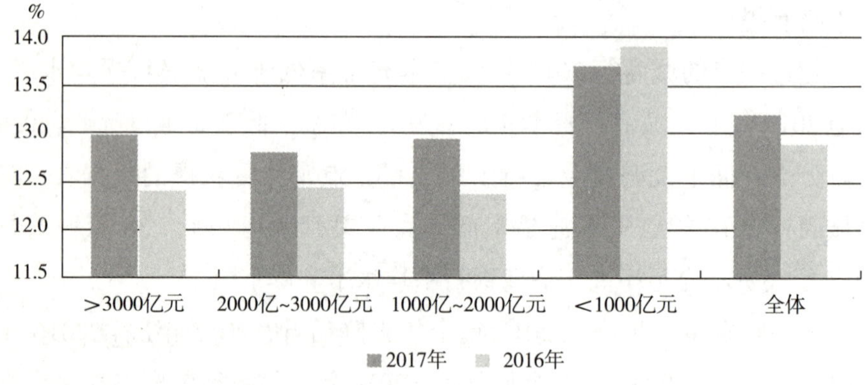

数据来源：《银行家》数据库。

图4-14 不同规模区间城商行资本充足率均值变化情况

一级资本充足率方面，超过一半的城商行2017年底一级资本充足率低于商业银行平均水平。从可获得的数据看，89家城商行2017年底一级资本充足率低于商业银行平均水平，29 家城商行 2017 年底一级资本充足率高于商业银行平均水平。从分组情况来看，仅有规模在 1000 亿元以下城商行一级资本充足率的平均值高于城商行整体的均值，为 11.78%，虽然较2016 年末水平有所降低，但仍为各组别中最高。2000 亿~3000 亿元范围内城商行 2017 年末的一级资本充足率均值在各组中最低，为 10.00%（见图 4－15）。

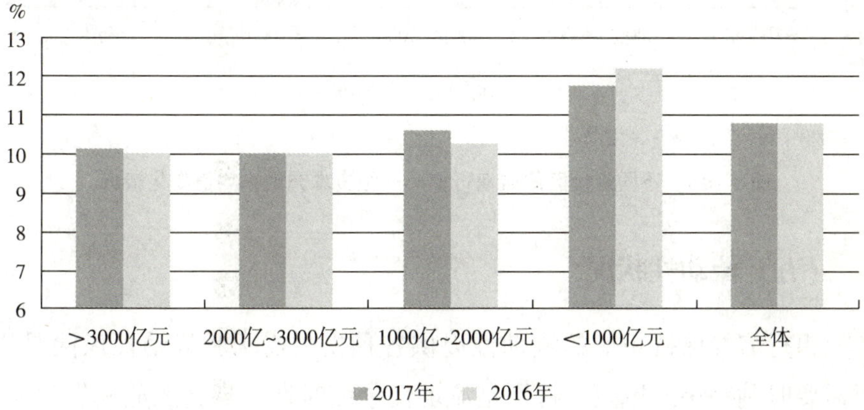

数据来源：《银行家》数据库。

图 4－15　2016 年、2017 年不同规模区间城商行一级资本充足率均值

核心一级资本充足率方面，超过一半的城商行 2017 年底核心一级资本充足率低于商业银行平均水平。从可获得的数据看，85 家城商行 2017 年底核心一级资本充足率低于商业银行平均水平，36 家城商行 2017 年底核心一级资本充足率高于商业银行平均水平。从分组情况来看，规模大于 3000 亿元和小于 1000 亿元的城商行核心一级资本充足率有所降低，另外两组则有所提升。2017 年末，规模小于 1000 亿元城商行的核心一级资本充足率均值在各组中处于最高水平，为 11.66%；规模大于 3000 亿元组别处在最低水平，为 9.42%（见图 4－16）。

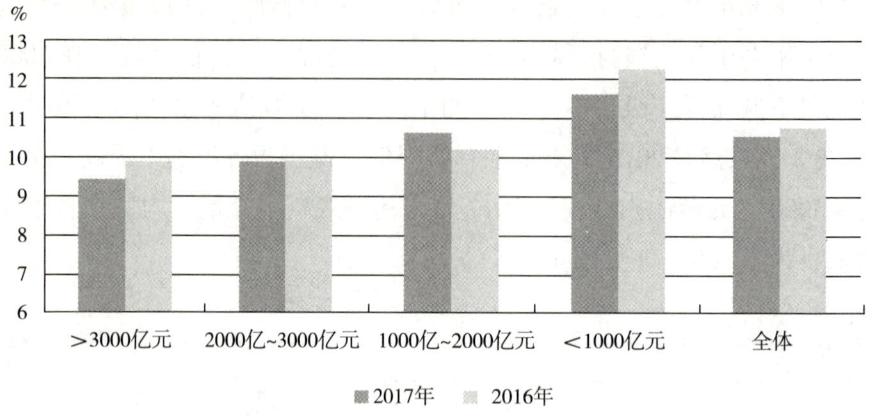

数据来源：《银行家》数据库。

图 4-16　不同规模区间城商行核心一级资本充足率均值变化情况

（五）流动性状况

银行需要保持相应的流动性以供各种支付需求，流动性风险是银行需要时刻警惕的风险，特别是流动性紧缩时期。当金融危机发生时，为履行支付义务而打折出售资产会给商业银行带来损失，严重者会导致商业银行丧失清偿能力，而对清偿能力的担心也会导致或加剧流动性困境，引发挤兑。加强流动性监管是新一轮国际银行业监管改革的重要内容之一。根据《BaselⅢ》的流动性监管指标实施安排，巴塞尔银行监管委员会各成员需要在 2015 年引入流动性覆盖率最低要求，并于 2019 年达到 100%，需要在 2018 年引入净稳定融资比率最低要求。2015 年，我国修改了《商业银行法》和《商业银行流动性风险管理办法》，以流动性覆盖率和流动性比例为流动性监管主要指标，其中流动性覆盖率适用于资产规模大于 2000 亿元的商业银行。此外，流动性状况还可以通过存贷比、超额备付金率等指标来评价。

1. 流动性覆盖率

流动性覆盖率是合格优质流动性资产与未来 30 天现金净流出量之比。高于 100% 的流动性覆盖率意味着可以通过出售这些流动性资产来满足特定流动性压力情景下未来 30 天的流动性需求。根据银监会流动性监管要求，我国银行业将比巴塞尔银行监管委员会的要求提前一年，即在 2018 年实现流动性覆盖率达到 100%，2016 年底商业银行流动性覆盖率最低需要达到 80%，对于过渡期内流动性覆盖率提前达到 100% 的商业银行，鼓励其流动性覆盖率继续保持在 100% 以上。根据 2018 年 5 月 23 日发布的《商业银行流动性风险管理办法》，2000 亿元资产以上的商业银行都要满足流动性覆盖率要求。到 2017 年底，在获得数据的城商行中，有 60 家城商行资产规模超过 2000 亿元。

截至 2017 年底，北京银行、上海银行、江苏银行、南京银行、宁波银行、盛京银行、徽商银行、杭州银行、锦州银行、厦门国际银行等 46 家城商行披露了流动性覆盖率，均满足监管要求。除重庆三峡银行流动性覆盖率为 93.36% 外，其余 45 家城商行流动性覆盖率均高于 100%。46 家城商行流动性覆盖率均值为 194.42%。

2. 流动性比例

流动性比例是流动性资产与流动性负债之比，衡量商业银行的短期偿债能力。近几年，我国银行业整体流动性比例一直保持在较高水平。根据银监会统计信息，2017 年商业银行整体流动性比例保持在 48% 以上，年末为 50.03%，较年初上涨了 2.48 个百分点。进入 2018 年以来，商业银行整体的流动性比例还在继续提升，截至 2018 年第二季度末已经达到 52.42%，较 2017 年末又提升了 2.39 个百分点。自 2017 年第一季度开始，银监会开始单独发布城商行流动性比例的数据。2017 年全年城商行整体的流动性比例均高于同期的商业银行，2017 年末为 51.48%。

过半数城商行的流动性比例高于商业银行平均水平。从可获得的数据看，67 家城商行流动性比例高于商业银行平均水平，40 家城商行流动性比例低于商业银行平均水平。从分组情况看，4 个分组城商行 2017 年流动性比例均值都比 2016 年底有所提高。其中，2000 亿～3000

亿元组别的增幅最大，2017 年末为 59.30%，较年初提升了 5 个百分点；大于 3000 亿元组别均值最低，为 50.40%；小于 1000 亿元组别均值最高，为 61.00%（见图 4－17）。

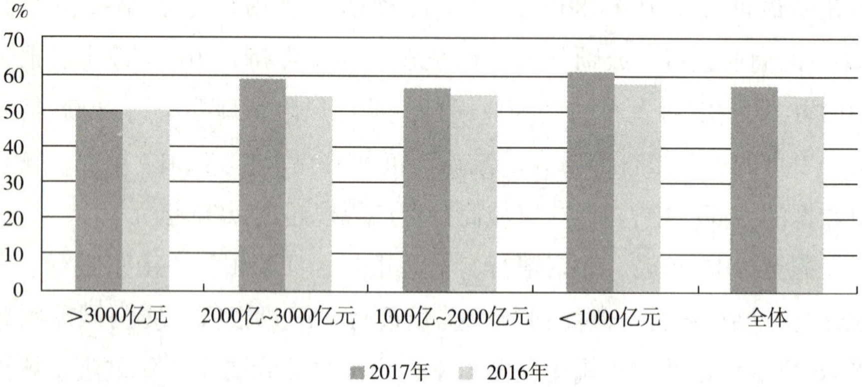

数据来源：《银行家》数据库。

图 4－17　不同规模区间城商行流动性比例均值变化情况

3. 存贷比例

虽然根据新办法，存贷比指标已经不是重要的流动性监测指标了，但仍要求对其进行相应的检测和分析。2017 年全年商业银行整体的存贷比一直处在上升之中，2017 年末值为 70.55%，较 2016 年末提高了 2.94 个百分点。进入 2018 年后这样的上升趋势继续保持，第二季度末存贷比为 72.30%，较 2017 年末又提高了 1.75 个百分点。从 2017 年末可获得的数据看，32 家城商行存贷比高于商业银行平均水平，84 家城商行存贷比低于商业银行平均水平。

从分组情况看，各个规模区间城商行 2017 年底的存贷款比例较 2016 年末均有较大提升。其中，2000 亿～3000 亿元规模提升最快，2017 年末为 61.42%，较年初提高了 5.09 个百分点。2017 年末存贷款比例均值最高的是 1000 亿～2000 亿元规模，为 64.93%；最低的是小于 1000 亿元规模，为 61.41%（见图 4－18）。

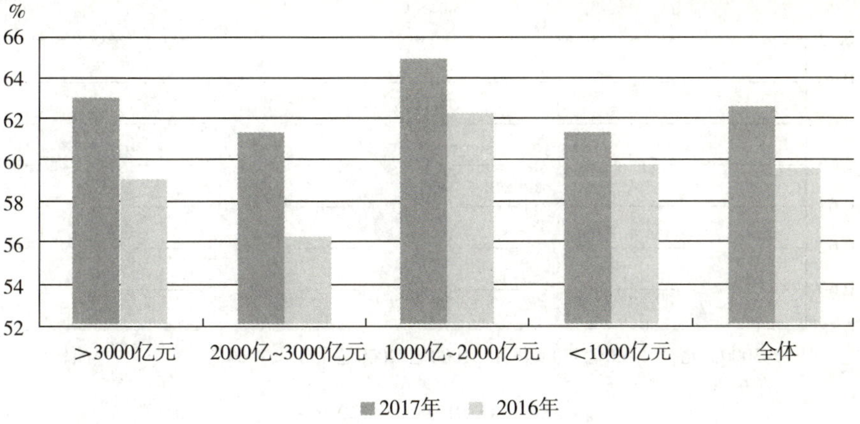

数据来源：《银行家》数据库。

图 4－18　不同规模区间城商行存贷比例均值变化情况

4. 负债存款比

负债存款比是存款总额与负债总额之比。近年来，随着金融脱媒的逐步深入，存款在银行业金融机构负债来源中的地位整体上呈现下降趋势。从可获得数据来看，城商行整体的平均负债存款比自 2014 年底的 76.78% 逐步下降至 2015 年底的 72.74%，2016 年底降至 68.42%，2017 年底降至 66.96%。

从分组情况看，处于较大规模区间的城商行负债存款比较低的特征依然显著。截至 2017 年底，大于 3000 亿元和 2000 亿 ~ 3000 亿元规模城商行的负债存款比均值分别为 63.09% 和 63.27%；1000 亿 ~ 2000 亿元和小于 1000 亿元规模城商行的负债存款比均值分别为 69.48% 和 69.47%；2000 亿 ~ 3000 亿元规模城商行负债存款比的降幅最大，较年初降低了 4.55 个百分点（见图 4－19）。

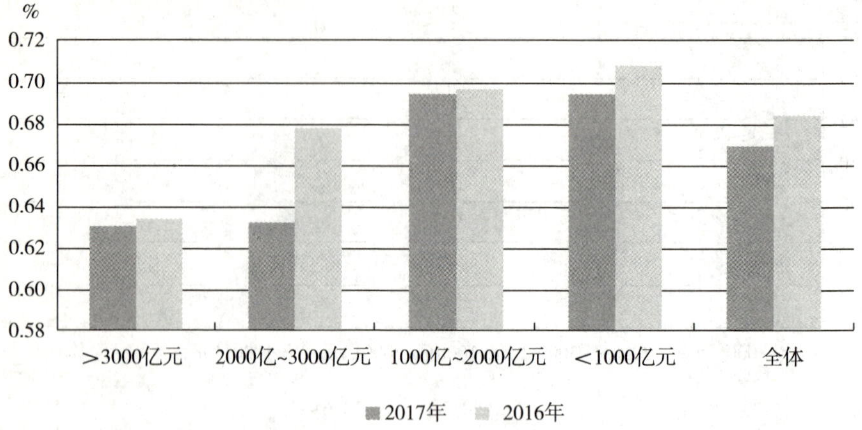

数据来源：《银行家》数据库。

图 4－19　不同规模区间城商行负债存款比均值变化情况

（六）盈利状况

盈利状况通过盈利水平和增速、盈利能力、成本收入比和收入结构四类指标来分析。

1. 盈利水平

2017 年，超过半数的城商行净利润增速高于商业银行平均水平。2017 年，商业银行盈利 1.75 万亿元，较 2016 年末增长 5.99%，增速同比上升 2.45 个百分点。从 2017 年末可得的 121 家城商行净利润增速数据来看，有 92 家净利润增速为正，72 家净利润增速快于商业银行平均水平。在资产规模大于 5000 亿元的 13 家城商行中，只有天津银行的净利润增速为负，北京银行的净利润增速略低于商业银行均值，剩余 11 家城商行净利润增速均高于商业银行平均。

2. 盈利能力

近几年，商业银行盈利能力整体呈现下行走势，主要原因是监管政策趋紧，不良贷款增加需要计提更多的拨备，利率市场化、市场竞争加剧导致净息差持续减小。2017 年，商业银行资产收益率和资本收益率整体延续了 2011 年以来持续走低的态势。根据银监会统计信息，2017 年末商业银行平均资产利润率为 0.92%，平均资本利润率为 12.56%，较 2016 年末分别下降了 0.06 个和 0.82 个百分点（见图 4-20）。商业银行净息差自 2012 年以来一路走低，到 2017 年第一季度末达到最低值 2.03%，较 2012 年末的 2.75% 下降了 0.72 个百分点，而后 3 个季度有小幅回升，截至 2017 年末为 2.10%（见图 4-21）。

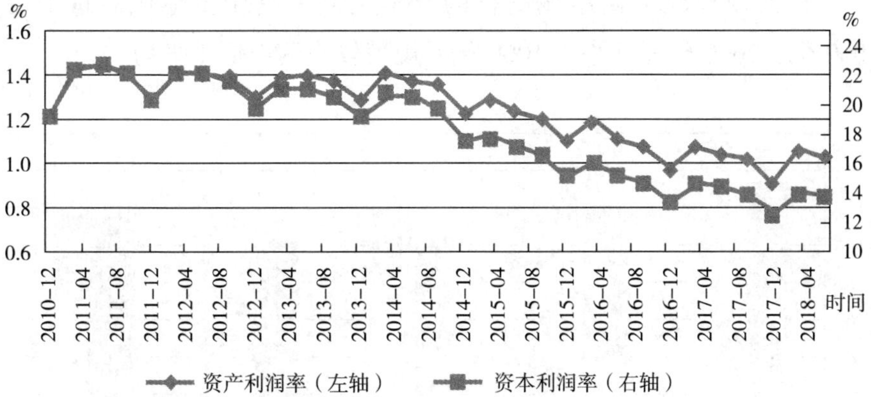

数据来源：银监会统计信息。

图 4-20　商业银行资产利润率和资本利润率走势

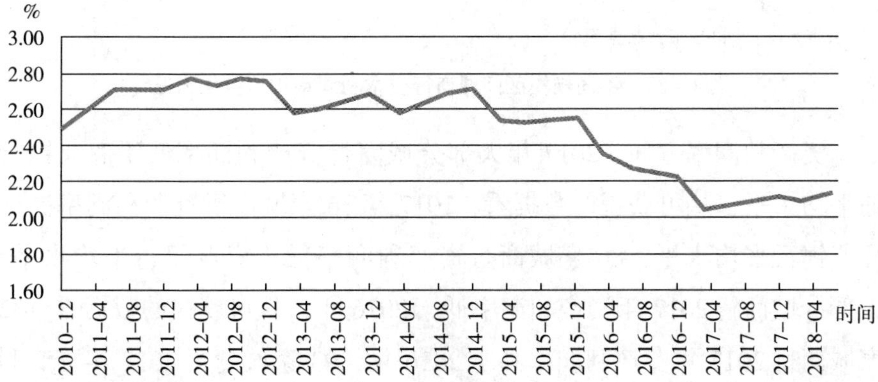

数据来源：银监会统计信息。

图 4-21　商业银行净息差变化情况

资本利润率方面，2017 年多数城商行资本利润率低于商业银行平均水平。从可获得的数据看，2017 年 46 家城商行资本利润率高于商业银行的平均水平，76 家城商行资本利润率低于商业银行的平均水平。大部分城商行 2017 年资本利润率低于 2016 年。从可获得的数据看，43 家城商行 2017 年资本利润率高于 2016 年，84 家城商行 2017 年资本利润率低于 2016 年。分组方面，所有组别城商行 2017 年末的资本利润率均值均低于 2016 年末（见图 4 – 22）。其中，3000 亿元以上和 2000 亿 ~ 3000 亿元规模较大两组城商行的资本利润率高于全体城商行平均，1000 亿 ~ 2000 亿元和小于 1000 亿元规模较小两组低于平均。

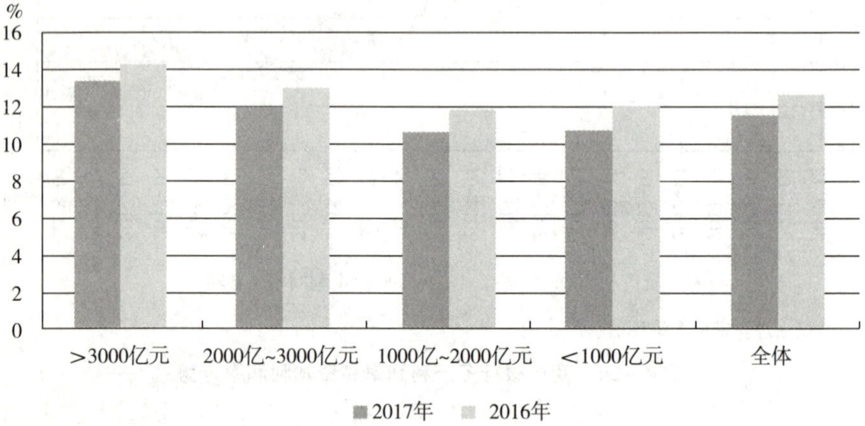

数据来源：《银行家》数据库。

图 4 – 22　不同规模区间城商行资本利润率均值变化情况

资产利润率方面，2017 年大部分城商行资产利润率低于商业银行的平均水平。从可获得的数据看，2017 年 36 家城商行资产利润率高于商业银行平均水平，86 家城商行资产利润率低于商业银行平均水平。大部分城商行 2017 年资产利润率低于 2016 年。从可获得的数据看，32 家城商行 2017 年资产利润率高于 2016 年，93 家城商行 2017 年资产利润率低于 2016 年。分组方面，4 个规模区间分组城商行 2017 年底资产利润率均值都低于 2016 年底资产利润率均值。其中，3000 亿元以上规模 2017 年末的资产利润率均值在四组中最高，为 0.86%；1000 亿 ~

2000 亿元规模最低，为 0.73%；小于 1000 亿元规模降幅最大，2017 年末较年初降低了 0.13 个百分点（见图 4－23）。资产规模处于 1000 亿～2000 亿元的城商行资产利润率均值低于可获得数据的全部城商行资产利润率均值，另外 3 个规模区间分组城商行的资产利润率均值高于可获得数据的全部城商行资产利润率均值。

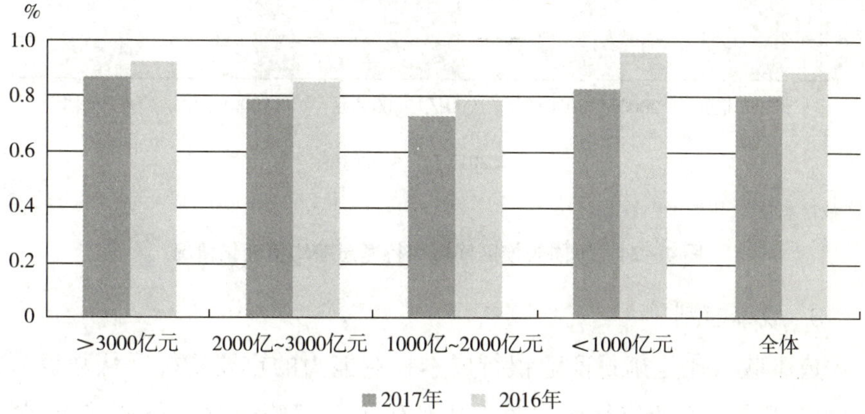

数据来源：《银行家》数据库。

图 4－23　不同规模区间城商行资产利润率均值变化情况

净息差方面，过半数城商行 2017 年净息差高于商业银行平均水平。从可获得的数据看，43 家城商行 2017 年净息差高于商业银行平均水平，34 家城商行净息差低于商业银行平均水平。大部分城商行 2017 年净息差低于 2016 年水平。从可获得的数据看，15 家城商行 2017 年净息差高于 2016 年，102 家城商行 2017 年净息差低于 2016 年。分组方面，4 个规模区间分组城商行 2017 年底净息差均值都低于 2016 年底净息差均值。其中 2000 亿～3000 亿元规模城商行 2017 年末的净息差均值最高，为 2.61%；1000 亿～2000 亿元规模最低，为 2.01%；2000 亿～3000 亿元规模降幅最大，较年初降低了 0.48 个百分点（见图 4－24）。

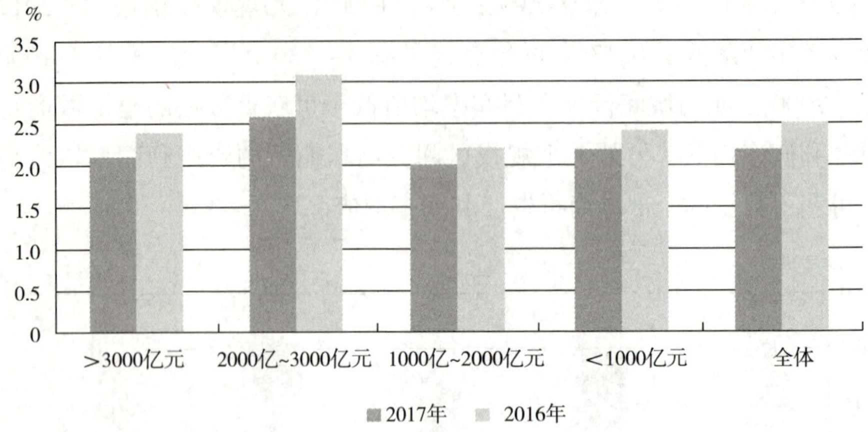

数据来源：《银行家》数据库。

图 4-24　不同规模区间城商行净息差均值变化情况

3. 成本控制

成本收入比是衡量商业银行成本控制能力的重要指标。从数据看，2011 年以来，商业银行成本收入比整体上呈下降走势，但连年下降的势头在 2016 年发生了改变，2017 年继续延续了 2016 年的趋势小幅回升。2017 年末商业银行整体成本收入比为 31.58%，较 2016 年末提高了 0.47 个百分点（见图 4-25）。

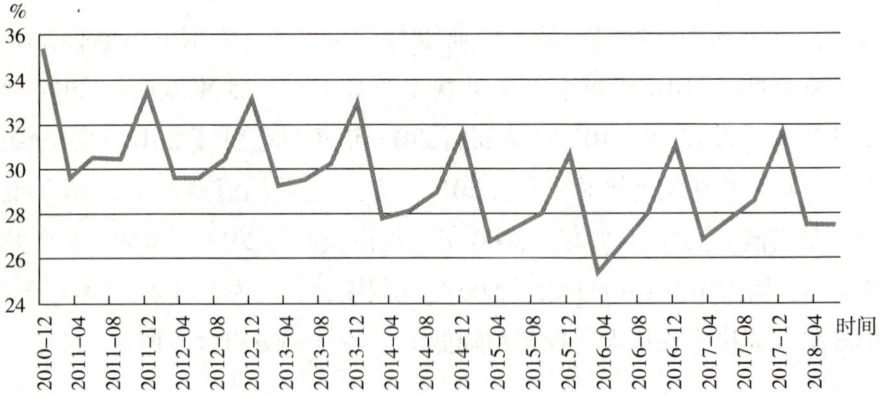

数据来源：银监会统计信息。

图 4-25　商业银行成本收入比走势

过半数城商行 2017 年成本收入比高于商业银行平均水平。从可获得的数据看，70 家城商行 2017 年成本收入比高于商业银行平均水平，31 家城商行成本收入比低于商业银行平均水平。过半数的城商行 2017 年成本收入比低于 2016 年水平。从可获得的数据看，54 家城商行 2017 年成本收入比高于 2016 年，66 家城商行 2017 年成本收入比低于 2016 年。

从分组情况看，2017 年资产规模较大的两个分组的成本收入比均值比 2016 年有所上升，资产规模较小的两个分组的成本收入比均值比 2016 年有所下降，整体看全部城商行成本收入比均值比 2016 年有所下降。2017 年，成本收入比均值最低的分组是资产规模大于 3000 亿元的城商行，最高的分组是资产规模处于 1000 亿 ~ 2000 亿元的城商行（见图 4 - 26）。

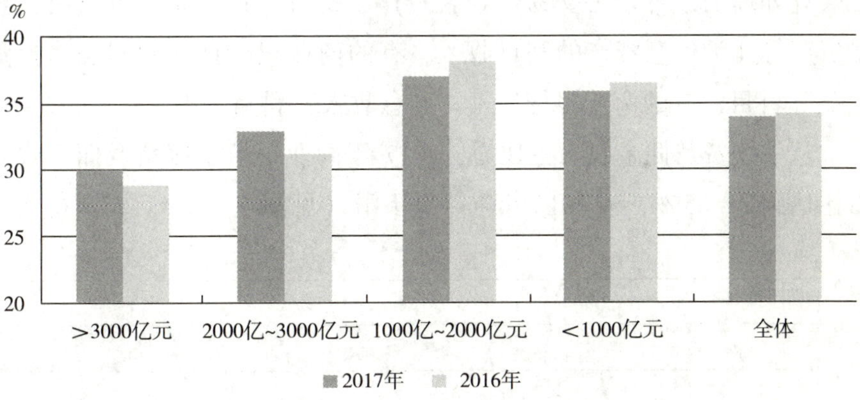

数据来源：《银行家》数据库。

图 4 - 26　不同规模区间城商行成本收入比均值变化情况

加强成本管理是银行业应对盈利能力下降的一项重要措施，但成本收入比并非越低越好，一味地压缩开支可能会对长期可持续发展能力带来不利影响。特别是对于城商行来讲，资产规模、业务量、客户数量较小，在科技系统、互联网金融等具有显著规模经济效应领域的投入难以在更大的规模、更大的业务量、更大的客户基础上进行分摊，这些投入所具有的规模经济效应潜力无法得到充分发挥。城商行需要建立比大型商业银行、股份制商业银行及互联网金融企业更富竞争力的薪酬体系，在业务创新、业务资质的获取方面需要更多的投入。这些能够带来长期效益的工作不能因为短期的成本削减而遭受抑制。在困难时期，确实需要“勒紧腰带过日子”，但更需要为发展形势好转时的长远发展做准备、打基础、拓空间。

（七）收入结构

收入结构可以通过利息收入、手续费及佣金收入、投资收益等在营业收入中的占比来描述。利息收入是国内银行业主要收入来源，对于规模和业务量相对较小的城商行而言更是如此。但由于会计处理方法差异，不同商业银行的利息收入占比和投资收入占比不具有可比性。在会计处理上，对于可交易性金融资产、持有到期投资、可供出售金融资产等几类生息资产的利息收入，有的商业银行计入利润表“投资收益”科目，有的商业银行计入“利息收入”科目。

从手续费及佣金收入占比看，2017 年商业银行手续费及佣金收入占比达到 22.65%，较 2016 年末略有下滑（见图 4－27）。

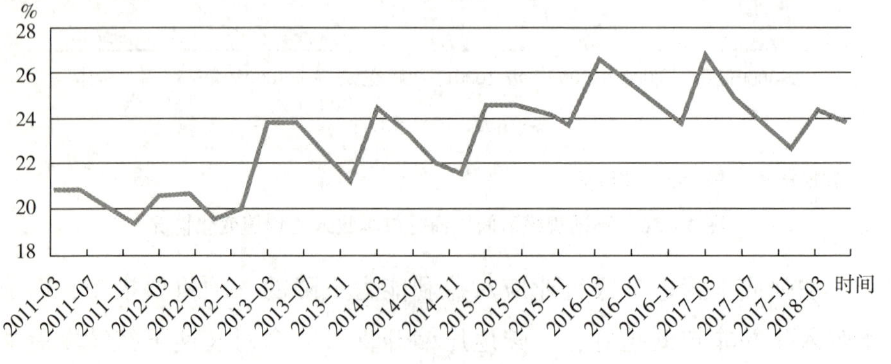

数据来源：银监会统计信息。

图 4－27　商业银行手续费及佣金收入占比走势

从数据看，绝大部分城商行 2016 年手续费及佣金收入占比低于商业银行平均水平。从可获得收入结构数据的城商行看，109 家城商行 2017 年的手续费及佣金收入占比低于商业银行平均水平，有几家城商行手续费及佣金收入占比甚至是负数。资产规模大于 1 万亿元的 6 家城商行，除宁波银行外，手续费及佣金收入占比也都低于商业银行平均水平。

从分组情况看，2017 年末城商行整体手续费及佣金收入占比均值有所提升。分组别来看，3000 亿元以上和 1000 亿～2000 亿元规模组别有所提升，2000 亿～3000 亿元规模组别保持不变，小于 1000 亿元规模组别有所下降（见图 4－28）。从可获得数据的全部城商行来看，规模较大的两个组别手续费及佣金收入占比均值高于整体均值，另外两个组别则低于整体均值。随着监管的加强，不同规模、不同起点、不同资源禀赋的城商行应根据情况实现收入结构的优化和收入的增长，但没有必要过分追求收入的手续费，也许坚守传统不失为部分城商行好的战略选择。

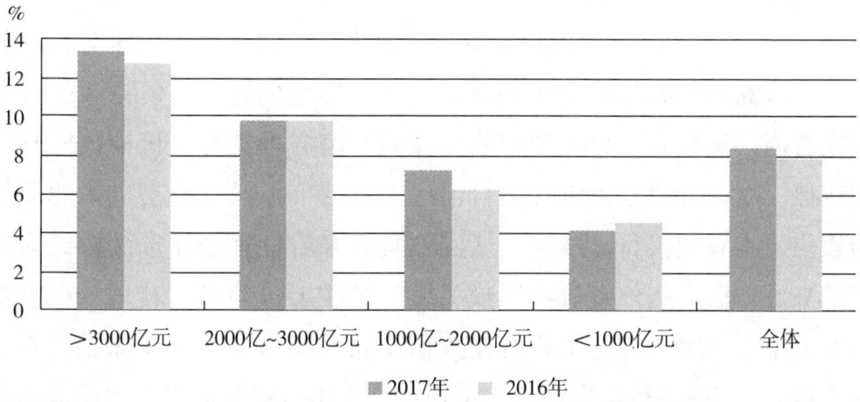

数据来源：《银行家》数据库。

图 4－28　不同规模区间城商行手续费及佣金收入占比均值变化情况

二、严监管下城商行的坚守与回归

（一）城商行的分化与表现

如果将 1998 年 3 月中国人民银行与国家工商行政管理局联合发出的通知“将城市合作银行统一更名为城市商业银行”作为起点的话，城商行恰好经历了 20 年历程。城商行历经重组、更名、跨区域乃至上市等环节，抓住了中国经济快速成长的机会，逐渐成为中国银行业越来越重要的力量。但是，在总体规模增长的背后，城商行的差异性却在某种程度上扩大了。

其一，在规模上。截至 2017 年底，资产规模上万亿元的城商行有 6 家，其中资产规模最大的北京银行已经超过 23000 亿元，资产规模最小的只有 230 亿元，在 2002 年这一差距只有 50 倍。其二，在跨区域与非跨区域上。有 30 多家银行跨省（自治区、直辖市）设立了分行，甚至一些城商行在海外设立机构并开启了国际化的进程，但更多的机构仅在省内广泛布局。2011 年以后，城商行跨省设立分支机构被监管部门叫停，城商行被分为跨省（自治区、直辖市）设立分支机构的银行与聚焦于本省的银行。然而，从实际贡献来看，有些外省机构成为盈利的来源，而有些外省机构则成为银行的主要风险点。其三，在上市与非上市上。2007 年 3 家银行在 A 股上市，2016 年才有 4 家银行在 A 股上市。9 年的等待足以使率先上市的 3 家银行将其他银行远远地抛在后面。一些银行迫于资本充足性的压力被迫转投筹资功能相对较弱的香港市场，甚至还有银行选择了新三板（截至 2018 年 9 月，城商行中的上市银行已达 21 家）。其四，在股权结构上。从股权结构上来说，虽然有纯民营或民营控股的银行，但更多的还是地方政府控股的银行（也有少数央企控股的银行）。地方政府控股的银行中还有层级的区别，即省级或地市级。有 17 家城商行有外资股份，并与外方签订了相应的技术合作协议。其五，在银行的现实表现上。不少城商行落实了每一步发展机会，已经走在所有城商行的前头，有些甚至还步入了中等银行的行列。但也有城商行刚走出困境不久又陷入风险之中，还有些曾经的明星银行如今星光暗淡。综观近 20 年的发展历程，城商行的可持续竞争力与规模大小、上市与否、跨区域与否以及是否有外资股东没有必然的联系。即使一些规模较大的跨区域上市银行，也在经营上遇到了不少困难。同样，有外资股东背景的银行也有截然不同的表现，所处区域一致、起点一致的银行现在也大相径庭。

究其原因，无外乎是一些天下银行人都明白的陈词滥调。一是机制。机制首先表现为公司治理机制究竟是形似还是神似。如果股东是地方政府，只要当地政府开明，尊重银行运行规则，让市场起作用即可。相反，如果股东是民营企业，如果缺乏有效的制衡、股东缺乏长远的心态、董事会急功近利，那么银行迟早也会出问题。近年来，银行业有一些刺激业务发展的激励机制，却没有相应的约束机制，于是在表现上就是银行的短期业绩做大了，隐藏风险也随之越积越大。二是管理。城商行管理基础都不太好，但哪家银行在这方面下的功夫多，就为今后可持续发展奠定了长远基础。近年来，银行谈创新多，特别是谈产品创新多，众多城商行忙于复制产品进行所谓的产品创新，却忽略了每种产品背后的管理基础。管理是基础性工作，不直接产生效益，所以经常被忽略。三是 IT。城商行都很重视 IT 建设，但 IT 投入构成了巨大成本。受规模制约，IT 投入缺乏总体规划，会发生片面追求高大上而不与产品、管理融合的情况。四是人才。银行的发展离不开人才，但需要合适的人才。人才的结构应和银行自身的能力及所处的阶段相匹配。有些小银行为了发展同业业务，从券商高薪聘请了一些人才，最后的结果是留下了一堆风险又鲜有成效。事实上，城商行的名牌劣势意味着需要支付更高的溢价才能吸引优秀的人才，但是城商行最具有优势的是发展平台。五是团队。城商行核心团队的稳定和对团队的激励非常重要，团队稳定的银行才能实施统一的战略，减少方向的摇摆。

当前宏观经济形势面临挑战，在金融安全隐患还没有完全消除、金融监管从严将成为常态、金融要回归本源服务实体经济、外部竞争压力加大、金融科技手段层出不穷、普惠金融和绿色金融等社会责任要求提高的背景下，城商行正在面临新的挑战。而城商行的竞争力正是在克服各种逆境、抓住各种机会中得以打造的。

（二）资本补充的压力与选择

随着表外业务向表内还原和表外业务风险确认进一步严格，满足资本充足率要求就显得更加困难。城商行要回归本源，通过传统的中小微贷款业务保持收入增加，就需要更多的资本。银行要么补充资本以维持现有的资产规模，要么调整业务结构减少风险资产规模，或是两个方面同时着力。

首先，上市是银行资本补充的最好途径，也是不少城商行努力的方向。A 股市场上，宁波银行、南京银行、北京银行等早期上市的银行分别在 2014 年、2015 年和 2017 年融资 30.93 亿元、80 亿元和 206 亿元，大大补充了资本。由于城商行在 A 股上市一直未能开闸，不少城商行只好去香港上市。尽管发行价格并不高，筹资能力有限，但毕竟开拓了资本补充渠道。重庆银行于 2013 年 11 月在 H 股上市，募集的资金净额约人民币 33.62 亿元全部用于补充资本金。2015 年和 2017 年末，重庆银行又通过 H 股配售及发行境外优先股来补充资本金，两次分别募集合人民币约 28.56 亿元和 49.5 亿元。2016 年有 4 家城商行成功在 A 股上市，截至 2017 年末，已有 18 家城商行在内地或香港上市。2018 年 1 月 17 日，成都银行实现了 IPO，并于 1 月 31 日在上交所上市。2018 年 1 月，甘肃银行在香港成功上市。郑州银行回归 A 股，于 2018 年 9 月 9 日实现 IPO，并于 9 月 19 日在深交所中小板上市，成为城商行中首家“A + H”上市的银行。长沙银行于 9 月 18 日实现 IPO，9 月 26 日在上交所上市。银行上市的成功一直激励着后来者，目前仍有一些银行在做这方面的努力。然而，当前 A 股如此低迷，监管部门只好放缓发审节奏，城商行 A 股上市之路又曲折了起来。但愿中国证券市场能有所反转，走出一轮好行情，否则也许还会有更多的城商行寻求在香港上市。

其次，对于更多的银行来说，即使是上市银行，定向增资可能是更为常见的办法。然而，在严格股权管理和金融经济形势不太乐观的情况下，定向增资也很不容易。一方面，当前股票市场低迷影响了一些上市公司的股权价值，直接减少了银行潜在股东数量及投资能力。另一方面，严厉的股权管理要求降低了潜在银行股东的积极性。2017 年以来，在严监管中特别强调银行股东责任和穿透管理，2018 年 3 月，原中国银监会出台了《商业银行股权管理暂行办法》以及《中国银监会办公厅关于做好〈商业银行股权管理暂行办法〉实施相关工作的通知》和《中国银监会办公厅关于规范商业银行股东报告事项的通知》两个配套文件。银行主要股东有确保银行资本充足性符合监管要求的义务，商业银行主要股东要进行风险隔离，主要股东要承诺在 5 年内不转让股份，要能披露最终控制人和受益人。这些特殊要求当然能有效保护银行不受主要股东不良行为的影响，但也确实缩小了参与银行增资股东的选择范围。对股东身份的穿透调查责任，对于缺少相应手段的城商行来说，其时间成本和合规风险无疑也被大大增加了。此外，城商行因股东人数远超 200 人，也受证监会监管，增发时也须获得它们的批准，这也增加了一道程序。因此，提升股权管理水平确实给银行带来了新的挑战。

再次，发行二级资本工具是城商行的重要选择。目前的二级资本工具主要是具有减记条款的债券。2018 年 1 月，原中国银监会与人民银行、证监会、保监会及外汇局联合出台了《关于进一步支持商业银行资本工具创新的意见》，鼓励进行资本创新，主要体现在三个方面：一是推动修改有关法律法规，研究完善配套规则，为商业银行发行无固定期限资本债券、转股型二级资本债券、含定期转股条款资本债券和总损失吸收能力债务工具等资本工具创造有利条件；二是扩大投资者范围，研究社保基金、保险公司、证券机构、基金公司等机构对商业银行资本工具的投资政策，扩大商业银行资本工具的投资主体范围，分散集中度风险，降低商业银行资本工具的发行成本；三是减少审批流程，让商业银行自主控制发行节奏。如果以上三点能实现，对于城商行来说确实是一个福音。城商行应当积极研究资本创新工具，跟踪政策与市场动态并早做规划。

二级资本工具的发行成功与否以及利率高低既取决于对市场情况的把握，也基于自身的信用。银行的信用评级在很大程度上取决于银行的资本实力及盈利能力等要素。以 2017 年发行的同类型二级资本工具为例，大型银行的利率最低，工行、农行、中行、交行年利率都是 4.45%，最高的华夏银行是 4.8%。在 50 多只城商行二级资本工具的发行中，利率最高者达 5.7%，利率最低的仅为 4.65%，但普遍在 5% 以上。2018 年上半年有 9 家城商行发行了二级资本债，利率最低的为 4.8%，最高的达 6%，维持较高的利率水平。

近年来，不少城商行盈利能力下降、风险增加。不少股东自身经营困难且对分红要求也提高，内源性资本补充变得更加困难。因此，进行业务结构调整、降低资本消耗、扩大中间业务收入比重似乎成为诸多城商行的选择。然而，在这方面的转型对于大多数城商行来说是困难的。

不管采取何种方式筹资，关键还是银行自身的质地。但银行质地的改善本身就要以较强的资本实力为前提。所以解决的方式是什么呢？就像早年城商行求生的时候，发挥大股东在资本补充中的作用或引入新的投资者才是正道。

(三) 战略定位的坚守与回归

从城商行多年发展来看，那些财务表现总体较好，即回报率较高、资产质量较好、资本比较充足以及流动性不错的银行各有特色。既有一些金融市场、投行业务做得较好，规模增长很快的银行，也有长期根植小微企业和传统银行业务的银行。然而，这些城商行有一个共同特点：它们都是传统定位的坚定支持者。因此，在当今严监管去杠杆的情况下，对于现有大型城商行来说需要回归传统定位，对于大多数城商行来说则需要坚守原有的定位。

城商行成立之初就有“服务居民、服务中小（小微）企业、服务地方经济”的定位。总体来说，虽然发展战略的表述各异，没有一家城商行会忘记这一初始定位，但在行动中却有意无意地被忽略了。这是为什么呢？因为作为规模经济特征明显的银行都有服务大客户、大项目的动机，都有投行化的冲动，都有监管套利的意图。然而，正所谓“走最容易走的路，最后无路可走”，当监管加强、竞争加剧、市场恶化时，银行都得回到原有的路上挣小钱、挣辛苦钱。我们担心的是，有些城商行在近年同业化、投行化过程中把自己在小微业务上的看家本领丢了。

近年来，我国银行业出现了表外化、同业化的趋势，城商行也积极加入这一行列。由于表外业务不计入资产负债表，对资本充足率等监管指标的影响不大，存在很多盈利和规避监管的空间。因此，近年商业银行的表外业务发展非常迅速。2017 年被称为史上金融监管最严的一年，为了加强对金融风险的防控，防止商业银行在表内与表外资产中间暗箱操作规避监管，监管部门出台了一系列政策和指导来加强对金融机构表外业务风险的管理。从 2017 年第一季度开始，宏观审慎评估体系（MPA）正式将表外理财纳入广义信贷范围。这一举措对于正在进行大规模表外业务扩张的，包括城商行在内的中小型商业银行的影响相对较大。从上文对手续费及佣金净收入的分析来看，2017 年银行这一指标的增长明显放缓，甚至有银行出现了负增长。而从 2018 年上市城商行半年报的情况来看，不少银行的这一数据与去年同期相比下降了。随着资管新规的出台，资产管理将独立运行。不少缺乏资产管理能力的城商行将成为大银行的代销渠道，城商行资产管理业务面临新的挑战。

债券承销业务是不少城商行在努力争取的业务。然而，债券承销市场是一个相对集中的市场，小银行明显处于劣势。城商行债券承销业务在很大程度上取决于地方债。根据 Wind 统计，2017 年共有 28 家银行承担了债券主承销商或联合主承销商，这些银行都是资产规模在 2000 亿元以上的银行。承销金额最大的是北京银行和南京银行，分别超过 1300 亿元和 1200 亿元。其中，有 8 家银行承销债券全部都是地方政府债，有 3 家银行 50% 以上的承销额是由地方债贡献的。

城商行还得回到传统银行业务中来，做好小微企业服务。小微企业本来就是城商行最基本的客户，小微企业融资应当是它们的主要业务。坦率地说，城商行依然是小微企业做得较好的银行群体。2017 年底，城商行小微企业贷款余额为 5.39 万亿元，同比增长 9.69%，占商业银行小微企业贷款总额的 23.11%。城商行小微企业贷款占各项贷款的比重接近 50%，约 77 家城商行的小微企业贷款占比超过 50%。然而，当下小微企业融资已经受到来自大行的冲击。一方面，在一系列的监管激励政策与硬性要求下，大型银行和股份制银行纷纷建立普惠金融部。与城商行相比，它们的资金成本更低，在利率上有一定的竞争力。另一方面，一些网络金融平台以及非金融企业都开始这方面的尝试，它们利用技术手段克服了信息成本高、管理成本高的难题。

城商行服务城乡居民就是要满足居民的所有金融需求。对于城商行群体来说，由于网点的约束，银行在存款竞争中处于劣势。银行需要进行大量的主动负债来维持平衡，而发行同业存单是近年来的一个重要方式，存款在负债中占比逐年下降。2013 年，城商行存款占负债的比例为 76%，2017 年这一数值降为 67%，其中同业负债扮演了重要的角色。面对监管的压力，城商行同业负债有一定程度的减少。从上市城商行来看，2018 年上半年同业负债较 2017 年底减少了 3.5%，但同业存单继续保持较高的增长。根据 Wind 统计，2016 年底城商行同业存单的余额为 2.57 万亿元，占全部同业存单余额的 40.97%，比股份制银行少近 6 个百分点。而在 2017 年，城商行同业存单发行量上升，年底的余额为 3.82 亿元，占全部同业存单余额的 47.7%，成为同业存单的第一集团，高出股份制银行将近 8 个百分点。截至 2018 年 6 月，城商行同业存单余额增加到了 4.19 亿元，仍占全部同业存单余额的 47%，比股份制银行高出近 11 个百分点。

居民是存款人、资产管理委托人、贷款人，是城商行的衣食父母，城商行应当通过网点转型，让网点成为老百姓的社交场所。居民存款对于城商行的重要性无论怎么估计都不过分。然而，银行在留住居民存款上虽然没少花力气，但效果有限。为了在竞争中保持相应地位，银行不得不推出理财产品。2017 年，城商行共发行理财产品 4.9 万只，累计发行理财产品 13.6 万亿元，从发行次数与发行规模来看并没有停止的趋势，要减少理财产品的发行并不容易。

居民的消费金融是另一个金融服务的领域。近年来，消费金融竞争非常激烈。消费金融业务作为零售业务中最为重要的业务之一，成为城商行一项具有巨大开发价值的业务。近几年，我国对消费金融业务给予了政策上的大力支持。城商行通过参与组建消费金融公司、推出个人消费类贷款产品等多种方式进入消费金融市场。自原银监会颁布《消费金融公司试点管理办法》至今，获得批复的消费金融公司共有 25 家，其中 19 家为银行系持牌公司，17 家有城商行背景，北京银行等城商行都建立了消费金融公司。然而，消费金融公司要从真正实现盈利到成为城商行的利润贡献者，还有许多工作要做。并且，消费金融也是不少网络金融平台、电商共同角力的领域。它们可以利用消费场景和大数据对客户进行精准画像，提供成本更低、体验更好的金融服务。于是部分城商行还通过成立消费金融事业部或消费金融中心的方式，加强与互联网公司、电商平台以及新型互联网银行等的合作，借助其客户、信息、技术资源，实现批量营销、批量操作和风险防控的目标。

服务地方经济，并不等于只服务地方政府，银行要结合当地经济发展战略、经济结构特征来进行金融创新，银行的发展要紧紧与地方经济结合起来。城商行的特色发展之路在很大程度上是基于当地资源禀赋形成的独特产品、独特模式而走出来的。城商行的发展同样需要地方政府的支持，而地方政府支持的多少、力度的大小又取决于银行对地方经济的参与程度，这种参与不仅表现在地方项目上。但从服务地方政府方面来看，近年来城商行（特别是地方政府作为实际控制人的城商行）已经做出了很多努力，尤其是地方政府融资平台。但当前防范地方政府债务风险已经成为重要任务，严禁政府以投资基金、政府和社会资本合作（PPP）、政府购买服务等名义变相举债，这使城商行长期依赖的地方融资途径变得不可持续。因此，城商行要密切关注地方政府债务风险及其可能的演变。

要坚守上述 3 个客户定位，需要有相应的创新手段和产品。面对新的竞争，城商行必须借助科技手段，做好管理、IT、外部协调，进行更全面的流程管理、风险管理、产品定价，还需确保传统业务和传统客户的优势。

第五部分

2017 年农村商业银行竞争力评价报告[1]

① 本部分由韩晓宇执笔。

一、前言

2017 年是我国金融业深化改革的重要一年，去杠杆、补短板、防风险是金融工作的主要任务。随着金融改革的深入推进，银监会对“三套利”“四违反”“四不当”“十乱象”进行了专项整治，当前金融监管体制框架的雏形已经基本形成，中央经济工作会议将防范化解重大风险作为三大攻坚任务的首要任务。为防范金融风险，接下来一段时间，去杠杆仍是一项重要而又艰巨的任务，商业银行资产扩张速度减缓，传统业务盈利空间受到进一步的挤压，在此背景下农村商业银行的发展备受关注。

农商行作为商业银行的一种重要类型，在服务实体经济、农业发展以及践行普惠金融过程中发挥着重要作用。目前全国共有农商行 222 家，其中 26 家资产规模在 1000 亿元以上，59 家资产规模在 300 亿～1000 亿元，101 家资产规模在 100 亿～300 亿元，36 家资产规模在 100 亿元以下。

根据银监会公布的数据，截至 2017 年末，农村金融机构（包括农商行、农村合作银行、农村信用社和新型农村金融机构）总资产规模达到 32.82 万亿元，同比增长 9.78%，而同期中国银行业整体增速只达到了 8.31%。就单个农商行来看，目前资产规模位于前五位的分别是重庆农村商业银行、北京农村商业银行、上海农村商业银行、广州农村商业银行和成都农村商业银行（见表 5－1），资产规模都达到了 7000 亿元以上，且资产规模增长速度基本都在 10% 以上，可见农商行发展势头依然迅猛。

表 5－1　　国内资产规模居于前五位的农村商业银行

机构名称	资产规模（亿元）	同比增速（%）
重庆农村商业银行	9057.78	12.78
北京农村商业银行	8163.09	12.72
上海农村商业银行	8020.58	12.83
广州农村商业银行	7357.14	11.31
成都农村商业银行	7055.62	4.82

经过多年的发展，一批业绩良好、经营规范的农商行脱颖而出，并且越来越多的农商行进入资本市场。截至 2017 年末，A 股上市的农商行有 5 家，H 股上市的农商行有 3 家，新三板上市的农商行有 3 家（见表 5－2）。随着农商行风险管理水平的不断完善和盈利能力的增强，未来还将会有更多优秀的农商行参与到资本市场中来。

表 5－2　　主要上市农村商业银行概览

机构名称	上市地点	上市时间
江阴农村商业银行	深圳证券交易所	2016 年 9 月
无锡农村商业银行	上海证券交易所	2016 年 9 月
常熟农村商业银行	上海证券交易所	2016 年 9 月
吴江农村商业银行	上海证券交易所	2016 年 11 月
张家港农村商业银行	深圳证券交易所	2017 年 1 月
重庆农村商业银行	香港联交所	2010 年 12 月
九台农村商业银行	香港联交所	2017 年 1 月
广州农村商业银行	香港联交所	2017 年 6 月

由于农商行数目较多，区域性较强，财报披露的标准也各不相同，对此，本报告所分析的农商行以资产规模居于国内前五位和已经上市的农商行为主。农商行是我国银行业的重要组成部分，截至 2017 年末，全国农商行总资产规模占银行业金融机构的 7%，国有商业银行、股份制商业银行以及城商行总资产规模占比分别达到了 52%、24% 和 17%（见图 5－1）。总体来看，农商行的资本实力还是处于相对劣势

地位，而数目较少、经营范围较广的国有商业银行和股份制商业银行在市场中处于优势地位。

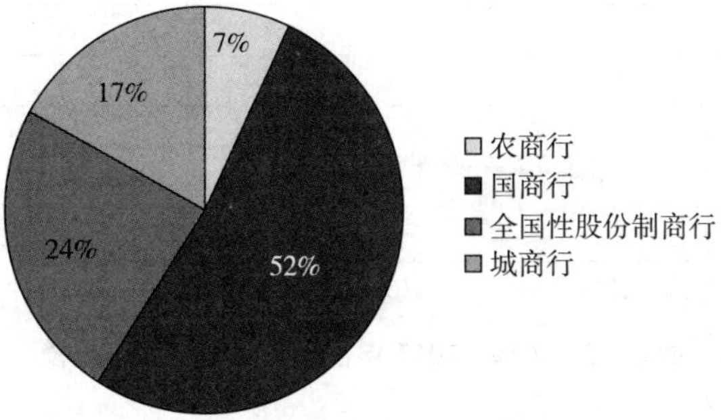

图 5－1　2017 年各类商业银行资产规模占比

2017 年，尽管国内外形势错综复杂，但国内经济总体上实现了超预期的增长，GDP 同比增长 6.8%。物价温和上涨，全年 CPI 同比增长 1.6%，PPI 同比增长 6.3%。国际上，英美加息、特朗普税改等事件对全球经济增长以及流动性产生冲击，但市场对此已有较为充分的预期，总体影响趋于平稳。

面临复杂多变的外部环境，中国银行业在切实降低自身经营风险水平，牢牢坚守不发生系统性金融风险的底线，同时不断增强自身服务实体经济的能力。2014 年以来，中国银行业总资产、总负债规模持续增长，呈逐步扩大的态势。截至 2017 年末，农商行资产总额为 130348.6 亿元，较上年增长 7.7%；负债总额为 120075.6 亿元，较上年增长 7.1%（见图 5－2、图 5－3）。整体上，农商行资产质量压力有缓解的趋势，主要农商行流动性水平有所提高，抗风险能力稳步提升。以下从资本状况、资产质量、盈利能力和流动性水平四个方面对主要农商行的 2017 年财务状况进行分析，各项数据来源于各农商行披露的财务报表。

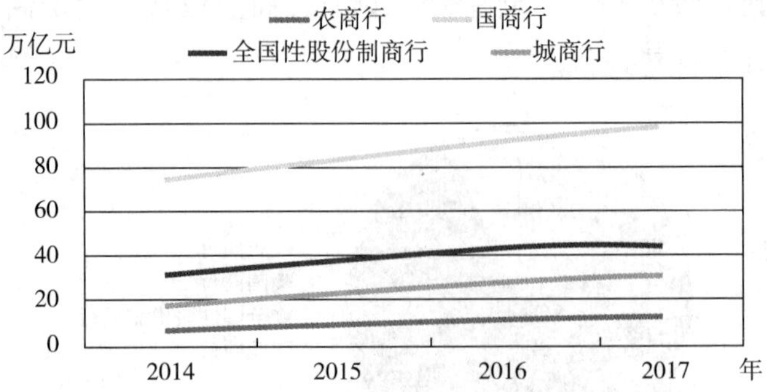

图 5－2　2014～2017 年各类商业银行资产规模

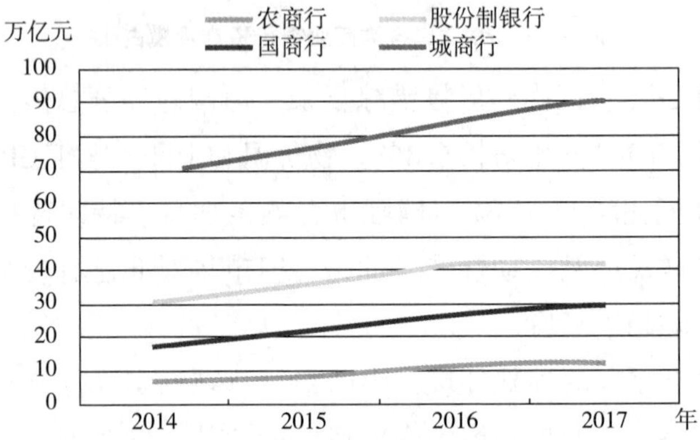

图 5－3　2014～2017 年各类商业银行负债规模

二、资本状况

2017 年 12 月 8 日，巴塞尔委员会发布了《巴塞尔Ⅲ：后危机改革的最终方案》，要求银行业不断完善资本约束机制，进一步增强商业银行经营的稳健性。根据银监会披露，截至 2017 年末，我国商业银行核心一级资本充足率为 10.75%，一级资本充足率为 11.35%，资本充足率为 13.65%，相较于 2016 年底略有提升。目前，商业银行的资本充足率整体高出监管标准 2～3 个百分点。下面着重分析主要农商行的资本充足率状况。

如图 5 - 4 所示，在资本充足率方面，最高的为北京农商行（14.58%），最低的为广州农商行（12%）。相较于 2016 年，11 家农商行中有 4 家有所提高，7 家农商行保持不变或者有所降低。增幅最大的是上海农商银行（17.34%），降幅最大的是吉林九台农商银行（11.53%）。

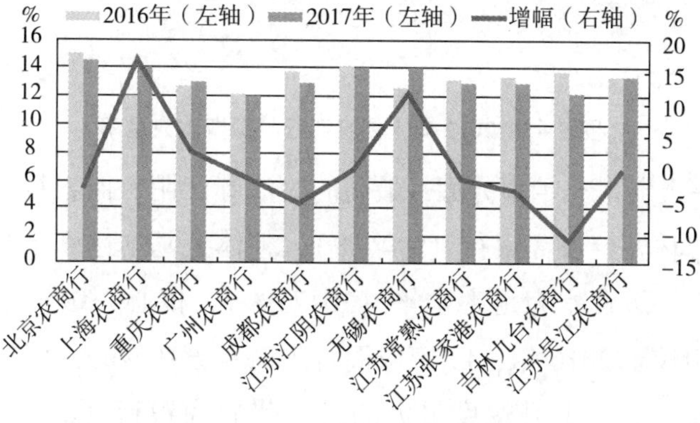

图 5 - 4 2017 年主要农商行资本充足率

一级资本充足率方面，最高的为江苏江阴农商银行（12.95%），最低的为吉林九台农商银行（9.47%），多数农商行的一级资本充足率保持在 10% 以上，但整体上依然低于全国商业银行一级资本充足率的平均水平（11.35%）。相对于 2015 年，11 家主要农商行中有 4 家农商行的一级资本充足率水平有所提高，增幅最大的为广州农商行（8.1%）；7 家农商行的一级资本充足率水平有所下降，降幅最大的为江苏常熟农商行（9.24%）。主要上市农商行的一级资本充足率压力相对较大（见图 5 - 5）。

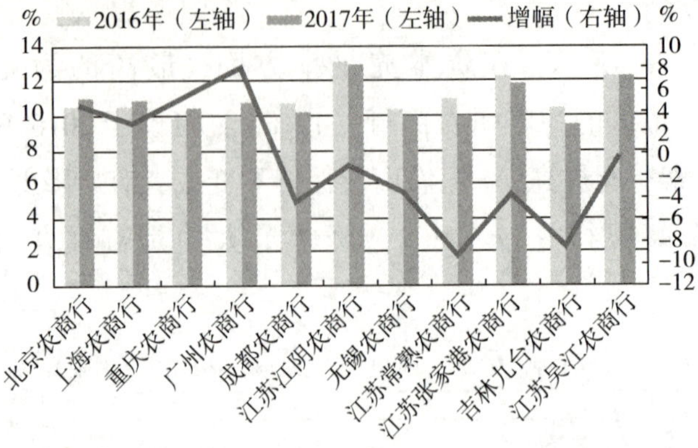

图 5-5　2017 年主要农商行一级资本充足率

核心一级资本充足率方面，最高的为江苏江阴农商银行（12.94%），最低的为吉林九台农商银行（9.47%），整体上基本达到了全国商业银行平均核心一级资本充足率水平（10.75%），核心一级资本充足率水平较高。相较于 2016 年，11 家农商行中有 4 家在核心一级资本充足率水平上有所上升，上升幅度最大的是广州农商银行（8.0%）；7 家农商行核心资本充足率水平有所下降，下降幅度最大的是江苏常熟农商银行（9.35%）（见图 5-6）。

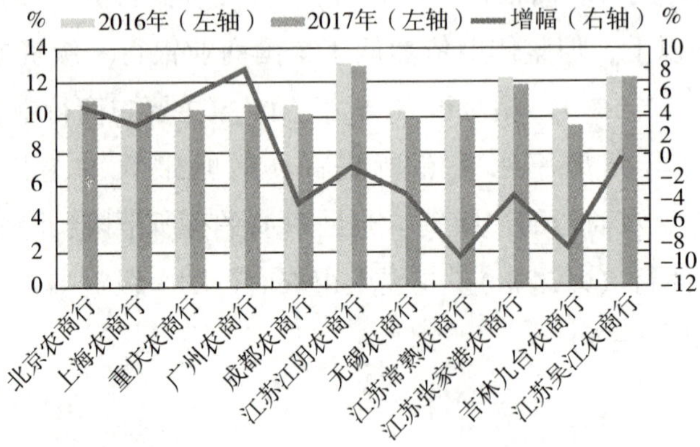

图 5-6　2017 年主要农商行核心一级资本充足率

三、资产质量

2016 年，我国商业资产质量方面面临的压力持续上升，不良贷款率和不良贷款绝对额均出现了上升，商业银行整体的拨备覆盖率有所降低，风险抵补能力有所减弱。

商业银行不良贷款余额为 1.71 万亿元，不良贷款率为 1.74%；关注类贷款余额为 3.41 万亿元，关注类贷款率为 3.49%。商业银行贷款损失准备余额为 3.09 万亿元，比 2016 年底增加了 4000 多亿元；拨备覆盖率为 181.42%，比 2016 年底上升了 5.02 个百分点；贷款拨备率为 3.16%，比 2016 年底上升了 0.09 个百分点。拨备余额和拨备覆盖率比较高。

对于主要农商行的资产质量，以下将从不良贷款、风险抵补能力、贷款集中度三个方面进行分析。

（一）2017 年各农商行不良贷款情况

从不良贷款绝对额度来看，2015～2017 年，主要农商行不良贷款的绝对额度都有不同程度的上涨。相较于 2016 年，8 家主要农商行中有 5 家银行不良贷款余额明显上涨，另外 3 家略微下调或基本持平。从不良贷款率角度来看，相较于 2015 年和 2016 年，主要农商行不良贷款率略微上涨或者略微下降，总体上相对稳定（见图 5－7）。

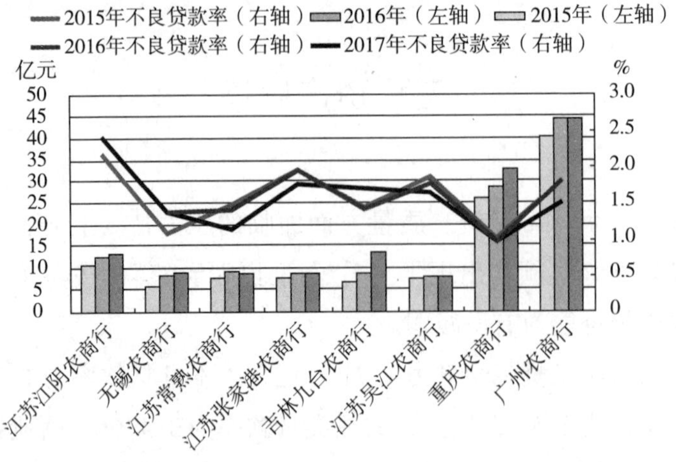

图 5-7　2015~2017 年主要农商行不良贷款余额及不良贷款率

从不良贷款的组成结构来看，关注类贷款占比相对较高，次级贷款、可疑类贷款和损失类贷款占比依次递减。2017 年，9 家主要农商行的关注类贷款占比最高的为江苏张家港农商行（6.42%），最低的为上海农商银行（0.9%）；次级类贷款占比最高的同样也是江苏张家港农商行（1.57%），最低的为广州农商行（0.35%）；可疑类贷款占比最高的为广州农商行（0.87%），最低的为江苏常熟农商行（0.04%）；损失类贷款占比最高的为江苏吴江农商行（0.4%），最低的分别为重庆农商行（0.01%）和江苏常熟农商行（0.01%）（见图 5-8）。

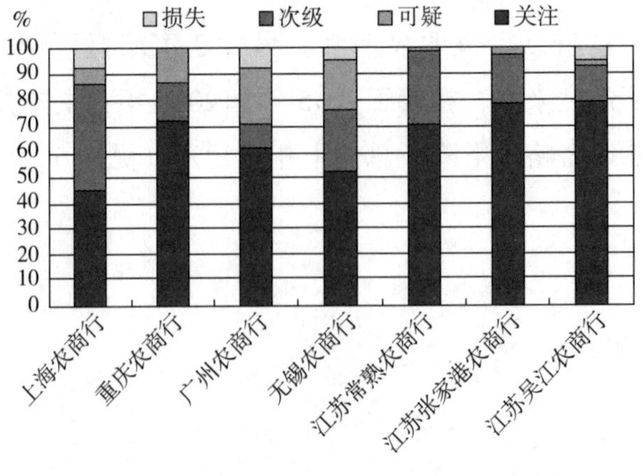

图 5-8　2017 年主要农商银行不良贷款组成情况

尽管主要农商行的不良贷款问题并没有明显暴露出来，但考虑到经济增长的下行压力依然较大，国民经济仍然徘徊在低位运行，加之不良贷款的确认存在一定滞后性，短期内农商银行面临的资产质量依然不容乐观。而对于不良贷款的五级分类主观成分较大，相比较而言，逾期贷款可以弥补不良贷款指标的不足。具体而言，逾期贷款是指所有或者部分本金或利息已经逾期 1 天或 1 天以上的贷款，相对较为客观。

图 5－9 显示了近 3 年 11 家主要农商行的逾期贷款情况。整体而言，资产规模靠前的 5 家农商银行逾期贷款的额度也较高，远远超过资产规模适中的 6 家上市农商行。从单个农商行来看，广州农商行近 3 年来位列逾期贷款额度的榜首，分别达到 87. 52 亿元、87. 44 亿元和 59. 65 亿元。尽管相较 2016 年，逾期贷款额度有了大幅下降，下降幅度达 31. 78%，但是总体逾期贷款规模依然是可观的。北京农商银行在 2017 年逾期贷款额度下降幅度最大，达到 61. 26%，资产质量有了较大的提升。

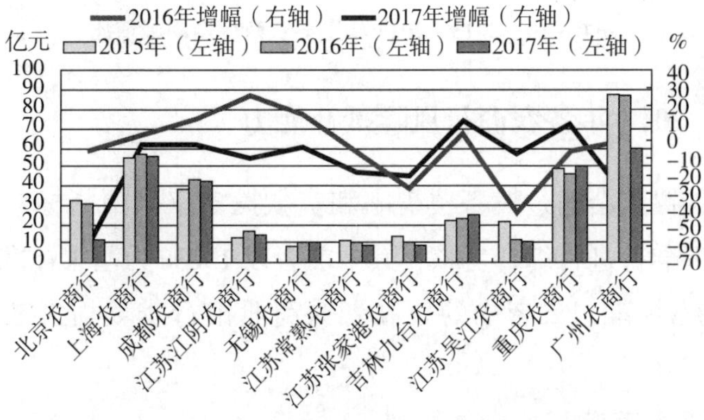

图 5－9　2015～2017 年主要农商行逾期贷款情况

图 5－10 显示了近 3 年 11 家主要农商行的逾期贷款比情况。逾期贷款比是银行贷款减值准备与逾期贷款的比值，反映了银行的贷款风险控制能力。虽然在逾期贷款额度上，资产规模靠前的 5 家农商行远

高于其他 6 家上市农商行，但是在逾期贷款比上，资产规模靠前的 5 家农商行和 6 家上市农商行的差别并不是特别明显，甚至逾期额度较高农商行的逾期贷款比更高（如北京农商行）。从单个银行来看，近 3 年北京农商行的逾期贷款比一直名列前茅，均达到 3.0 以上，2017 年甚至达到 7.64。从近 3 年各个农商行逾期减值比的变化趋势来看，2016 年 11 家农商行中有 8 家呈现不同程度的上升，2017 年 11 家农商行更是全部呈现增长的趋势，增幅最高的为北京农商行（145.36%）。

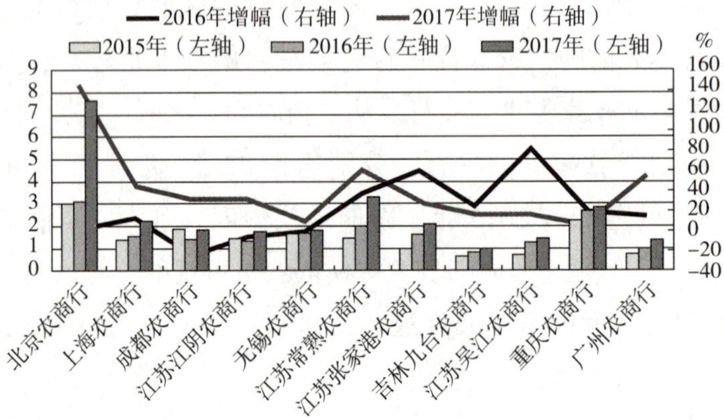

图 5-10　2015~2017 年主要农商行逾期减值比

（二）2017 年各农商行风险抵补能力

目前，银监会通过拨备覆盖率和贷款拨备率两项指标对商业银行的贷款损失准备进行综合考核，其中前者以 150% 为基本标准，后者以 2.5% 为基本标准，二者中的较高者为商业银行贷款损失准备的监管标准。

1. 拨备覆盖率

拨备覆盖率是贷款损失准备（现一般按贷款减值准备）对不良贷款的比率，是基于不良贷款而计提贷款损失准备再进行相应计算的一项指标，其性质是衡量信贷风险抵补的程度。拨备覆盖率多寡有度，以能适应各行风险程度并符合监管要求为宜，不能过低导致拨备金不足，利润虚增；也不能过高导致拨备金多余，利润虚降。

图5-11显示了近4年全国主要农商行的拨备覆盖率情况。2014~2017年全国主要农商行的拨备覆盖率都保持在150%以上。2017年主要农商行拨备覆盖率最高的为北京农商行（599.07%），最低的为吉林九台农商行（171.48%）。总体上大型农商行的拨备覆盖率水平要高于上市农商行，重庆农商行近4年的拨备覆盖率保持在较高水平，均高于420%。

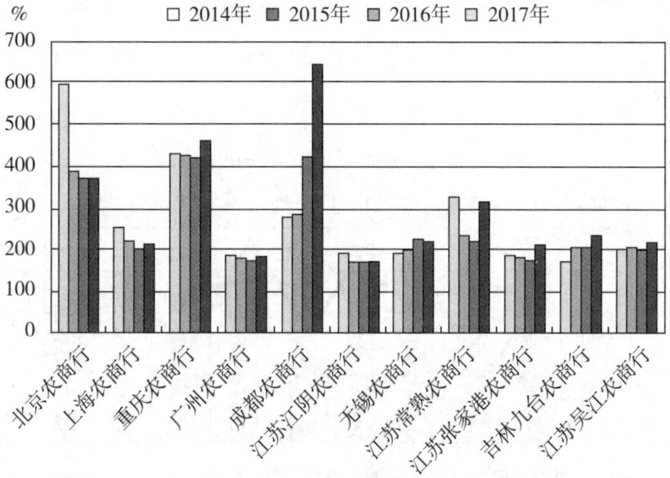

图5-11 2014~2017年主要农商行拨备覆盖率

继2014年后，主要农商行拨备覆盖率有明显下降趋势。11家农商行中有7家拨备覆盖率在2015年和2016年有下降趋势，其中以成都农商行表现最为显著，2015年和2016年的下降幅度分别达到34.42%和32.62%。2017年，主要农商行拨备覆盖率有所回升，上升幅度最大的为北京农商行，较2016年上升54.78%。

2. 贷款拨备率

贷款拨备率是贷款减值准备对贷款总额的比率。自2012年1月1日开始，银行必须满足银监会提出的贷款拨备率达到2.5%以上的要求。其中，系统重要性银行应于2013年底前达标；对于非系统重要性银行，监管部门将设定差异化的过渡期安排，并鼓励提前达标；盈利能力较强、贷款损失准备补提较少的银行业金融机构应在 2016 年底前达标；个别盈利能力较低、贷款损失准备补提较多的银行业金融机构应在 2018 年底前达标。

图 5－12 列示了近 3 年全国主要农商行的贷款拨备率情况。10 家主要农商行中，重庆农商行近 3 年贷款拨备率水平持续高于 4.1%，总体水平较高且稳定。贷款拨备率水平较低的为无锡农商行，近 3 年一直保持在 2.8% 以下，但高于 2.6%。这意味着主要农商行全部完成盈利能力较强、贷款损失准备补提较少的银行业金融机构应在 2016 年底前达标的任务。

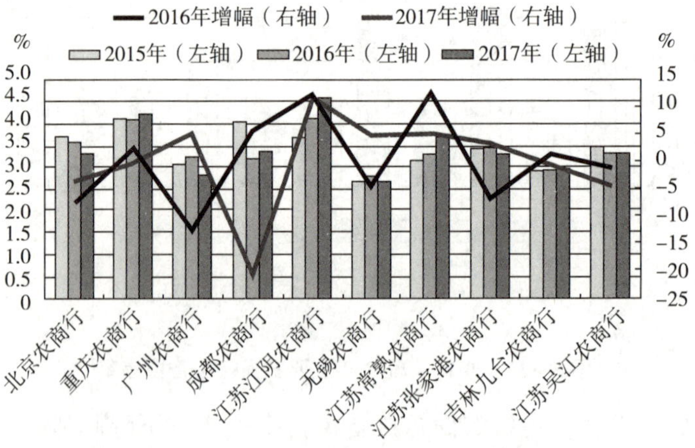

图 5－12　2015～2017 年主要农商行贷款拨备率

从近 3 年贷款拨备率的变化趋势来看，10 家主要农商行的贷款拨备率水平基本保持稳定，只有小幅度的波动，且保持在监管水平以上，趋势良好。2016 年，10 家主要农商行贷款拨备率增长和下降参半，增长幅度最大的为江苏江阴农商行（11.41%），下降幅度最大的为成都农商行（20.89%）。2017 年，10 家主要农商行贷款拨备率依然是增长和下降参半，增长幅度最大的为江苏常熟农商行（12.17%），下降幅度最大的为广州农商行（12.64%）。

（三）农商行贷款集中度情况

贷款集中度是考察商业银行资产分散程度的重要指标，在宏观经济形势严峻、行业之间与行业内部分化严重的背景下，贷款集中度对商业银行资产质量的潜在影响尤其值得关注。根据监管标准要求，最大单一客户贷款不得超过银行净资产的 10%，前十大客户贷款总额不得超过净资产的 50%。2017 年底，全国各主要农商行的这两项指标均符合监管要求，但也出现了一些新情况。

图 5 - 13 和图 5 - 14 分别列示了近 3 年全国主要农商行的单一最大客户贷款比例及最大十家客户贷款比例。在单一最大客户贷款比例方面，江苏吴江农商行的比例最高（6.93%），其次为重庆农商行（6.47%）；江苏张家港农商行和江苏常熟农商行位于较低水平，分别为 2.3% 和 1.09%。从增长趋势来看，2017 年有 3 家主要农商行呈现上升趋势，上升幅度较大的为江苏吴江农商行和吉林九台农商行，分别增长 13.79% 和 12.89%；下降幅度最大的为无锡农商行（19.83%）。

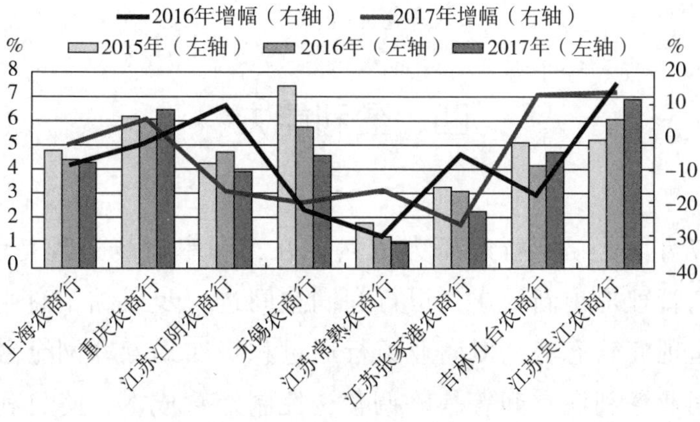

图 5 - 13　2015 ~ 2017 年主要农商行最大单一客户贷款比率

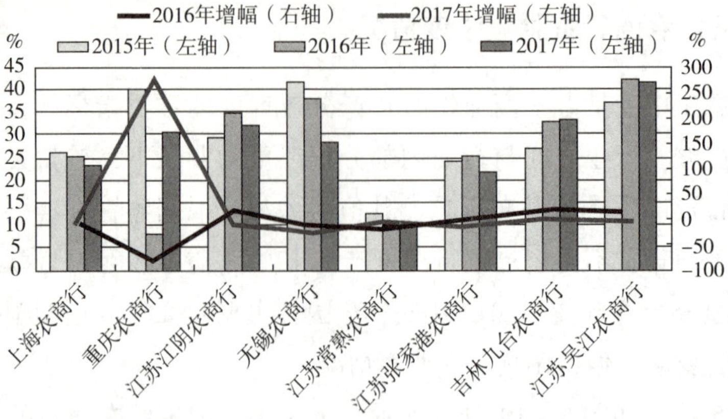

图 5-14　2015~2017 年主要农商行最大十家客户贷款比率

在最大十家客户贷款比率方面，主要农商行中，江苏吴江农商行在 2017 年虽有小幅下降，但是依然为主要农商行中比率最高（41.74%）；重庆农商行和吉林九台农商行比率有所上升，尤其是重庆农商行上升幅度比较明显，上升幅度达 277.85%；江苏常熟农商行最大十家客户贷款比率持续保持在 10% 左右的较低水平，同时也是 2017 年 8 家主要农商行中比率最低的（10.37%），且最近 3 年一直呈现下降趋势。

四、盈利能力

2017 年，经济下行的压力依然存在，利率市场进程持续推进，银行资产管理提出新要求，银行利润空间进一步压缩，商业银行利润增长呈现疲软态势。但商业银行通过积极布局互联网金融，大力拓展中间业务利润空间等战略调整，控制经营成本，使盈利水平有所回升。

以下从净利润增长率、平均资本利润率和总资产收益率 3 个角度评价 2017 年全国主要农商行的盈利水平，然后分别从影响银行利润的

3 个主要部分——利息收入、中间业务收入和成本控制水平出发，具体评述主要农商行的盈利能力。

（一）总体情况

1. 净利润增长率

图 5－15 显示了 2015～2017 年全国主要农商行的净利润增长情况。11 家主要农商行中有 8 家实现净利润连续增长，只有江苏江阴农商行呈现连续下降的趋势。资产规模较大的 5 家农商行净利润规模要远远大于资产规模较小的 6 家农商行。

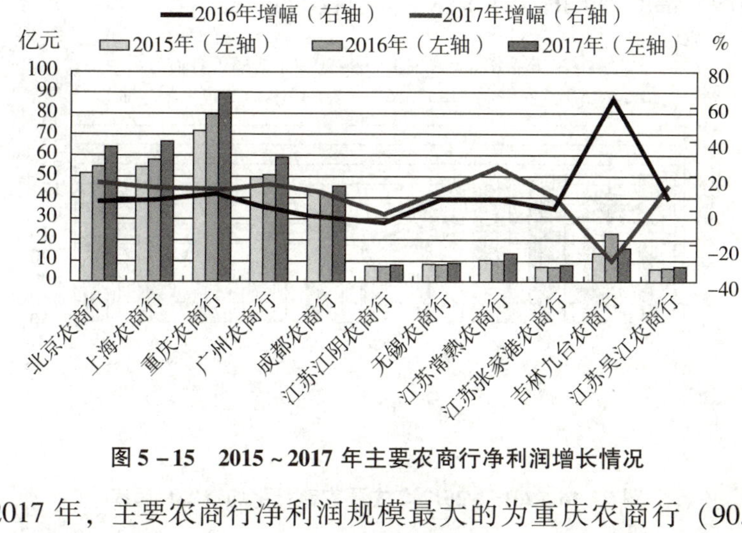

图 5－15　2015～2017 年主要农商行净利润增长情况

2017 年，主要农商行净利润规模最大的为重庆农商行（90.08 亿元），较 2016 年增长 12.59%；净利润增幅最大的为江苏常熟农商行，增长幅度达 25.34%，比 2016 年高出 18 个百分点。整体而言，除个别没有实现增长的农商行外，农商行 2017 年的净利润增长幅度要远远高于 2016 年的净利润增长幅度。

2. 净资产收益率和总资产收益率

平均资本收益率和总资产收益率将各行的盈利绝对规模与相应的净资产和总资产结合起来，较好地展现了各行单位净资产或总资产的盈利水平，更有利于客观比较各行的盈利能力。根据中国银监会《商业银行风险监管核心指标》的要求，总资产收益率不应低于0.6%。

图5－16显示了近3年全国主要农商行平均资本利润率情况。2017年平均资本利润率较高的为北京农商行和重庆农商行，分别为15.11%和15.14%；最低的为江苏江阴农商行（8.25%）。从近3年的增长趋势来看，主要农商行的平均资本收益率整体呈现下降的趋势。2016年，11家农商行中有10家平均资本收益率出现下降，下降幅度最大的为江苏江阴农商行（19.83%）。2017年，11家农商行中有7家农商行呈现下降的趋势，下降幅度最大的为吉林九台农商行（40.42%），而同期增长幅度最大的江苏常熟农商行仅为9%。

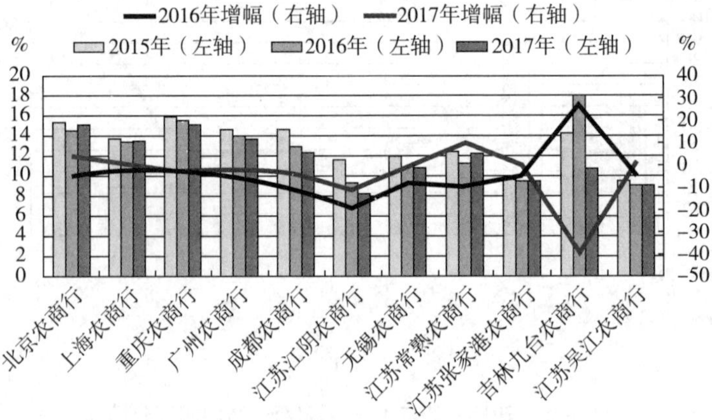

图5－16　2015～2017年主要农商行平均资本利润率

图5－17列示了近3年主要农商行的总资产收益率状况。11家主要农商行近3年的总资产收益率全部高于0.6%的监管及格线。就单个银行而言，重庆农商行在2017年的总资产收益率最高（1.05%），其次是江苏常熟农商行和上海农商行，分别达到0.96%和0.90%；成都农商行的总资产收益率最低（0.67%）。

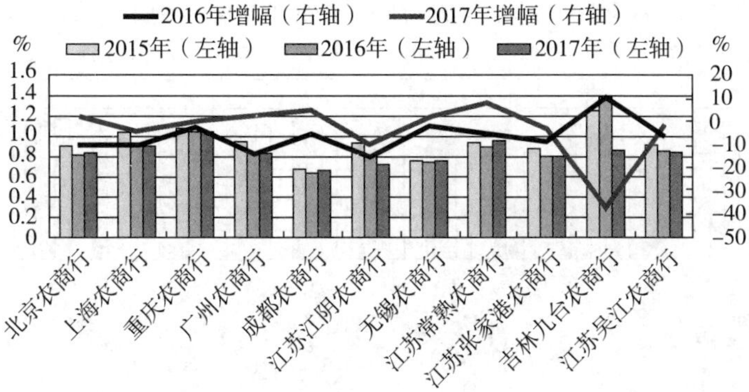

图 5－17　2015～2017 年主要农商行总资产收益率

从近 3 年的总资产收益率增长趋势而言，2016 年相对于 2015 年，总资产收益率呈现下降的趋势，11 家农商行中有 10 家为负增长，下降幅度最大的为江苏江阴农商行（15.70%）；2017 年相对于 2016 年情况明显好转，主要农商行总资产收益率有回升的趋势，在 11 家农商行中有 6 家为正增长，增长幅度最大的为江苏常熟农商行（8.38%）。

（二）利息收入水平

在目前商业银行的经营状况下，息差收入仍然是我国商业银行收入结构中最重要的组成部分，占整体营业收入水平的 70% 以上，是商业银行最主要的盈利来源。2017 年商业银行资产生息结构优化，在宽松的负债和高收益资产匮乏的格局下，投资类资产虽略有放缓，但依然保持较高增速。此外，2017 年信贷投向更多向零售领域的信贷消费、公共领域的基建投资倾斜，更趋多元化。

1. 利息收入比

利息收入比是商业银行利息净收入占营业收入的比重。2017 年，11 家主要农商行中利息收入达到 90% 以上的有 3 家，分别为北京农商行（97.4%）、无锡农商行（94.18%）和江苏吴江农商行（92.64%），上海农商行利息收入比最低（68.73%），其余农商行的利息收入比也都在 80% 以上（见图 5－18）。

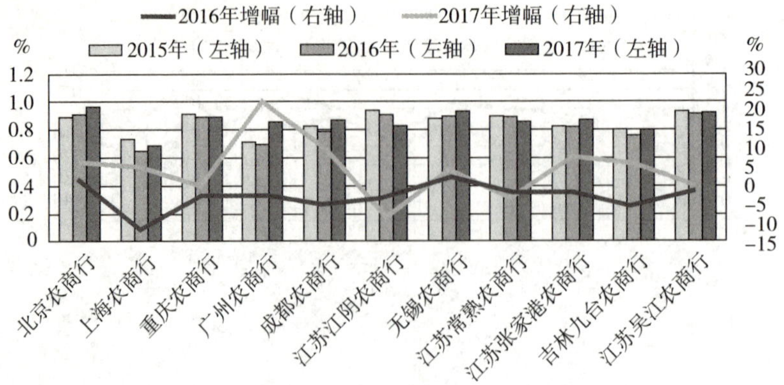

图 5－18　2015～2017 年主要农商行利息收入比

从近 3 年的变化趋势来看，2016 年相较于 2015 年，主要农商行利息收入比呈现整体下降的趋势，在 11 家农商行中有 9 家出现了负增长，下降幅度最大的为上海农商行（11.83%）。2017 年相较 2016 年，主要农商行的利息收入比增幅却有回升，在 11 家农商行中有 9 家上升，上升幅度最大的为广州农商行（23.26%）。但是江苏江阴农商行和江苏常熟农商行出现了利息收入比增幅连续负增长的情况。

2. 净利息收益率与净利差

商业银行利息收入规模的两大驱动因素为生息资产规模与息差水平。考察息差水平的重要指标就是净利息收益率（NIM，净息差）和净利差（NIS）。净息差是利息净收入与平均生息资产总额的比率，考察单位生息资产所创造的利息净收入；净利差为日均生息资产收益率与日均计息负债付息率的差额。

图 5－19 列示了全国各类商业银行 2017 年的净息差状况。在划分的六大类银行中，民营银行的净息差居于首位，达到 4.52%；其次为农商行和大型商业银行，分别达到 2.95% 和 2.07%；城商行和股份制银行分别达到 1.95% 和 1.83%；最低的为外资银行，仅有 1.71%。可见，农商行的净息差在银行业中相对较高。

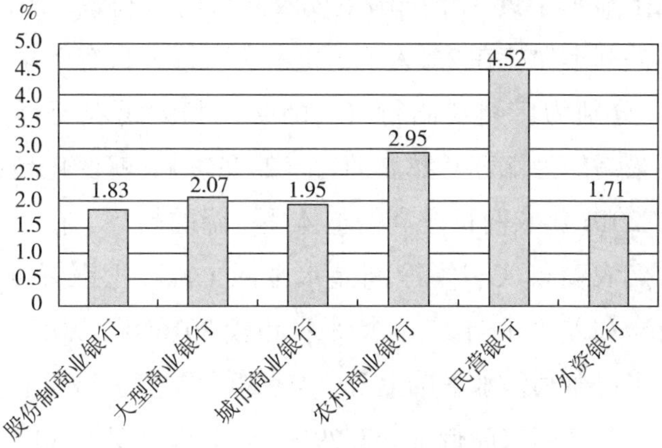

图 5－19　2017 年各类商业银行净息差

图5－20 显示了近3 年8 家主要农商行的净息差状况。分析的8 家农商行中，有7 家农商行2017 年的净息差达到2.0%以上，仅有1 家的净息差低于2% （江苏江阴农商行)，仅为1.7%；净息差最高的为江苏常熟农商行，达到2.91%。从3 年来的变化趋势而言，2016 年8 家农商行中仅有1 家实现了上升（江苏常熟农商行)，其余7 家均呈下降趋势；2017 年依然呈现整体下降的趋势，8 家农商行中只有3 家上升，上升幅度最大的为无锡农商行（9.7%）。

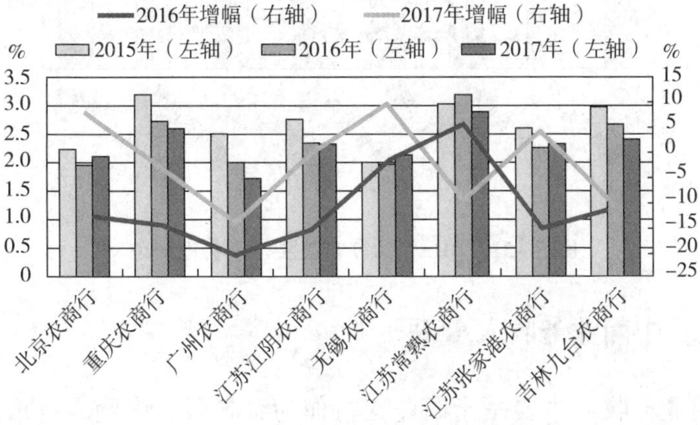

图 5－20　2015～2017 年主要农商行净息差

图5－21 显示了近3 年全国主要农商行的净利差。2017 年，主要农商行净利差基本保持在2%左右，8 家农商行中只有2 家净利差低于2%的水平，分别为广州农商行（1.65%）和无锡农商行（1.93%），净利差水平最高的为江苏常熟农商行（2.76%）。就变化趋势而言，相较2015 年，2016 年农商行净利差整体呈下降的趋势，在8 家农商行中只有江苏常熟农商行实现了净利差水平的上涨，上涨幅度为7.42%，无锡农商行净利差水平与15 年持平；相较2016 年，2017 年8 家农商行中有4 家实现净利差水平的上升，4 家净利差水平出现下降，上升幅度最大的为江苏江阴农商行（163.29%），下降幅度最大的为广州农商行（17.1%）。同时，江苏江阴农商行也是近3 年净利差水平波动幅度最大的银行，净利差水平由2016 年的1%以下一跃升至2017 年的2.08%。

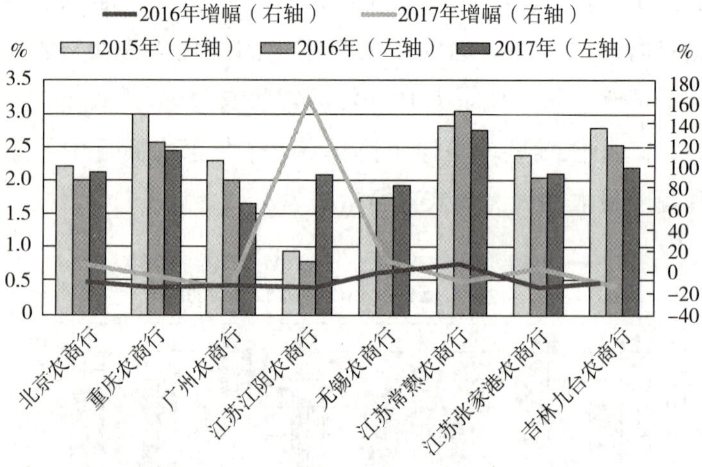

图5－21　2015～2017 年主要农商行净利差

（三）中间业务收入水平

中间业务收入主要是指商业银行作为金融服务中间人赚取的收入，其收入在财务报表上反映为“手续费及佣金收入”。中间业务是商业银行利用自身金融人才、金融基础设施以及其他金融资源等优势提供收费服务的业务。由于商业银行并不作为交易主体参与业务，所以商业银行也并不会承担风险。

1. 中间业务净收入及其增幅

中间业务净收入，即财务报表中的“手续费及佣金净收入”，是手续费及佣金收入减去支出以后的净额，反映了商业银行中间业务的绝对收入水平。近年来，商业银行中间业务收入水平持续快速增长。图5-22列示了近3年全国主要农商行中间业务净收入情况，整体上资产规模靠前的5家农商行，其中间业务净收入要高于其余上市农商行。2017年，中间业务净收入规模最大的为上海农商行，达31.78亿元；中间业务净收入最低的为江苏江阴农商行，仅有0.53亿元。从3年来变化趋势而言，主要农商行中间业务净收入水平呈上升趋势。相较2015年，2016年11家农商行中有10家中间业务净收入上升，上升幅度最大的为江苏常熟农商行，增幅达484.16%；相较2016年，2017年11家农商行中有6家呈上升态势，上升幅度最大的依然为江苏常熟农商行，增幅为45.16%。虽然江苏省的农商行中间业务收入水平总体较低，但是近两年取得了较快的发展。

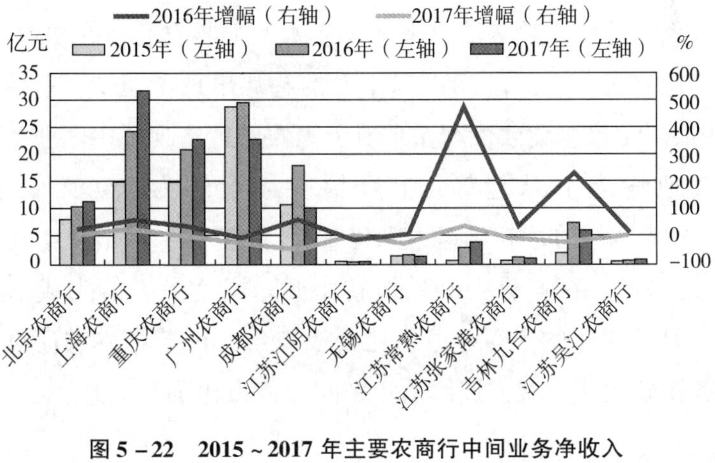

图5-22　2015~2017年主要农商行中间业务净收入

2. 中间业务占比

中间业务净收入占营业收入之比是衡量商业银行中间业务发展水

平及其收入结构的重要指标。中间业务收入和利息收入是商业银行营业收入的重要渠道，两者在银行收入中的占比自然也是此消彼长的关系。

图 5－23 列示了近 3 年主要农商行的中间业务占比。整体上，资产规模较大的银行中间业务占比也相对较高，上市农商行中也不乏中间业务发展较好的银行。2017 年，在 11 家主要农商行中，中间业务占比最高的为上海农商行，占比为 17.73%；其次为广州农商行，占比为 16.99%；占比最低的为江苏江阴农商行，仅为 2.13%。

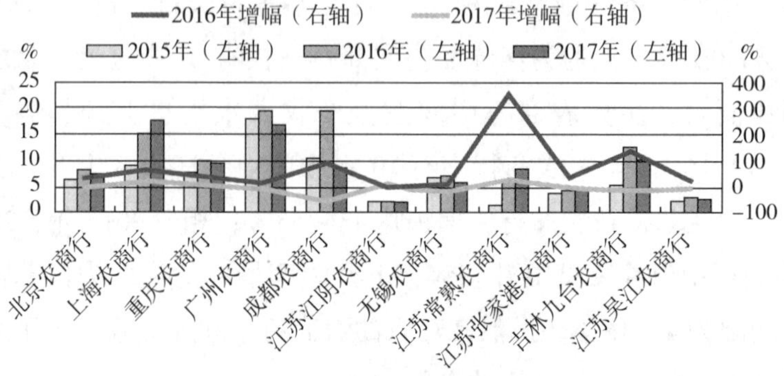

图 5－23　2015～2017 年主要农商行中间业务占比

从近 3 年的变化趋势情况来看，整体上主要农商行在 2016 年的中间业务占比有所上升，在 2017 年上升的趋势出现了扭转，呈现缓慢下降。2016 年 11 家主要农商行中仅有 1 家农商行出现了中间业务占比的下降，其他均为上升趋势，上升幅度最大的为江苏常熟农商行（355.82%）。而 2017 年 11 家主要农商行中仅有 3 家出现中间业务占比的上升，较 2016 年势头开始扭转，下降幅度最大的为成都农商行（56%）。从近 3 年的中间业务占比可以看出，江苏常熟农商行近年来中间业务得到较快发展，连续两年中间业务占比不断上升。

（四）成本控制水平

除收入外，成本控制也是影响商业银行净利润水平的因素。成本收入比是反映为取得单位收入所耗费的成本，在数值上等于营业费用与营业收入之比。成本收入比是银监会风险监管核心指标中的风险抵补类指标之一，按照监管要求，该指标不应高于45%。

图5－24列示了近3年主要农商行成本收入比状况。2017年，11家农商行除了上市不久的吉林九台农商行外，其他10家农商行成本收入比均保持在45%以下。其中，无锡农商行最低（30.03%），吉林九台农商行以50.77%的水平为主要农商行中最高，其他农商行均在30%～40%。从近3年的变化趋势来看，2016年，11家主要农商行中有9家成本收入比上升，其中上升幅度最大的为广州农商行（14.36%），其次分别为江苏江阴农商行（13.83%）和江苏吴江农商行（13.73%）。2017年，主要农商行成本收入比有涨有落，涨幅最大的为吉林九台农商行（22.01%），下降幅度最大的为上海农商行（10.53%）。

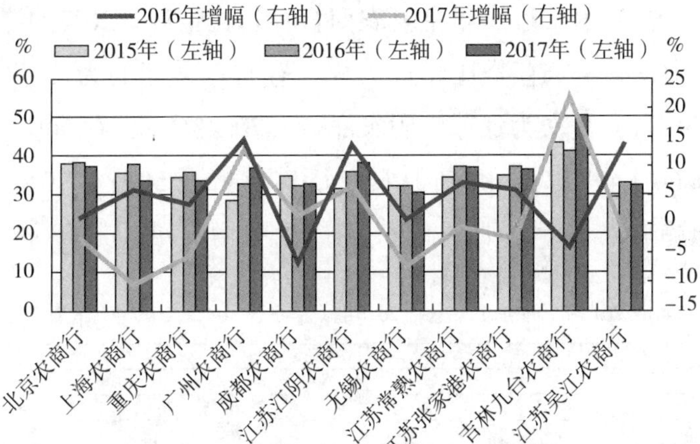

图5－24　2015～2017年主要农商行成本收入比

五、流动性分析

保证经营的流动性、安全性、收益性相统一是商业银行经营的三大原则。2017 年，正值债务周期赶顶和货币政策转紧，前者制约信贷规模的扩张，后者重构风险传导的结构。适应不再下降的利率中枢和不断增加的利率波动，是2017 年商业银行经营面临的常态。

（一）存贷比分析

存贷比是银行贷款余额与存款余额的比值。以往监管部门为商业银行设置的监管要求是不超过 75%，但 2015 年 8 月 29 日，全国人大常委会表决通过关于修改《中华人民共和国商业银行法》的决定，删除实施已有 20 年之久的 75% 存贷比监管指标，决定自 2015 年 10 月 1 日起施行。随着经济、金融业的不断发展，存贷比监管已不适应当前商业银行资产负债多元化和业务创新发展的需要，商业银行存贷比取消，是鼓励银行经营多元化的重要举措。

图 5 – 25 列示了近 3 年主要农商行存贷比情况。2017 年，11 家主要农商行中仅有 1 家存贷比超过 75%。存贷比最高的为江苏常熟农商行（78.59%），其次为江苏江阴农商行（70.43%），存贷比最低的为北京农商行（49.27%），其他农商行均保持在 50% ~70%。从近 3 年的变化趋势来看，主要农商行存贷比有增有减，起伏不大。2016

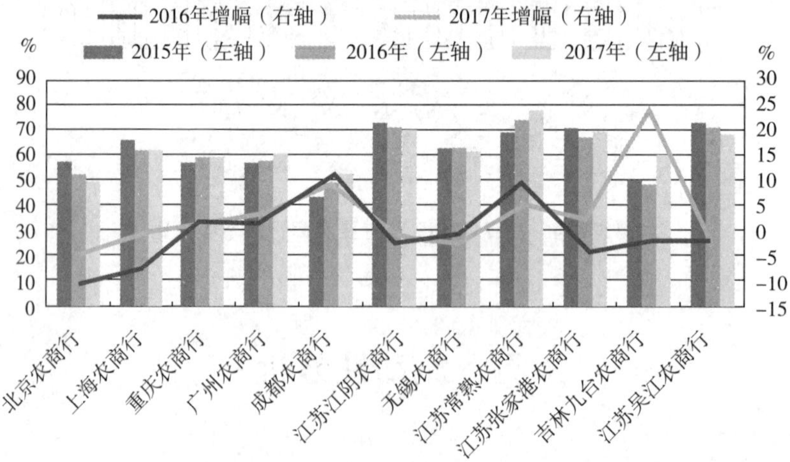

图 5 – 25　2015 ~ 2017 年主要农商行存贷比

年，11 家农商行存贷比有 7 家下降，4 家上升，下降幅度最大的为北京农商行（10.69%），上升幅度最大的为成都农商行（11.43%）。2017 年，11 家农商行存贷比有 5 家下降，6 家上升，下降幅度最大的为北京农商行（4.55%），上升幅度最大的为吉林九台农商行（24.52%）。

（二）流动性比例

流动性比例是流动性资产余额与流动性负债余额之比，衡量商业银行流动性的总体水平，不应低于 25%。近年来，我国银行业金融机构流动性比例总体上保持了稳步上升的态势。

图 5－26 列示了近 3 年 7 家主要农商行的流动性比例状况。2017 年末，列示的 7 家主要农商行流动性比例均大幅高于 25% 的监管标准。其中，江苏江阴农商行流动性比例最高，达到 56.56%，其次为江苏吴江农商行（49.1%），即使流动性比例最低的江苏张家港农商行也达到了 37.6%，高于监管标准 12.6 个百分点。从近 3 年的变化趋势来看，农商行流动性比例较高的状态并没有得到明显的扭转，2016 年和 2017 年主要农商行流动性比例均有增有减，变动并不明显。就单个农商行

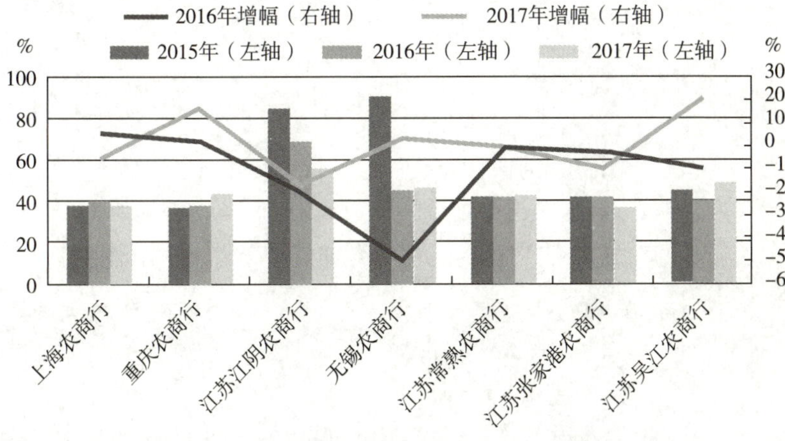

图 5－26 2015～2017 年主要农商行流动性比例

来看，江苏江阴农商行、江苏常熟农商行和江苏张家港农商行近 3 年出现了流动性比例的持续下降；无锡农商行流动性比例虽有增有减，但 2017 年较 2015 年下降幅度依然可观，达 43.73 个百分点。

第六部分

专家研究

转型创新　重新出发
——2018 中国银行家论坛发言摘要

2018 年是非常特殊的一年，既是中国改革开放四十周年，也是东亚金融危机二十周年、全球金融危机十周年，同时也是我国将防范化解系统性风险作为重点工作、新的金融监管体制开始运行之年。中国银行业在经历了多年快速发展后，今天面临异常艰难复杂的局面。中国经济增速的减缓与结构的转型、防范系统性风险任务的紧迫与艰巨、金融监管风暴的来袭与监管体系的变革、普惠金融及绿色金融任务的落实、宏观经济政策在防风险保增长调结构多重目标的艰难平衡、中美贸易战所揭示的国际环境的恶化，这些都对中国银行业的稳定与发展提出了诸多挑战。在多重约束条件下，中国银行业需要进行深层次的转型创新，重新整装出发。

前事不忘，后事之师

于学军

中国今天所面临的复杂经济金融形势，与20年前亚洲金融危机发生时有许多相同相似之处。前事不忘，后事之师，只有充分掌握和吸收亚洲金融危机的历史经验以及对中国经济的传导和影响，弄懂全球宏观大势的运行规律，才能更好地处置我们现在面临的风险，更好地把握未来。

所谓亚洲金融危机或东南亚金融危机又或东亚金融危机，都是指发生在1997年7月2日以泰国货币泰铢的突然大幅度贬值为标志的金融危机。这次金融危机像一场强烈的热带风暴，迅猛地席卷马来西亚、印度尼西亚、菲律宾、新加坡、中国台湾、中国香港等东南亚几乎所有的国家和地区；甚至继续向北，摧毁了韩国的金融体系，日本的经济金融也遭受重创，日元大幅度贬值。这次金融风暴在短时间内侵袭了东南亚到东北亚的众多国家和地区，受冲击的国家其货币均出现大幅贬值，引发金融混乱，经济萧条，民生凋敝；甚至发生政治危机和社会动乱，一些东南亚赫赫有名的政治人物纷纷在危机中倒台。

当年我曾写过一篇关于亚洲金融危机的分析文章，发表于深圳《特区经济》杂志1997年第六期上。时光飞逝，至今已过去21年，现在回头来看，亚洲金融危机的成因等问题应该更加清晰，也更为冷静、客观。究其成因，我大致有三点看法。

第一，在1997年亚洲金融危机发生之前，发生危机的国家总体来看属于经济相对薄弱的发展中国家，大部分国家的经济发展模式均建立在出口拉动之上，因此外贸进出口、外汇、汇率等对这些国家的经济金融发展至关重要。

第二，基于出口导向型经济发展模式的需要，当时这些发生危机的国家几乎不约而同地采取了固定汇率体制，名义上与“一篮子货币”挂钩，但实际上主要是与美元挂钩。这种汇率管理模式与美元锚定，实际上和美元绑在同一架战车上，当美元汇率下降或低沉时，对其他非美元货币便形成低估或贬值，这种情况有利于这些国家出口的增长，从而拉动经济保持较快增长。而一旦美元升值甚至出现高估，就会使这些国家的货币随之出现升值或高估现象，这使这些国家的外贸环境出现逆转，泰国等国家在金融危机前甚至连续几年出现巨额贸易逆差的局面。这对于一个较小经济体而言，实际上是难以承受的，这种局面如果不能在短期内改变，矛盾就会越积累越严重，风险快速上升。这是引发亚洲金融危机在汇率安排上的一个根本性制度原因。看起来，固定汇率在某种条件下或某个阶段，的确有利于促进这些国家的外贸出口，并拉动经济增长。但从长期和根本来看，这种汇率制度的缺陷和弊端十分突出，并不是一种可以长期实行的汇率制度。痛定思痛，亚洲金融危机发生之后，亚洲国家对此已有清醒的认识，所以现在亚洲采用固定汇率制度的国家已经很少。

第三，美元汇率的周期性波动是背后的推手，是宏观大势。我们发现，美元汇率是波动的，甚至是周而复始、循环往复的，表现出一种完整的周期性。从美元指数就能够清晰可鉴。初始美元指数是 100 点，有时可以明显高于 100 点，有时也可以明显低于 100 点；最高时可以达到 120 点左右，最低时则在 80 点左右，实际上落差相当大。但这种波动对货币来说也很正常，因为任何货币，其币值、汇率都不是一成不变的，美元如此，欧元等其他货币也同样如此。其背后的道理实际上很简单，所谓汇率，不就是各种货币之间的相互比价关系吗？而影响不同货币变化的因素实际上有很多，既有内因也有外因，甚至有国际大环境的因素。

至于美元为什么会周期性波动，在我看来大致有三类因素。

一是经济技术创新发展的推动。比如 1997 年亚洲金融危机的初始原因，实际上是源于美国自 1993 年起在信息产业上取得了长足发展，带动美国经济持续保持繁荣，从而触发美元进入加息周期，致使美元不断升值，直至 2001 年引发美国科技网络股的泡沫与破灭。

二是货币信贷的持续巨额刺激导致经济过度扩张，并出现泡沫化现象。一旦出现这种情况，国家肯定要进行宏观调控，出台紧缩性政策，美联储就会连续加息，终使泡沫破灭或终结。2008 年由美国引发的这次国际金融危机，应属于这种情况。即在这个阶段，美国并未出现突破性的技术创新，主要是在此之前美国的刺激性政策使然。

三是某种神秘的力量或因素，即美元是全球货币，美联储掌管着全球主要的货币权力，可以进行神秘的幕后操作，这就是经常有人谈论的所谓"货币战争"或"剪羊毛"之类的话题。但是否真实存在，实在感到无从谈起，好像也没有公开资料可以印证。说到底，至今我们仍然弄不明白这个问题。但是，不管怎样，诱发 1997 年亚洲金融危机的宏观背景，显然与美联储在此之前连续加息以及美元汇率的持续升值有关。然而，这些发生危机的亚洲国家当时却沉浸在之前的经济繁荣中沾沾自喜，乃至本国货币出现明显高估时仍全然不知，直至发生亚洲金融危机，深受其害。

在应对亚洲金融危机的过程中，中国在几个方面的做法可圈可点。

一是 1994 年进行外汇管理体制改革，其最核心内容就是实行"结售汇制—汇率并轨"。并轨以后中国当时的汇率是 8.9 元人民币兑 1 美元，这个汇率的确有竞争力，促使中国外贸进出口长期保持大幅度增长。所以，金融危机发生后，一些周边国家甚至一些西方国家都在诟病中国，认为亚洲金融危机是中国汇率体制改革造成。当然，这只是一种观点。但在金融危机发生后，中国政府承诺人民币不贬值，当时人民币兑美元汇率大约维持在 8.3∶1。中国说到做到，受到亚洲各国以及国际社会的广泛好评。中国在抵御亚洲金融危机中成为中流砥柱，的确功不可没，有目共睹。但是，国内也出现了一些反对之声，认为中国这么做等于牺牲了自身的利益，来帮助其他国家尤其是受危机冲击的国家。当时，中国的确承受了相当大的压力，但事后来看很值得。

二是在亚洲金融危机发生之前，即1994~1996年，中国实行了3年宏观调控，并首次实现所谓的“软着陆”。这在中国宏观调控的历史上很成功、很经典，提高了中国应对亚洲金融危机的能力和底气。

美元长期以来处于起伏波动之中，并且表现出明显的周期性特征，基本上十年一个轮回。全球经济体系会因美元波动而受到一次又一次的冲击，从而引发大的金融危机。比如1997年的亚洲金融危机和2008年的国际金融危机。现在到了2018年，似乎又进入一个新的十年魔咒之中。大家知道，2018年以来，国际经济金融形势很不平静，已有很多国家发生了货币危机、金融危机，包括阿根廷、土耳其、巴西、南非、俄罗斯等。中国在这个大环境下也倍感压力。自2018年4月以来，人民币承受明显的贬值压力，社会融资紧张，外贸出口压力显现，股票市场长期低迷，金融风险上升，银行经营普遍困难。这是一个宏观大势，我们面对的形势可能比亚洲金融危机时还要复杂严峻。亚洲金融危机发生前，中国经过3年的治理整顿，经济金融处于健康状态，有底气，能够从容应对。而在目前的大环境下，我们却缺乏这样的准备。银行业面对持续的压力，需要转型创新，重新出发。

（作者系中国银保监会国有重点金融机构监事会主席）

以数字化转型加快新时代银行业现代化发展

黄润中

一、数字化发展不均衡掣肘银行现代化建设

尽管商业银行数字化转型取得了相当大的进展，但从当前银行业发展的内外部环境看，经济增长乏力导致银行不良资产回升和盈利能力下降，利率市场化和金融脱媒带来利差的进一步缩小，数字经济发展本身面临融合创新发展不均衡、经济活动主体权责不明晰以及银行业自身数字化能力短板等问题，对银行业既有利益格局、行业秩序、治理体系和未来发展带来新挑战。

一是金融脱媒，银行首当其冲。以商业银行为代表的金融机构在传统金融体系内扮演着信息中介的角色，在数字经济下，传统金融体系的脱媒化趋势愈演愈烈，商业银行作为金融中介，低效率和高成本的问题日渐凸显。传统银行的存、贷、汇业务逐渐被第三方机构替代，以第三方支付、余额宝、P2P 和众筹等为代表的互联网金融利用大数据优势，成本更加低廉、效率更高，严重削弱商业银行在传统体系内的金融中介作用。

二是场景金融，银行难以融入。新兴技术的快速发展使新技术和新商业模式不断涌现，高效、便捷、场景化的金融服务越发受到消费者的青睐。在开放技术条件和共享经济下，实体经济和互联网企业构建的场景可以实现自我信息采集和自我风险评估，从而提供金融服务，而对银行挑战最大的地方在于很多新的场景与银行无关。2017 年，超过三分之一的用户其银行资金占流动资金的比例下降，这种现象在“80 后”“90 后”“00 后”用户群体中尤为明显。

三是敏捷性差距较大。在银行业数字化转型过程中，许多业务决策需要跨部门合作，要求处理数据的速度快、时效性强，需要构建适应性强的核心银行业系统来创建灵活敏捷的业务环境。但长期以来，银行业金融机构形成以部门及产品为主的管理经营模式，部门管理和产品审批具有较强的独立性，无法满足市场变化的要求。

四是数据的挖掘、保护及治理能力有待提高。信息处理方式是商业银行运营的核心技术，商业银行数字化转型首先体现在信息创造方式的改变上。在长期经营过程中，商业银行积累了大量的数据，但运营模式决定其具有高服务成本，信息处理处于劣势，而对相关信息的利用仍处于初步阶段，亟须完善数据治理能力，提高数据质量及数据的分析处理能力。

二、顺应新时代，以数字化推动银行现代化发展

立足新时代，要充分认识数字经济发展的重要性和紧迫性，加大银行业秩序和市场规则适应性调整力度，加强对数字经济新业态的战略指导、制度设计和政策支持，以习近平新时代中国特色社会主义思想为指导，积极推动数字化转型，提升整体的发展质量和水平，加快建设现代化的银行业体系。

一是加强战略定位，创新经营理念及管理模式。当前大部分银行已经明确了数字化转型的战略方向及发展目标，但执行层面的管理模式创新及经营理念的转变仍需突破。银行业的数字化转型是整个业务及管理流程体系的重塑，更是用户服务模式和服务理念的创新。要从战略高度整体加快数字化转型步伐，将数字化转型意识根植于各部门、各层级和各业务，加强组织领导，明确时间表和路线图，探索构建“敏捷型”组织构架，加快推进数字化转型步伐。

二是以服务实体经济为本源，构建有银行特色的服务体系。银行的核心价值在于信用，银行生态圈应该以信用为背书，以服务为手段，

以产品为依托，通过整合资源、专业咨询、金融产品、撮合交易、发布信息、技术支持、风险控制、政策引领等方式，指导、帮助、培育客户成长，通过支持用户做大做强来获得自身利益，实现金融服务实体经济的目标。

三是深挖数据资产，提高数据治理能力，提升数据经营能力。当前，银行积累的海量内部数据分散在各个系统中，尚未实现全面的数据开发与共享。与此同时，可获得的外部数据越来越多，与银行自身拥有的数据有机结合将形成强大的金融创新力和生产力。银行业要认识到互联网背景下数据是银行的重要资产，提升数据治理的能力，树立有效经营数据资产的经营理念。探索将银行内部数据、政府部门数据及企业数据进行有效的逻辑整合，按照监管部门的指引，合规创新，形成数字化经营能力。

四是深化国际交流合作，共同防控跨境金融风险，筑牢防范系统性金融危机风险的安全网。数字化是一把“双刃剑”，也隐含着风险。高效的同时也使风险传播快、跨度广、传染大，既有风险和新技术风险同位共震可能性加大，增加了诱发系统性金融风险的概率。要高度重视、落实银行业监管原则的要求，了解风险，交流合作，共同防控数字化带来的风险挑战，筑牢金融安全防护网。

（作者系中国银行业协会秘书长）

以创新转型开启高质量发展新征程

殷久勇

一、创新是农业政策性银行持续发展的重要动力

农发行自1994年成立以来，在20多年的发展历程中取得的成绩，无不来自新的金融产品研发、新的业务领域拓展、新的发展模式运用以及新的体制机制创建，创新已深深融入农发行工作的方方面面，成为不可或缺的文化基因。近年来，农发行自觉提升站位，在创新中强服务、谋发展，制定实施了新的总体发展战略，充分彰显了农业政策性银行的职能作用。

一是着力产品创新。完善产品体系，形成优势品牌。在支持脱贫攻坚上，创新推出了特色产业扶贫、网络扶贫、旅游扶贫、教育扶贫等多种信贷产品，积极发挥农发行在金融扶贫中的先锋模范和支柱作用。在推动农业农村现代化上，整合创新支持农村电商、科技兴农、多功能农业等方面的贷款产品，积极支持特色小镇、美丽乡村、农业园区等，有效促进农业增效、农民增收和农村繁荣。在推进生态建设上，围绕绿水青山就是金山银山的绿色发展理念，研发推出改善农村人居环境、林业资源开发与保护、海洋资源开发与保护贷款等。

二是加快发展模式创新。力求做到融资与融智相结合，不断提升政策性银行的示范引领作用。在资金筹措上，不断推新创新债券品种，先后发行重点建设、扶贫贴息、绿色金融、乡村振兴等专项债券，用于国家重大建设、绿色发展和扶贫事业。在贷款模式上，总结推广了各地农村探索出的土地银行、大田托管、农业产业化联合体等基层创新实践，探索支农转贷和供应链金融模式，通过与金融同业合作以及

通过大企业带动小微企业，支持新型农业经营主体和企业发展。在风险防控上，加强与国家农业担保联盟的合作，探索开展“政银担”“政银保”等合作模式，积极做好“两权”抵押贷款试点工作。

三是注重体制机制创新。总行专门成立创新部门，牵头全行业务创新；完善考核机制，提高创新考核占比；设立全行“优秀创新成果奖”，对产品服务创新、管理创新、科技创新优秀成果实施奖励，激发全行创新潜力；强化对人才的开发与培养，制订实施中长期人才建设规划，实施英才计划，加大对优秀年轻干部的培养和选拔力度。

二、以服务乡村振兴战略为契机推动农发行高质量发展

实施乡村振兴战略，要坚持质量兴农、绿色兴农，从增产导向转向提质导向，将金融资源更多地配置到农村经济社会发展的重点领域和薄弱环节。2018 年中央一号文件提出，“要明确农业发展银行在乡村振兴中的职责定位，强化金融服务方式创新，加大对乡村振兴中长期信贷支持”。服务实施乡村振兴战略，迫切需要我们不断探索创新支持新路径，推动业务转型发展，提供更优更好的服务。

一是全力支持农业现代化，突出保障国家粮食安全。粮食安全关系到 13 亿人的吃饭问题。农发行坚持把确保粮食安全作为业务工作的重中之重，积极配合粮食收储制度改革，支持培育多元市场主体，开展市场化收购和粮油精深加工，确保中国人的饭碗牢牢掌握在自己手里，为经济发展和社会稳定托住底。继续落实“藏粮于地”“藏粮于技”战略，大力支持高标准农田建设，围绕构建现代农业产业体系、生产体系和经营体系，发挥金融引导作用，促进土地流转和规模化经营，提升改造传统农业，助推农村产业融合发展，加快建设农产品现代物流体系，为农业农村强基固本，提升农业可持续发展能力。

二是全力支持精准扶贫，加快补齐乡村振兴短板。贫困地区和贫困人口是全面建成小康社会的最大短板，农发行强化政治担当，以服务脱贫攻坚统揽全局，重点支持深度贫困地区基础建设，促进贫困村

提升改造，大力支持贫困地区特色产业发展。同时，以东西部协作扶贫和“万企帮万村”精准扶贫行动为平台，探索创新扶贫新路径。

三是全力支持农村现代化，着力改善农民生产生活条件。助推城乡融合发展，是全面建成小康社会、促进经济持续健康发展的重大紧迫任务。农发行将致力于促进城乡公共资源均衡配置和城乡基础设施互联互通，大力补齐农村基础设施短板，积极支持特色鲜明、产业支撑、绿色生态、美丽宜居的特色小镇和小城镇建设。

四是全力支持农业绿色发展，积极建设美丽中国。绿色发展是在传统发展基础上的模式创新，是推动经济结构调整的重要举措。农发行将积极支持国家储备林建设、国土绿化行动等林业重点工程；积极支持海洋生态环境保护与资源开发利用；致力于推动支持农村环境治理，以农村垃圾、污水治理和村容村貌提升为主攻方向；积极支持农村绿色产业发展，支持绿色食品和地理标志优势农产品产业化；探索支持田园综合体建设。

五是不断探索，拓展服务乡村振兴的有效路径。服务乡村振兴，政策性银行要找准切入点，探索有效模式，精准有效推进。积极培育融资载体，建立战略性客户群，推动乡村振兴融资主体建设。加大融资模式创新力度，通过对项目和客户资金流、信息流、物资流的有效控制，提供全产业链一揽子融资解决方案；探索采用“特色产业引领 + 基础设施提升”的乡村片区开发模式。探索农村承包土地经营权、农民住房财产权、集体经营性建设用地使用权、林权、海域使用权等抵押担保模式，积极拓宽第二还款来源。合规运用政府增信，健全风险补偿机制。

转型已迫在眉睫，创新永远在路上。农发行将始终坚持执行国家意志、服务“三农”需求和遵循银行规律“三位一体”的办行方略，谋创新，促转型，全力服务乡村振兴战略，奋力开启高质量发展新征程。

（作者系中国农业发展银行副行长）

绿色金融助力“美丽中国”

孙　煜

2018 年是改革开放四十周年，中国经济发展 40 年来硕果累累，经济的高速发展给我们的生活带来巨大的改善和便利，同时也对环境和资源带来巨大的压力。绿色发展已经成为全球经济发展的必然趋势，绿色金融作为绿色发展的绿色杠杆，将成为未来银行业转型发展和服务实体经济的重点之一。国际绿色债券市场整体规模呈现快速增长态势，在过去十年间，全球 156 家发行人的绿色债券发行量已经超过 3000 亿美元，发行主体的多样性不断提高，债券结构多样化，绿色担保债券、太阳能资产抵押债券、机构住房抵押债券等结构类型不断出现。中国绿色金融市场也呈现蓬勃发展的态势，绿色信贷健康发展，绿色债券引人注目，碳市场有序推动，中国已经成为全球最大的绿色金融市场。

从发展模式看，西方国家的绿色金融发展有比较明显的“自下而上”特征，它的发展主要是通过市场中介机构和非政府组织推动，主要关注规则和标准等基础设施，比如国际资本市场协会（ICMA）制定绿色债权规则（GBP），尽管并非强制标准，但已经成为大部分已发行绿色债券的主要参考准则。与西方国家不同的是，中国的绿色金融“自上而下”的特征更为明显，党的十九大报告提出“加快生态文明体制改革，建设美丽中国”，2015 年中共中央、国务院印发了《生态文明体制改革总体方案》，2016 年 8 月，中国人民银行等七部委联合发布《关于构建绿色金融体系的指导意见》。这两种模式都对各自国家的绿色金融发展起到了积极的促进作用。

绿色金融的好处概括起来有以下几点：第一，融资成本较低。据统计，2018 年上半年中国境内发行的绿色债券中，33 只有同类可比债券，其中 25 只有明显的发行成本优势，发行利率较同类可比债券低 45 个基点。第二，融资需求不断增加。自 2015 年《巴黎气候协议》生效以来，各签署国履行减排承诺，加大环保项目投资，对绿色债券需求急速上升。第三，银行业务形态不断丰富。对银行而言，发行绿色债券一方面可推动投资银行业务板块发展，提高自身债券承销业务能力，拓宽业务范畴，吸引关注环保的新型投资者，从而拓宽客户基础；另一方面，通过债券产品的创新，银行可以提高优化资本使用效率，优化信贷产业结构。第四，提升发行人声誉及认知度。由于绿色债券旨在为缓解重大社会环境问题提供融资，推动可持续发展，发行绿色债券可以展示发行人环境友好型的企业形象，有助于形成良好的声誉，为未来融资拓宽渠道。

绿色金融的好处很多，但也不是没有风险。绿色金融最大的风险就是“绿色不绿”，近年来国内外市场都出现了这个问题。所谓的“绿色不绿”是指发行人由于疏忽或出于主观意愿，将本应用于绿色项目的资金投向不符合绿色标准的项目或污染产业。比如，某家银行与一家输油管公司共同发行的绿色债券用于污染项目，违反了绿色投资原则，项目违规曝光后，两家公司的股价大幅度下跌，银行声誉受到很大的影响。

“绿色不绿”现象的存在，一个很重要的原因是对“绿”的评估标准不一致，绿色债券与普通债券最大的区别在于投资项目的“绿色”属性。由于涉及众多金融领域，多家监管机构参与其中，目前绿色债券市场上没有非常统一的绿色认证标准，这为一些投机者“漂绿”留下了监管套利空间。若不能有效甄别“漂绿”项目，不能确保资金投入对环境有益的项目，将影响绿色金融市场的可持续发展。

绿色金融是经济发展的源头活水，商业银行等金融机构是绿色金融市场的中坚力量，应该通过优化资源配置、提升金融创新能力推动绿色经济发展。绿色标签不仅体现了金融机构在环境治理中的社会责任，也是银行转型发展的努力方向之一。如果出现“绿色不绿”的业务违规行为，绿色标签的金融机构形象将会受到负面影响。

绿色金融是一个非常好的能够结合社会意义和经济意义的事，推进绿色金融稳健和可持续发展至关重要。

第一，要建立绿色金融的长效机制，政府层面要进一步提升绿色债券发行的审批效率，引导企业将资金投入到绿色环保项目上。完善国内绿色金融规则与国际准则对接，从严监管，加强信息披露，增加监管透明度，提高违规成本。

第二，强化银行自身风控体系，银行内部应确立绿色项目评估和认证的具体参考标准，防范“绿色不绿”风险。对绿色项目参考标准的设立，要涵盖融资方的评估标准及绿色项目的评估标准，行之有效的风控体系总是基于管理者自身的合规意识，银行内部应形成绿色文化，在机构管理和企业文化建设中嵌入绿色环保的理念。

第三，坚持探索绿色金融创新。绿色项目的融资需求具有多层次和多样性，这就需要充分发挥主观能动性，积极探索创新，根据绿色项目的不同需求匹配相适应的金融产品和服务。

第四，加大政策支持力度。建议央行 MPA 考核进一步强化正向激励，鼓励银行不断加大绿色金融投入。可以参照普惠金融的一些措施和方法，出台扶持政策，通过准备金、风险权重、贷款额度等各个方面支持银行发展绿色金融。

中国银行一直以来高度关注绿色金融业务的发展，制订了《“绿 +”计划实施方案》，充分发挥我们的“跨境”优势，利用全球金融市场资源，搭建国内绿色产业与国际投资者的沟通桥梁。同时，作为国际资本市场协会（ICMA）等国际组织的核心成员单位，我们也积极参与国际规则的制订。未来中国银行将进一步扎实工作、扩大合作，与大家一起为支持“美丽中国”建设做出更大贡献。

（作者系中国银行海外业务总监）

金融科技助力银行转型创新

金磐石

2018 年上半年，建设银行经营与创新围绕住房租赁、金融科技和普惠金融三大战略展开，形成了金融科技驱动、金融理念引领、战略协同发展的良好势头。2018 年 8 月 31 日，中国建设银行向全社会隆重发布“劳动者港湾”服务品牌，重点为环卫工人、出租车司机、交通警察、城管、快递员、志愿者等户外工作者，以及老弱病残孕、走失儿童、考生等需要特殊关爱的群体提供多种便民惠民服务，体现了建行的家国情怀和社会担当。实际上，“劳动者港湾”背后离不开金融科技的保驾护航。只有利用技术手段，建立全国统一的“劳动者港湾”手机客户端，才能为社会公众提供线上寻找以及配套服务。

建设银行一贯重视科技的力量，早在 7 年前就启动了新一代核心系统的建设，先后投入了 9500 多人，历时六年半，真正做到了国内最佳、国际一流，也真正支撑起建设银行的转型和发展。2018 年 9 月 12 日，建设银行历时六年半建设的新一代系统建设工程赢得了 2017 年度银行科技发展奖的唯一一个特等奖，这也是银行金融科技行业的最高荣誉。接下来，建设银行将在新一代核心系统建设形成的坚实系统上继续推进金融科技战略，把金融科技战略做到极致，做到最好。

在此基础上，建行形成了“TOP +”战略。

“T”是科技驱动，以技术和数据作为双要素，实现双轮驱动。建行将金融科学技术聚焦于 ABCDMIX。其中，A 是人工智能，B 是区块链，C 是云计算，D 是大数据，M 是移动互联，I 是物联网，X 是现在还没有商用的一些技术，如 5G 和量子计算等。建行将持续探索新技术在银行业务中的应用，以科技力量驱动金融创新，同时在技术研究方面，建行也会加大投入的力度，积极储备技术实力。

“O”是能力开放，践行开放共享的理念。建行将包括传统商业银行业务、租赁、保险、基金等集团业务的功能和数据能力以服务的方式向全社会开放。2018 年 7 月，建设银行推出了公有云平台。该平台将安心养老和党群综合服务等应用、头像识别等安全服务，以及基础设施服务全部对外开放，将技术服务推向社会，为同业、客户和合作伙伴提供服务。8 月，建设银行还推出了开放银行的平台。该平台可以将建行已有的核心金融服务，如账户开立、投资理财、账户计算等以标准的 SDK、API 方式发布，为第三方合作伙伴、客户和总分行提供标准化接入。

“P”代表平台生态。关于客户营销，建行主要的经营管理是建生态、建平台，再让平台连平台，共同构建用户生态。传统的存、贷、汇金融服务平台已经跟不上人们生活方式的转变，传统的金融服务也已经不能够满足大众的要求。金融服务需要嵌入具体的场景中来服务社会，建设银行除了构建自己的金融服务平台以外，还构建合作伙伴的平台。以住房租赁综合服务平台为例，建设银行通过为政府机构租赁企业、租客、中介机构、房东等相关主体提供平台，构建一站式的住房租赁和金融生态圈，将金融服务嵌入平台生态的具体场景中，让金融需求随时被满足。

“+”是培育鼓励创新和支持创新的文化，支持集团不断创新，实现面向未来的可持续发展。2018 年 4 月 18 日，建设银行注资 16 亿元成立了建信科技公司，建立了完全市场化的金融科技创新企业。按照未来 5 年的金融科技战略规划，建行将建立高效协同支持创新的科技治理体系以及业务与技术创新研究机制，并会加大科技创新资源的服务，为金融科技战略的实施提供保障。未来，建行将继续推进金融科技战略，以创新的金融产品服务、开放的金融平台、赋能的金融发展模式提升金融供给的力量，实现稳健经营和创新发展。

（作者系中国建设银行信息总监）

回归本源初心，坚定民企战略

石　杰

中国民生银行是中国首家以民营资本为主体发起设立的全国性股份制商业银行，从一定意义上讲，是民营经济、民营企业的发展催生了民生银行。坚定民企战略、服务民营企业、支持民营经济是民生银行成立以来最大的经营特色，也是我们不忘的初心和承担的使命。这里，我想重点与大家分享关于民生银行实施民企战略的一些探索实践和心得体会。

一、民企战略取得的成效

一是民企服务数量不断扩大。截至 2018 年 6 月末，民生银行服务的民企客户超过 89 万户，在全部企业客户中占比超过 80%，其中一般贷款余额非零的民企客户数占比达 63%。服务小微客户 737 万户，较年初增加 89 万户。

二是民企业务规模持续增加。从信贷余额看，截至 2018 年 6 月末，民生银行民企客户表内外信贷余额 12641 亿元，全行占比 49%，较年初增加 660 亿元；其中民企一般贷款余额 7891 亿元，全行占比 46%，较年初增加 490 亿元。小微贷款余额 6504 亿元，较年初增长 565 亿元。从信贷投放规模看，2015 ~ 2017 年，民生银行民企一般贷款累计投放超过 1.78 万亿元，2018 年上半年，对民企客户发放一般贷款 3460 亿元，占全部对公贷款发放的 43%。

三是民企服务品牌影响同步扩大。民生银行服务民企、中小等特色金融品牌形象逐步深入人心，在客户中开始有了口口相传的口碑效应，拥有一大批战略互信的合作伙伴。这些都极大地坚定了民生银行服务民企的信心，激励民生银行在打造特色金融的道路上继续前行。

二、民企战略的主要做法及特点

民生银行之所以取得上述成效，总结起来，主要有三大特点，即聚焦、创新、配套。

一是聚焦重点，提升民企支持的精准度。其一，聚焦重点行业，重点支持“中国制造2025”优质制造业民营企业。其二，聚焦重点区域，重点支持国家战略和民营经济活跃区域。其三，聚焦重点客户，重点支持大型优质民营企业及其产业链中小企业，以及优质小微企业。

二是加强创新，提升民企支持的满意度。其一，针对民企的不同需求，创新升级五大产品体系，着力打造场景化的交易银行、定制化的投资银行、便捷化的线上银行、个性化的私人银行与综合化的财富管理，为民营企业及企业家提供“融资＋融智＋融商”的一站式服务。其二，针对不同类型的民企和小微企业，创新推出五大业务模式，打造客群开发“样板间”。对于大型战略民企，它们已不是企业和企业的竞争，而是生态圈、价值链的竞争，并且现在是一种国际竞争。我们推出“1＋3”团队化作业模式（一个服务团队，通过规划布局、高层会晤和工单督办三道工序，不断循环迭代，不断适应客户需求，提升服务质效），强化专业化、一体化、扁平化、综合化服务，助力企业持续做强。对于供应链上生态民企，推出新供应链金融模式，以一体化行业综合金融服务解决方案为抓手，充分运用银企直连、数据共享等技术手段，重构银企关系，提升客户体验，助力企业打造和完善供应链生态圈，提升产业生态竞争力。对于广大中小型民企，推进中小民生工程，以系统平台建设、服务流程优化和便捷高效的拳头产品为抓手，提升中小企业结算、融资、财富管理等综合服务质量，助力企业成长壮大；此外，对于科创型中小民企，在监管合规的前提下，积极探索研究特色化“科创贷”综合金融服务模式，拟助力企业成为“独角兽”或行业隐形冠军。对于小微企业，通过探索运用主干线、保障线、新航线、安全线、水平线“五条线”，切实打通金融活水流向小微企业的“最后一公里”。民生银行小微金融业务现在已迈进3.0发展阶段，注重以数据和科技为支撑，借助数据驱动、线上线下结合、大数据风控、移动互联等手段，围绕“1+1+N”（小微企业+小微企业主+小微企业主的家庭、企业员工和上下游）小微企业生态圈，开展全方位服务。

三是强化配套，提升民企支持的协同度。其一，机构团队配套。分别成立供应链金融和小微金融一级事业部，设立中小企业二级部，组建总行专业战略客户服务团队，突出落实“以客户为中心”的经营理念，强化对重点民企客户的管理服务。其二，系统平台配套。加快金融科技搭建平台，用金融科技提高服务的效率，提升客户的体验。其三，风险管理配套。一方面配套差异化信贷政策，另一方面加强全面风险防控。四是考核与资源配置配套。将民企战略实施关键举措层层分解落实到内部考核中，同时强化信贷、资本、财务等资源配套支持力度。

“芳林新叶催陈叶，流水前波让后波。”改革开放四十年来，中国银行业以勇于创新的精神和自我革新的担当，实现了世界范围内的跨越式发展。今天，面对异常艰难复杂的局面，民生银行愿继续同大家一道，顺应时代潮流，加快转型创新，抓住历史机遇，不忘初心，牢记使命，回归服务实体本源，坚定民营企业战略，携手开创银行转型发展助力实体经济高质量发展的新征程。

（作者系中国民生银行副行长）

银行与FinTech公司合作的挑战与演进

曾旭晖

中国银行业正处于转型关键时期，利用FinTech促进转型升级已成为当下商业银行普遍关注的焦点，而通过与FinTech公司的合作，驶入创新发展快车道甚至建立竞争壁垒更是焦点中的焦点。五大行与“BATJS”相继结盟，更是将银行与FinTech公司的合作推到了风口浪尖，之后银行与FinTech公司合作的报道、研究和实践如雨后春笋般迅速涌现。

普华永道《2017年全球FinTech调查中国概要》显示，中国48%的金融机构目前向FinTech公司购买服务，未来三至五年，68%的金融机构将增加与FinTech公司的合作。向FinTech公司购买服务将是中国银行业布局FinTech的重要手段，我们欣喜地看到FinTech公司服务银行业已经有了一定的成果，但是知易行难，真正实现端到端成功推动、获得巨大价值的案例仍属凤毛麟角。

一、合作的挑战

文化与机制。银行和FinTech公司尽管都有强烈的合作意愿，但两者的文化和机制差异是亟待克服和解决的重要挑战。传统银行发展时间长，文化和机制相对固化和刻板，在创新管理上，主动试错的意愿度不高；而FinTech公司在文化和机制上的历史包袱比较小。这种冲突导致银行对FinTech公司普遍不信任，认为FinTech公司路数太野。有位小银行的伙伴跟我说，他们对FinTech公司的态度是又爱又恨，“不合作是等死，合作是找死”。而FinTech公司对银行则不耐烦，认为银行体态臃肿，步履蹒跚。

监管。监管的不确定性也是银行和 FinTech 公司合作过程中面临的一个问题。监管是一把“双刃剑”，一方面可作为催化剂，确保一个良好健康的市场环境，另一方面也会令创新不得不停下来观望。随着新金融模式的不断发展成熟，政府监管也会逐步改变推进，这种监管环境的变化让银行和 FinTech 公司之间的合作存在不确定性。

盈利模式。对多数 FinTech 公司来说，如何解决向银行收费的问题是很头痛的事情。银行仍然习惯于以一次性付费购买的方式与 FinTech 公司合作，而这种方式不利于 FinTech 公司的发展，不仅盈利空间小，企业估值也不高。因此，FinTech 公司迫切希望能够摆脱技术外包商或实施商的角色。分佣模式相对更好，但鉴于 FinTech 公司在银行生态中话语权非常小，实现难度非常大。基本上，银行是强甲方，FinTech 公司是弱乙方。FinTech 公司大多无法在真正双赢基础上实现合理盈利。我认为，如果盈利模式长期陷入失衡，无法实现双赢，整个 FinTech 行业的发展将面临很大障碍。

系统兼容。即使银行的规模不大，IT 系统数量却不会少，往往大大小小加起来上百个系统。包括业务系统、管理信息系统、渠道系统等。同时，银行 IT 系统大部分依赖于各种商用软硬件产品，而这些商用产品大部分是由多个技术服务商提供。FinTech 公司系统与银行软件、硬件产品存在不兼容难题，在落地实施上很痛苦。另外，银行现有 IT 系统底层技术比较传统，难以满足大数据、人工智能等技术所需的灵活性和扩展弹性。所以，行业内有一种共识：银行业务转型难，银行 IT 转型更难。

二、合作的演进发展

渐进式融合是基本趋势。在某种程度上，不少 FinTech 公司与银行合作是基于形势所逼。随着 2017 年底以来监管环境的变化，FinTech

公司“回归技术”逐渐成为趋势。FinTech 公司的核心竞争能力在科技而非金融。过去一段时间内，在互联网金融浪潮驱动下，大量科技公司直接发展金融业务，带来了新的金融业务模式，也同时引发了行业乱象。金融业态普遍具有极强的风险外部性特征，强监管是必然。随着 FinTech 公司的服务对象从消费者向金融机构转变，可以预见，未来金融与科技的融合将更密切，形成“你中有我，我中有你”的格局。

根据自身不同的优势和资源能力，FinTech 公司将分化为三种类别。

一是上游的资源型公司。这类公司基于既有的生态，拥有获客流量或外部大数据。它们向银行提供客户引流或外部大数据。严格意义上讲，资源型公司并非真正意义上的 FinTech 公司。不过，它们也很乐意给自己挂上“FinTech”的招牌。

二是中游的技术型公司。这类公司通常在某一金融应用场景中拥有独到的技术，主要集中在金融云、智能营销、智能风控、智能投研、智能投顾、智能客服、生物认证等非主要场景中提供组件化、嵌入式的技术输出。

三是下游的应用型公司。这类公司将上游的资源和中游的科技进行集成，并在主要金融场景中与金融业务进行融合，为银行提供一整套稍加客制化改造便可直接使用的应用体系。这类公司通常需要具备较强的能力，包括技术研发能力、丰富的金融业务经验和连接外部资源的能力。除此之外，最重要的是将上述科技研发、金融经验、外部资源集成为应用体系的能力。不少银行正是基于这种能力的积累设立了 FinTech 子公司。兴业银行、建设银行、招商银行相继成立 FinTech 子公司兴业数金、建信 FinTech、招银云创。同时，一些 FinTech 公司也通过多年积累形成了这样的能力。

银行端的分化呈现为大银行和中小银行的分化。

大银行在发展 FinTech 方面更倾向于自我建设。虽然技术开发与维护成本高、开发周期长，但是可以更好地控制技术、人才和资源。在与外部 FinTech 公司合作上，大银行一般不会直接采购一个完整的服务，而是选择多个供应商，融合各自的细分优势，自己集成一个完整的系统。因此大银行通常会选择与资源型和技术型 FinTech 公司合作，合作方式也往往就是交付性的合作。FinTech 公司通常只是提供协作，锦上添花而已。

中小型银行面临大银行和互联网金融公司的前后夹击，迫切需要依靠 FinTech 来实现转型，缓解市场竞争压力。除此之外，中小型银行在技术储备、人才建设等方面都面临不足。中小银行自己建设成功的可能性比较小，因此需要 FinTech 公司提供整体服务，所以通常会选择应用型公司进行合作。合作方式上，由于银行自身迭代更新的能力不足，往往采用分佣方式与 FinTech 公司实现紧密捆绑，联合运营。

（作者系深圳中兴飞贷金融科技有限公司总裁）

于危险中发掘机遇

黄郁葱

危机是国际金融市场运作的一个永恒主题。危即危险，机则代表机遇。美国联合投资公司是美国最大的资产管理公司之一，总规模近 1 万亿美元，产品覆盖一级市场和二级市场，与全球 8500 家机构有着广泛的业务合作。

过去的 50 年里，美国发生了 7 次金融危机。每次经济危机爆发都带来经济萎缩、失业率提高和股市下跌。危机中也孕育着巨大的机会。鲍尔森在 2007 年抓住了次贷危机，当年盈利近 150 亿美元，2008 年盈利 25%（标普 500 当年下跌 40%）。然而，预测危机是非常困难的一件事情，其后鲍尔森战绩不佳，资产从 2011 年的 380 亿美元跌至 90 亿美元。达里欧 2008 年正确预测金融风暴，认为它是高杠杆的必然结果，但仅盈利 9%。2018 年 1 月，达里欧情绪乐观，称“如果你现在持有现金，你将会感觉相当愚蠢”，然而 2 月美国股市大跌，6 月末比 1 月高点低 5%。彼时，我们在向工商银行建议推出现金产品，刚刚说完，美国股市大跌，我们的模型会比这些金融巨头们更有见解。

预测金融危机是困难的。1999～2014 年，全球出现 220 次经济危机，国际货币基金组织（IMF）没有预测到任何一次。2015 年 1 月，美联储说将升息 4 次，我们通过模型认为不可能，做了一个对冲，结果当年美联储只升息 1 次，我们获利 4%。

判断危机首先要有宏观框架，其次要有大量的数据。索罗斯是著名的投资人，在 1997 年亚洲金融危机中大赚一笔。2016 年，他认为美国经济前景黯淡，卖空美国股市，损失近 10 亿美元；2017 年第一季度末卖空美国股指，标普500当年上涨17%，损失10亿美元。他的大方向或许正确，但是缺乏大数据的支持，所以没有办法准确判断危机的时间。而我们可以借助机器学习，通过处理大量数据建立量化模型。当然，使用不当也会进入误区，产生错误。首先，过去50年美国仅发生7次经济危机，而经济金融因子成百上千，单纯量化手段难以确定因子。其次，每次危机起因看似大相径庭，更加增大因子选择难度。为此，我们通过建立宏观危机理论框架防止机器学习陷入误区，在理论指导下选出重要因子，样本内建模，样本外验证，增强模型可靠性。我们使用美联储经济数据库（FRED）1960～1985年历史数据建模，该模型成功样本外预测1990年、2001年和2008年3次危机。除了使用宏观和微观实时数据自下而上分析之外，为了增强预测时效，我们的模型还纳入金融市场实时数据，包括股市、债市、房市、外汇和大宗商品，以及美国几千家公司实时财务报表数据和分析师预测，自上而下汇总测算各行业、各领域以及整个经济的宏观要素。

从长期历史来看，下次危机将难以轻松度过。首先，工资占国民总收入比例和产能利用率过去几十年来不断下滑，GDP增长率和劳动生产率也在过去半个世纪不断下滑。普通员工实际时薪不如45年前，但债务负担却越来越重。其次，20世纪80年代以来的自由化政策使财富分化达到“二战”后最严重程度，美国最富有1%和0.5%的家庭财富占比2008年后依然不断上升。收入分化越大，供需矛盾就越突出，危机也就越严重。1929年和2008年危机前，美国最富有家庭收入占比达到巅峰。最后，美国政府货币和财政政策空间有限，难以用通常手段应对下次危机。美联储资产负债表自2008年危机后暴涨，美国国债与GDP比例比2008年危机前翻了一倍。

下次危机对于美国来说是严重的危机，对中国银行业和对冲基金来说，若处理得当则是机遇。发达国家的国债会大涨，新兴市场的汇率会暴跌。我们可以购买国债，延长久期。中国也是一样的，如果美国爆发危机，国家可以推出此类政策，成功应对经济危机，我们的国债也会上涨。抗周期比较稳健的机构也是适合投资的标的。

（作者系美国联合投资亚太区首席投资官）

我们需要面对转型过程中的信用紧缩

陈道富

当下，我们的经济、金融体系正在经历转型，这是一个金融功能回归服务实体经济本源的过程，也是一个让市场真正优化资源配置的过程。其间暴露了一些风险，也出现了一定程度的信用紧缩，实体经济尤其是中小民营企业融资难、融资贵问题进一步凸显。我们采取了很多措施来缓解这些问题，但是从现在来看，我认为中国的经济要实现转型、中国的金融功能要回归本源，我们仍需进一步纠正金融体系运行过程中存在的问题。

第一，我们需要面对这个过程所产生的信用紧缩。

金融机构自身的行为体现了它在发展过程中相信的是什么。一是房地产行业，它在增量上占了 5 成。二是基础设施，其贷款余额占整个贷款余额的 20% 以上，增量也接近 20% 。三是个人贷款。当政府、房地产贷款受到控制时，银行看到了个人业务的发展空间，近两年个人贷款在整个贷款中的增量占比快速上升，接近一半，存量占比也达到 30% 。金融机构最信任的仍然是 3 个领域：房地产、与政府相关的基础设施以及个人。当我们都觉得这 3 个领域不是未来经济转型的方向，需要规范这部分扩张的时候，其主要的扩张渠道必然会受到一定程度的限制。银行业在寻求转型，包括新的科技、消费、金融，这些东西加起来占比仍然不高，这与我们经济面临的问题一样，旧的动能不断萎缩，新的动能虽然开始活跃，但短期内无法完全替代旧的动能。

人们之所以相信金融机构，归根结底还是相信政府的信用。政府信用在支撑金融机构信用扩张方面起着主要作用，第二位是资本金，第三位才是金融机构的专业能力。现在，我们需要从原来的运行模式转到真正的市场约束，仅仅只靠政府信用支撑的这部分要逐步退出。未来金融体系的扩张将越来越多地受制于资本金，这也涉及新旧动能的转换，必将带来整个模式的转变。

第二，表外融资渠道的融资成本在快速上升，这部分的融资成本对应的是大量中小企业，必将推升中小企业的融资成本。我们必须面对这个紧缩过程，这是回归本源、回归市场秩序过程中的伴生现象。

现在，我们所面临的问题并非“向何处去”，发挥市场的约束作用这一方向毋庸置疑。问题的核心在于如何实现跨越，如何搭建连接现在和未来的桥梁。在转轨的过程中，在市场转化的过程中，会出现一些波动，也会出现一些悲观预期。关键在于如何稳定市场预期，形成一套市场可以接受的切实可行的实践路径，让市场看到这一路径并参与其中，共同推动转型。这种路径绝非停留在对未来场景的简单描述，而是根植于现实土壤，结合现实制定的一系列过渡性制度安排，让市场可以从现在的行为、运作模式和实际支撑一步一步转向未来。只有这样才能稳定市场预期，保住市场活力。

可以说，这是中国当前最重要的转型过程，是防范化解金融风险攻坚战最主要的风险点。我们需要冷静，需要走进风险，看看它的机制体制，理顺它。这个过程需要大智慧，需要分析和示范，需要坚持市场化方向，需要策略性安排。

（作者系国务院发展研究中心金融研究所副所长）

消费降级还是服务化

鲁政委

消费降级还是服务化？对于银行业而言，这是个非常重要的问题，关乎未来的资金投向。2018 年上半年，消费降级引发大家热议。从统计数据看，社会消费品零售总额同比增速的确出现断崖式下滑，由此来看，消费降级的论断似乎有理有据。但是，如果看看消费对 GDP 的拉动，看看消费真实地给经济带来的增长，就会发现 2018 年出现了显著的提升。

那么，两者之间为何会有差异？最重要的原因就是统计口径不同。社会消费品零售总额中除了餐饮统计为消费，其他基本上都统计为商品；而 GDP 核算中消费不仅包含商品，还包含服务。或许有人会说，GDP 核算中的消费除了居民消费还包括政府消费，而社会消费品零售可能更多的是居民商品消费。我认为，这个差别并非根本，因为社会消费品零售主要是根据规模以上商贸企业的商品销售统计得到的，很难说这些商贸企业的消费都被居民买走了。所以，我认为社会消费品零售和 GDP 核算层面的消费最根本的区别在于服务。

大家都在讲中国进入中等收入经济体行列，而进入中等收入后经济会发生一些结构性变化。对比美国经济结构的演变，我们发现上海大致相当于美国 1984 年的收入水平，中国大致相当于美国 20 世纪 60 年代的收入水平。从美国历史来看，随着收入水平的提高，服务在消费支出中的占比会不断提升，耐用消费品的占比基本稳定，而非耐用消费品的占比会持续下降。

是否如一些分析者猜测的那样，大家对于经济形势未来更加谨慎，不敢花钱了？数据显示，大额商品消费的意愿不断走低，但旅游的消费意愿却在不断上升。这与我们日常生活中的感受相符。2008 年国际金融危机时，我去北京出差，这条我国最热门的京沪航线航班上座率甚至不到一半，但是我现在无论去哪里，飞机上座率都非常高。而且有意思的是，有时飞机一停稳，就有乘客忙着开启行李箱，拿着行李准备往外冲，这表明他是新乘客，折射出航空的渗透速度很快。所以，总支出并没有减少，而是不再那么多地花在商品上，还有一些支出跑到国外去了。

不仅如此，统计显示的消费降级也和经济出现的新模式有关。把社会消费品零售与网上销售相加，就会发现趋势逆转了，不是向下而是向上的。也就是说，越来越多的消费其实现方式发生了转变。“80后”“90 后”们很少自己做饭，不是去饭馆吃就是网上订餐，甚至连老年人都开始网上购物。如果自己开车去超市买东西回来，统计的就是商品消费；如果通过网上订购，有一部分支出便被划为服务。

的确，从国民收入核算来看，我国第三产业的占比在不断上升。由此，为什么我们用官方统计数据推断的 GDP 数据越来越不准确了呢？因为我们眼下的统计体系还主要是面向工业时代、面向实物，目前已经有越来越多的消费转向服务，但雷达屏日常报告的第三产业高频数据比较少。2008 年国际金融危机时，我国服务业的占比只有45%。而今，第三产业在国民经济中的比重已超过 55%。

2008 年国际金融危机之后，大家都在说中国经济有问题的时候，第一产业的增速其实是非常平稳的，增速下降的只有第二产业。第三产业在 2012 年之后增速稳中有升，目前甚至已经要恢复到 2011 年、2012 年的水平，那时的中国经济是相当不错的。所以，现在真正让中国经济放缓的是第二产业。

大概有人会讲，制造业不景气是因为金融脱实向虚。我多次讲到，第三产业在过去老百姓的语言中常常是所谓的“皮包公司”，没有

“砖头”（抵押物的俗称），银行对第三产业的贷款其实不多，但现在第三产业活得最好。而第二产业都是有“砖头”的，银行过去大量的贷款都用在“砖头”上，结果现在状态不太好，造成了资产负债率过高。其实，中间最重要的就是经济结构发生了变化，“时来天地皆同力，运去英雄不自由”啊！这中间，当然有非常重要的值得思考的原因，我曾多次讲过，此处不再赘述。

所以，从这个意义上讲，我们的银行业要更多地适应并服务好这些轻资产行业，当然金融业本身也属于服务的一种。

（作者系兴业银行首席经济学家）

小微金融大有可为

黄军民

一、小微金融市场不但能做好，还能做大

台州银行在1988年成立时，只有10万元资本金、6名员工、2间门面。30年来，在国家政策支持下，发展到目前，全行分支机构总数达到340家，资产总额1832亿元，各项存款余额1387亿元，各项贷款余额1180亿元。业务规模一直保持稳步增长，大部分年份达到20%以上的增长；总资产收益率长期保持在2%以上，净资产收益率一直保持在20%以上。并且，经历了几轮经济发展周期，我们经受住了考验，保持健康稳步发展。

通常观点认为，小微企业违约成本低，信用观念也存在缺失。所以一讲到“三农”、小微，业内的普遍认知就是高风险、高成本、低收益，要么不敢贷款，要么以高利率去覆盖所谓的高风险。但我们的看法是，它们虽然底子薄，抗风险能力差，但并不代表它们的信用观念差、借了钱就不还。小微企业尤其是微型企业，主要是那些希望通过劳动摆脱贫困、创造财富的创业者，资金对它们而言珍贵如血液，信用记录是他们获取正规金融服务的通行证，因此他们会更加珍惜机会，维护信用记录的意愿也更强烈。

小微企业贷款的单户风险肯定较高，这与它们资产总量小、抗风险能力低、抵押品不足的特点直接相关，但靠诚实、辛勤劳作经营的小微企业信用并不低，贷款风险完全可以通过改造银行内部机制和流程实现控制。更重要的是，小微企业贷款遵循了风险分散的原则，单个企业或行业的风险对一家银行的整体运行不会构成太大威胁，银行

不用盲目追求“零”风险，只要做到户均控制，实现大面积覆盖，不仅可以分散风险，还能够增加受益客户的数量。

为此，台州银行遵循着简单而朴素的客户观：有劳动技能且肯劳动的人就是我们的好客户。我们形成了自己的商业模式、独有的小微金融信贷技术、专业的小微金融队伍和高效的企业文化。我们确立了“与客户做朋友”的社区银行商业模式，近 80% 的支行设在城郊结合部、乡镇、村居，把网点开设到了老百姓的家门口、厂门口。我们组建了一支人数占到全行 40% 的客户经理队伍，深入贴近客户，与客户做朋友，打造老百姓家门口的“金融便利店”。我们总结提炼出了“下户调查、眼见为实、自编报表、交叉检验”的“十六字风控技术”。同时，我们认为做好小微、“三农”金融服务，需要一支乐于与小微“三农”打交道、能吃苦、善沟通、接地气的员工队伍。我们自建“台州银行银座金融培训学院”，实现了 99% 的员工自主培养。

正是拥有这样系统的小微金融服务体系和机制，台州银行 30 年来一直保持着优质的资产质量，贷款不良率从来没有超过 1%。截至 2018 年 8 月末，不良贷款率为 0.72%。我们用 30 年实践证明，只要有合适的管理体系和商业模式，小微企业贷款风险完全可控。

二、小微金融服务要与时俱进，顺势而为

近年来，金融科技 FinTech3.0 的快速发展和逐步成熟，为提升小微金融服务提供了技术条件和可能。台州银行正在积极开发和应用金融科技手段，开展数字化转型，建设小微金融服务智慧平台，努力构建小微金融服务生态圈，升级小微金融传统做法。我们创新建设“一站、一分行、一平台、一中心”模式，即推出客户服务移动工作站，客户经理人手一台 Pad，上门实时为客户办理金融业务，让客户一次也不用跑；建立线上分行，客户在线申请贷款或信用卡，最短仅需一分钟；搭建大数据平台，应用大数据分析建立风险模型来量化风险；搭建后台作业支持中心，建立前端批量获客、中后台集中作业的“信贷工厂”模式，提高一线营销和授信作业效率。

当前，我们处在最好的时代，也拥有最好的金融发展环境。普惠金融意义深远，坚持回归本源、服务实体，是金融供给侧改革的主要手段，也是时代赋予我们的责任和使命。只要我们主动适应新时代下小微金融发展要求，建立合适的机制和体系，小微金融服务一定能够取得更好的发展成就！

（作者系台州银行行长）

议题一　消费金融与银行资产结构调整

近年来，我国消费保持平稳较快增长，已经成为经济稳定运行的“压舱石”。2017 年，全年社会消费品零售总额达到36.6 万亿元，同比增长 10.2%，对经济增长的贡献率为 58.8%，连续第四年成为拉动经济增长的第一驱动力，对经济发展的基础性作用不断增强。近年来，消费金融发展迅速，尽管在规模和占比上都有明显提升，但是与消费金融发展相对成熟的国家相比仍有待进一步提高。

郭田勇：消费金融是银行业未来发展的重要基石

从中国的经济结构调整来讲，扩大消费、提高居民的收入水平是根本的。但是在既定消费水平下，消费金融通过杠杆拉动也能起到相当大的作用。商业银行一直以来是以服务公司客户为主，未来必然要朝 C 端转型。从商业性的角度说，银行的公司业务受经济周期波动的影响非常大，但零售业务则相对具有较强的抗风险能力，银行通过零售业务积累的客户群体具有较强的稳定性，因此，零售金融乃至消费金融，是我国银行业未来发展的重要基石。

（作者系中央财经大学中国银行业研究中心主任）

袁文霞：消费金融对银行业影响深远

当前，新零售以及金融科技的发展，已经推动社会生产力发生了改变，对商业银行消费金融甚至整个零售业务都产生了深远的影响。随着人们消费行为和消费习惯的改变，消费金融的经营策略、服务模式、产品流程和风控模式等必将随之改变，资产结构也必将随之发生调整和变化。主要有以下几个趋势：第一，消费行为和消费习惯产生了全天候、场景化（包括线上、线下）、个性化等变化；第二，从经营策略上讲，消费金融已经开始越来越多地关注人们日常消费生活的方方面面；第三，随着经营策略的改变，服务模式和产品设计也随之调整，服务模式更注重客户的方便和体验，产品设计也更多地关注小额、线上、便捷等；第四，在风控方面，更多地将大数据分析、智能技术（如人脸识别）等应用于消费信贷流程。

（作者系交通银行个人金融业务部副总经理）

刘镜：消费金融深刻改变金融业市场环境

经历了前期的快速发展，目前我国的消费信贷在获客场景、客群结构、资产结构等方面都发生了巨大变化。从整体上看，中国的消费金融行业实际上正在"下沉"：一是城市的下沉，我国的消费金融将由一二线城市逐渐向三四线城市扩展；二是三四线城市客户的金融需求将呈放大趋势。三四线城市客户的金融需求不应被忽略，而三四线城市，甚至四五线城市的消费金融将是未来的一个蓝海。

（作者系中国民生银行信用卡中心战略发展部处长）

张磊：转型零售已经成为我国商业银行的必然选择

无论哪个市场都有其自己的饱和度，不可能无限拓展。对于银行而言，不管是政府类贷款、公司业务，或是零售贷款，都不可能无限地做下去，因此，我国的银行应当找准适合自身发展的细分市场。承德银行的零售转型有两个思路：一是利用现有团队做线下，发展个人消费贷款；二是研发和建设自身的线上平台，通过建设一个零售的系统和平台，将小微企业贷款、个人消费贷款囊括其中，并通过这个系统平台解决获客及风险管理问题。

（作者系承德银行行长）

苏娜：消费金融是大零售转型的重要方向

面对目前严峻的内外部环境，各中小银行纷纷转型求变，而消费金融就是中小银行转型发展的一个主要方向。张家口银行从几年前就开始把消费金融作为大零售转型的一个重要方向，无论是在资源投入，还是组织架构方面都做了调整和安排。从短期和中期来看，消费金融市场会经历一个阵痛期，一些没有资质和牌照的机构逐步会被加速淘汰，同时，一些体量巨大的互联网金融巨头会呈现发展速度趋缓的态势，而掌握核心技术的银行的未来发展机遇就会凸显出来。从长期来看，消费金融市场会呈现一个规范成长的新的发展阶段，未来，银行与金融科技公司的合作可能会成为一个常态和主要方向。

（作者系张家口银行副行长）

刘鑫：消费信贷快速发展的三大原因

消费信贷市场是一个快速增长的市场，从 2013 年互联网金融兴起，在迅猛发展的金融科技的催化下，各家机构逐渐都聚焦到这个领域。当前在各家银行和各数字银行的业务中，增长最快的、最能拿得出手的就是消费信贷业务，而包括互联网公司在内的互联网金融业务的聚焦点也是消费信贷。消费信贷的快速增长可以归结为以下三个方面原因：其一，转型。不仅我国的宏观经济环境正在经历一个转型期，包括餐饮、金融在内的各行各业都在经历一个由“2B”向“2C”的转型阶段，各大银行、科技公司和互联网公司扎堆消费信贷，这正是转型过程中的市场增长创造出的需求。其二，方便。当前对服务的便捷性提出了很高的要求，不仅体现在需求端，也体现在供给端。供给方愿意投入研发提高服务的便捷程度，改善用户体验，而用户也确实愿意为此付费。在消费信贷领域，正是数据驱动的自动决策和场景深度绑定的这种贷款特别方便，促成了这一波消费信贷的迅猛增长。其三，生态。经过这几年的发展，大家能明显地感受到一个所谓的零售信贷生态体系正在逐步建立起来。该生态体系分成三层，第一层是零售商，第二层是批发商，第三层是服务商。以包商银行为例，包商银行的数字银行事业部和消费金融公司首先是零售商，同时也是批发商。

（作者系包商银行行长助理）

顾江波：银行与互联网金融企业应合作共赢

互联网金融业在调整，从运动员变成给运动员送水。互联网金融产品，不管是花呗、借呗，还是京东白条，都与银行信用存在差异。同样，银行的客户群体也并不与之完全重合。因此，银行与互联网金融企业存在合作共赢的条件与机会。区域性的农字头的银行还是应当围绕服务“三农”、普惠金融、支持当地经济建设开展业务。北京农商银行在农村地区做了大量工作，不仅发展了 3 万多的商户，同时推出了手机支付和移动设备支付平台，完善了辖内农村消费金融链的建设。

（作者系北京农商银行个人金融部副总经理）

王刚：科技能力是消费金融机构不可或缺的基础

银行传统风控手段和信息科技的能力都是不可或缺的。金融机构一方面应把已有的传统科技能力充分发挥好，对其进行不断优化，另一方面应加大对包括大数据、人工智能等新技术的应用。如果发展方向对了，使的劲越大发展就越好；如果发展方向错了，使的劲越大偏离目标就越远。金融机构的重点是提升信息科技的能力和自主掌控的能力，只要打牢坚实的发展基础，就不必担心未来发展会落后于这个市场。

（作者系北银消费金融股份公司副总经理）

刘韬：应提升细分数据的挖掘和分析能力

四五线城市的人口流动相对比较稳定，一线城市流动人口的流出迹象已经比较明显。在此背景下，不同的客群在不同的互联网端已经开始聚集，形成了相对稳定的客群。由此，就互联网金融行业而言，虽然客户群体仍然十分庞大，但从业者对细分客户群体的把握能力的重要性将逐渐凸显，以往“一招鲜吃遍天”的局面将一去不复返。因此，互联网金融从业者对于客户“衣、食、住、行、娱”细分数据的挖掘和分析能力就显得尤为重要，这也导致未来银行、消费金融公司、科技公司间的合作共赢成为常态。

（作者系上海敬庸信息科技有限公司董事长）

议题二 普惠金融：创新与突破

普惠金融自2005年国际小额信贷年被提出以来，世界各国都对其予以不同程度的重视，其中发展中国家对该问题尤为关注。2015年12月31日，国务院颁布了《推进普惠金融发展规划（2016~2020年）》，阐述了普惠金融在中国的发展历程，并设立了普惠金融发展水平于2020年达到国际中上游的目标。虽然距提出已经过了十多年，普惠金融取得了长足发展，但仍存在诸多待解之题。

何广文：普惠金融的意义与内涵

在研究探讨一个问题之前，我们需要先明白探讨的主体是什么。普惠金融指的是那些完全没有享受到，以及没有充分享受到金融服务的主体在需要的时候也能够有机会以合理的成本，有尊严、可持续地获得金融服务的局面。从金融服务的供给和需求角度来说，既然需求是多种多样的，那么供给自然也要多种多样。在谈及普惠金融的时候，要清楚它的内涵和它所涉及的群体。银行在这方面进行了很多努力，设置了很多服务机制、服务产品来推进、深化这个群体的金融服务。

（作者系中国农业大学农村金融与投资研究中心主任）

杨波：普惠金融需具备商业可持续性

在中国支付电子化快速发展的时期，普惠金融现在的重点实际上就是解决小微企业、农户、双创（创新创业）人群以及城市的特殊困难群体这四类群体贷款难、贷款贵的问题。问题一方面源于缺少可靠的信用信息，而解决银行的信息不对称问题需要付出很高的成本；另一方面源于有效抵押物的缺乏。这类群体在分布广的同时，用款却又额小频低。对于这类群体，金融机构不仅面临成本和风险的问题，还要考虑自身的收益，所以实施起来很困难。如果一个问题不具备商业可持续性，仅靠情怀或是政策来支撑，难以健康长久发展。

（作者系中国邮政储蓄银行“三农”金融事业部总监）

曾宪岩：融资难有总量的表现也有结构性的表现

首先是融资难的表现。并不是所有的小微企业都融资难，优质型的小微企业融资实际不难，在沿海发达地区，小微企业融资难度也比中西部地区小，融资难有总量的表现也有结构性的表现。其次是融资难的原因。其一，中国是一个转型国家，其发展过程决定了融资难是一个全方位的问题，不仅是对小微企业。其二，小微企业发展过于迅速。其三，在资源有限的情况下，金融供给会优先涌向大企业，小微企业并没有竞争力。最后是解决方法，可以从企业、银行和政府层面来着手，其中企业层面最为重要，融资难的根本原因还是小微企业发展良莠不齐，达不到金融机构的放贷条件。

（作者系中国农业银行普惠金融事业部副总经理）

张小松：普惠金融的实践路径

中国光大银行小微金融业务部副总经理张小松谈到了普惠金融的3个问题。第一是怎么解决融资难、融资贵的问题。最主要的就是领导要重视，领导不重视工作就做不好。总行成立事业部，下面分行去做，就是要快速审批、流水化作业、标准化产品。第二是如何更好地实施普惠金融。其一，普惠金融的额度要有保证，不能滥用。其二，谁都知道做普惠没法赚大钱，所以要给客户经理奖励激励。其三，需要推动普惠政策在分行落地。其四，做小微企业肯定会有风险，免责的问题要解决。第三是科技产品应用的创新。比如围绕供应链去做，现在的零售想打败互联网技术很难，传统银行要守住阵地，最大的优势在于银行的供应链。

（作者系中国光大银行小微金融业务部副总经理）

王乾：要创造良好的信用环境

一是如何看待普惠金融的创新与突破以及融资难、融资贵的问题。普惠金融的客户很难获得贷款是一个世界通行的情况，因为它们大都没法评级，还款来源也不稳定。二是商业银行开展普惠金融，要考虑它的可持续性。如何保证在微利的情况下坚持做下去是关键。三是怎么来实现创新和突破的问题。以前创新和突破很困难，但是现在做普惠金融有一定的机会来实现。四是必须要有一个好的信用环境。这个信用环境的搭建，仅仅靠银行一家是不可能实现的。普惠金融不同于其他的商业金融，商业金融是靠商业性组织来解决的，但是普惠金融需要基层党政组织有一个解决的方案。

（作者系恒丰银行小微金融部副总经理）

屠其俊：普惠金融要借助科技的力量

2018 年，几乎所有商业银行都面临很大的存款压力，民生银行在保证贷款规模的情况下，对小微贷款采取单利额度，从实实在在的红利上保证了小微战略的推进。从发展策略来说，不是说普惠金融就是要大众化，普惠不能做成大众化，因为这里面很大一部分是有风险的。此外，还需要借助科技的力量，民生银行因为做小微比较早，小微客户风险暴露也比较早。民生银行 5 年前就在内部使用个人风控模型，最早是单纯使用评分表，现在进一步开始做模型，通过模型将小微客户的风险归类到各个评级和评档，不但分级，还细分到档。

（作者系民生银行小微金融部普惠客户开发中心负责人）

付艳萍：普惠金融应重视细分市场研究

当前，中小企业融资难、融资贵，其中一个非常重要的原因就是多数银行只关注传统的金融业务，忽视了对细分市场的研究，导致部分细分市场的金融需求没有得到充分满足。以女性中小企业家融资问题为例，中小企业具有生命周期短、抗风险能力弱、财务不够健全、缺少抵押物等特征。再具体到女性企业家，她们身兼家庭和社会的多重角色，不仅是一个企业家，也可能是孩子的母亲，要担当很大一部分家庭责任。对她们来说，最稀缺的是时间，这导致她们更加迫切地追求高效、便捷的金融服务。

（作者系洛阳银行党委副书记）

仇坤：普惠金融的错位经营和差异化选择

银行业已经掉进了普惠金融的陷阱。银行业没有真正去了解普惠金融的实质含义，普惠金融首先是普及，然后是便利，在财务能力持续提高的基础上考虑如何反馈社会和客户。但现在来看，金融服务并没有实现普及，在农村其实很少有金融机构。鄞州银行在农村金融上付出了很多，在每一个村里都有金融服务点以提供一些简易的金融服务。此外，普惠金融在做法上大都相似化、同质化，不利于普惠金融的发展。许多银行都成立了普惠金融部和小微企业金融部，在做法上都是相似的，没有做到错位经营和差异化选择。

（作者系鄞州银行行长）

黄纪法：多管齐下服务小微企业

从战略定位来说，浙江稠州商业银行明确要一心一意做小微。全行 1400 多个客户经理，有 1300 多人是小微客户经理。从资源配置来说，浙江稠州商业银行每个月都会根据资产负债状况确定出账的利率。

浙江稠州商业银行在多个渠道对小微企业起到引导作用，从这个方面来说，大行不太可能像城商行一样全方位支撑小微企业业务的增长。从科技赋能来说，近年来浙江稠州商业银行在科技方面进行了一些努力，因为最多的管户大概有两百七十多户，若不简化流程并在科技方面进行赋能，客户经理无法处理那么多的客户。

（作者系浙江稠州商业银行副行长）

陈迎：提高专业能力，增强战略定力

首先，城商行发展普惠金融潜力巨大。从日照银行的情况来看，现在本土存款市场占比为27%，贷款市场占比为20%，其中小微贷款占全部贷款的60%。其次，应解决小微企业融资难、融资贵的问题。对发展普惠金融来说，很重要的一点就是要加强跨业合作，通过共享信息、技术、资金来减少发展业务过程中的成本，让利给小微企业。这一点从日照银行的实践来看效果是非常明显的。最后，发展普惠金融支持小微和“三农”要提高专业能力，增强战略定力。现在小微企业怕的是抽贷、压贷，而这里面是否抽贷、压贷，很重要的一点是对这个行业的研究判断是否准确。

（作者系日照银行董事会秘书）

议题三　银行数字化与多重赋能

大数据、云计算、人工智能等新技术在金融服务中的应用，对银行业固有经营理念和服务模式，乃至对金融生态和竞争格局都带来巨大冲击。银行纷纷因势而变，提升数字化服务能力和客户体验。与此同时，银行与金融科技公司也在积极探索更深更广领域的合作。

徐义国：以数字化驱动银行转型

伴随互联网技术的迅猛发展，科技正在深刻改变传统银行的发展形态，各家银行都在数字化转型过程中快速迈进。银行的数字化转型需要关注以下几点：一是数字化营销与全渠道营销管理，二是数据驱动与获客及客户体验，三是场景化营销与金融服务生态，四是业务模式创新与智能风控，五是运营中的数据支持业务决策，六是数据治理与监管。

（作者系国家金融与发展实验室秘书长）

杨彬：商业银行发展金融科技是一个系统性过程

商业银行金融科技的发展是一个系统性过程，如王安石《游褒禅山记》所述，既要“有志”，也要“有力”，还要“有物以相之”。首先要“有志”，要有计划地发展金融科技，找准最适合自己的技术解决方案和业务模式。其次要“有力”，要发展金融科技，就要加大人力、财力的投入力度，加强渠道建设开发，丰富产品服务能力。最后要“有物以相之”，要善借外力，与同业机构、金融科技公司、电信运营商等企业建立良性的竞合关系，实现优势互补，互利共赢。当然，商业银行也要意识到金融科技是一把“双刃剑”，要防止科技创新带来的金融风险。

（作者系中国互联网金融协会业务三部主任）

王彦博：FinTech 时代与商业银行的大数据金融

当前金融行业正处于 FinTech 时代，从互联网金融到移动金融，再到物联网金融、区块链，数据的规模、活跃度、范围以及可靠性都不断提升。从技术层面来看，FinTech 发展的动力之源是大数据，而大数据发展的动力之源是数据挖掘。价值源于创新，创新源于探知，数据挖掘正是人类探索未知事物的一种新形态，它不断推动基于大数据的人工智能、机器人、仿真模拟等技术的发展及其在金融领域的应用。商业银行在发展大数据金融时，应从数据基础、数据模型、业务模型和业务应用四个层面展开，并将四个层面融会贯通。

（作者系民生银行公司业务部数字化中心总经理）

黄军民：先确定商业模式和客户策略，再实施数字化转型

中小银行为实现数字化营销、移动化服务和产品化获客，首先要明确自身的业务模式和目标客户，对不同的客户，采用不同的营销、移动化和风控模型；其次要以更加开放的思维、方式和心态去建设数字化、移动化和场景化的运营体系；最后是要在大零售领域全面展开，专注某一个领域做精做透，这是数字化转型过程中小银行必须面对的问题。

（作者系台州银行行长）

王云霄：中小银行应如何应对数字化转型

大行和小行的能力和基础不同，应对数字化转型和互联网金融挑战的策略也不尽相同。大行可以立足自身实力，做整体的转型和科技能力提升；而中小行则需要在提升自身实力的同时加强与外界的合作，两条腿走路。中小银行在发展过程中积累了大量客户及产品方面的有用数据，但数据大多分散、标准不统一，整合应用的难度很大。为了深入挖掘，开发数据的决策参考价值，桂林银行专门成立数据治理小组，统一数据标准，对历史数据进行梳理，未来还将建立统一的数据平台，实现数据出口的统一。

（作者系桂林银行副行长）

孙光辉：银行大数据能力建设的“1－2－4”发展模式

对于商业银行如何进行大数据能力建设，重庆农商行大数据总监孙光辉提出了“1－2－4”的发展模式，即“一个根本点，双驱并进，四项基本建设”。“一个根本点”是指大数据建设始终应以业务为根本出发点，不能简单套用他行的成功经验，或者盲目追求技术的前沿性和复杂性，而是要深入理解银行当前的业务模式痛点与发展转型方向，有的放矢地制订大数据解决方案，做真正接业务地气的大数据。“双驱并进”是指大数据建设要靠数据治理和数据应用同时驱动，数据治理应以数据应用为导向，优先治理高业务价值的数据，边治理边应用，形成良性循环。“四项基本建设”是指组织建设、平台建设、人才建设和文化建设，要发动全行人员参与大数据建设，不断将业务思维与数据思维进行碰撞、融合。

（作者系重庆农商银行大数据总监）

郑在磊：应充分挖掘银行内部数据的价值

中小银行具有丰富的本地资源，其内部数据的价值远高于外部数据，需要将现有的内部数据进行归集、清洗和治理，使其实现应有的价值。为此，银行在实现数据价值的过程中，首先要回归服务客户的本质，依据现有数据，将本地客户进行分级画像，对不同客户提供差异化服务；其次要通过与外部机构的合作，把自身的数据资源与外部机构的技术相结合，根据客户习惯，开发新的客户。唐山银行立足本地，实现了内部数据的有效利用：针对小微企业，打造移动小微企业平台；针对大企业，提供一体化差异服务。在将产品和服务对外输出的同时，也引入许多技术合作方，实现了资源共享，合作共赢。

（作者系唐山银行网络金融部总监）

卜凡德：银行业与金融科技公司的合作

我们可以从3个视角分析银行业与金融科技公司的合作问题。首先，银行在数字化创新转型过程中与外部科技公司的融合合作已经成为不争的事实，趋势明朗。其次，在合作中，银行的优势是品牌和资源，而科技公司的优势在于先进的技术和实践经验，要使合作真正落地并取得成功，双方就必须秉持开放、共赢的态度，彼此信任。最后，金融科技方兴未艾，现阶段良莠不齐。对于银行来说，具备整体的全流程应用型技术解决方案和持续研发优化能力，过往金融业务实践经验丰富，能够连接各类资源的金融科技公司是合作伙伴的最佳选择。

（作者系深圳中兴飞贷金融科技有限公司联合创始人）

吴得耀：布局互联网线上场景和生态金融圈

在数字化转型方面，西安银行非常重视场景金融和互联网金融的线上生态建设。在场景金融和生态圈建设领域，西安银行发挥区域性银行的优势，紧紧围绕智慧城市展开布局：一方面，以生活场景为基础，覆盖具有本地特色的吃、住、行、游、购、娱、医、教八大领域，打造西安自有的“场景金融圈”；另一方面，以行业生态圈为基础，打造互联网金融开放平台，重点布局社区、教育、旅游、政务、医院、停车、零售七大生态圈，形成账户、支付、理财、缴费四大能力，深度融入行业场景，打造丰富的“生态金融圈”。各个场景相互融合、引流和促进，形成了极具本地特色、富有生命力的线上场景、生态金融圈。

（作者系西安银行科技部副总经理）

李昊：与金融科技公司进行合作是银行数字化的主流

银行数字化是大势所趋。目前，银行的数字化主要通过三种方式：自主研发，与金融科技公司合作，收购相关科技公司。然而自主研发需要投入较大的人力资源和资金，比如建行搭建了上千人的技术研发团队；收购科技公司具有较多的不确定性，银行大多持谨慎态度；而与金融科技公司进行合作，获得金融科技公司的技术、流量、场景的方式成为银行数字化的主流趋势。

（作者系北京闪银奇异科技有限公司联合创始人、CIO）

张健：通过六维赋能提升中小银行数字化经营水平

互联网线上贷款业务给传统信贷体系带来了颠覆性变化，数字技术给贷款业务带来的核心变化主要有四点：一是笔均大额变小额，二是业务低频变高频，三是客户本地变全国，四是组织分散变集中。面对线上贷款在技术、合规、理念等方面对传统信贷带来的极大冲击，中小银行须提高认知，在顶层设计、组织变革、制度重塑三个方面进行变革，依靠数字化风控、自动化审批等手段来降低成本、提高效率。平安壹账通通过六维赋能，帮助中小银行提升自身能力：通过技术赋能、风控赋能、流量赋能，帮助中小银行打造基础设施；通过产品赋能、运营赋能、认知赋能，帮助中小银行提升认知水平，丰富产品种类，精耕细作，提升其数字化经营理念和水平。

（作者系平安壹账通智能科技公司信用账户部总经理）

新时代、新金融、新科技：科技助力金融服务实体经济
——2018中国金融创新论坛发言摘要

党的十九大报告指出，深化金融体制改革，增强金融服务实体经济能力，健全货币政策和宏观审慎政策双支柱调控框架，健全金融监管体系，守住不发生系统性金融风险的底线。这是做好新时代金融工作的基本要求。与此同时，信息技术和金融的深层融合不断打破现有金融行业的边界，金融科技正在以迅猛的势头重塑金融产业生态，深刻改变着金融服务的运作方式。这是金融服务方式的创新。金融创新的方向务必要和科技相结合，“无科技不金融”已成为金融行业的共识。金融机构必须紧紧借助科技的力量，提升服务实体经济的能力。只有围绕服务与助推实体经济这一核心命题，与实体经济发展紧密结合，紧扣国家重大战略布局，才能实现自身的可持续发展，培养真正的竞争能力。

虚拟货币本质上不是货币，更取代不了货币

盛松成

数字货币究竟能不能成为人类货币发展史上新的里程碑？数字货币、虚拟货币、电子货币究竟有何区别？我们有没有必要发行数字货币？今天，我将围绕这 3 个问题谈一下自己的看法。

一、数字货币能否成为人类货币发展史上新的里程碑

货币的本质是商品交换的媒介和价值储藏的手段，几千年的人类货币发展史，实际上只有两个真正的里程碑。第一个里程碑是实物货币。它本身具有价值，自身就是一种商品，能够以自身的价值来衡量其他商品的价值，从而充当商品交换的媒介。历史上，很多商品都充当过货币，如贝壳、白银、黄金等。不管它的形态如何变换，实物货币本身的价值，以及贮藏手段、流通手段的价值没有改变。第二个里程碑是信用货币。信用货币发展历史比较长，如果从宋朝的交子算起，已有近千年的历史，其真正在全世界广泛流通已有一百年左右的时间。信用货币本身并没有价值，它是由国家信用支撑和强制流通的货币。因此，现代信用货币将国家的形态和经济的形态密切联系在一起，所谓的本位币，就是由国家货币当局发行，具有无限法偿性和强制性的货币。它的背后是整个国家流通的商品和财富。

此外，现代货币是国家调节经济的重要手段。因此，国家需要垄断货币的发行权，即使随着技术的进步，我们从单一的纸币发展到现在纸币和电子货币同时流通的阶段，但是，它的背后仍然是国家信用，这一点并没有发生根本的变化。

二、虚拟货币与电子货币是一回事吗

虚拟货币与电子货币是完全不同的概念。实际上，目前电子货币已经十分普遍，比如网上银行、手机银行、第三方支付等。由于在用户体验上，电子货币和数字货币相接近，所以很多人会产生误解，认为电子货币就是数字货币。然而，本质上，电子货币和数字货币完全不同，电子货币实际上只是国家信用货币的一种实现形式，不管是纸币还是电子货币，本质上是完全一样的，只不过形式发生变化而已。所以，电子货币并不是一次革命性的变化，它作为货币的本质是不变的，它和纸币一样，也是国家信用支撑的流通手段和价值储藏手段。

对于数字货币，人们会直接联想到的可能就是比特币。2014 年初，比特币引起大家广泛热议和追捧，我发表了《虚拟货币本质上不是货币——以比特币为例》和《货币非国家化理念与比特币的乌托邦》两篇文章，从货币的本质出发，论述了比特币等虚拟货币不是真正意义上的货币。真正意义上的货币必须能够满足货币最基本的条件，然而比特币无法满足。从本质上讲，货币政策是目前世界上几乎所有国家的主要经济政策之一，没有一个国家的经济离得开货币的调节。货币应用的基本条件之一就是国家垄断货币发行权，由此国家才能够调节利润、汇率、物价、就业、经济增长，等等。所以，在可以预见的将来，国家都不会放弃货币政策，而只会加强货币政策。因此，即便是发行数字货币，也只能由央行来发行，这也是我几年前提出的一个观点。

三、央行会不会发行数字货币

虚拟货币本质上不是货币，更取代不了货币，现在世界上的主要国家都已经从根本上否定了虚拟货币的货币属性。事实上，目前的支付系统已经很安全，可以支持大额交易。也有研究指出，将区块链技术运用于货币上，并不能促进货币的顺利流通，甚至会使货币流通速度减慢。此外，对于跟踪资金走向，电子货币也完全能够实现这一点，并不需要通过所谓的数字货币来实现。

数字货币该如何发行，如何流通，采用怎样的框架，这不仅仅是一个技术问题，更是一个制度问题。有些观点认为，技术能够取代制度，技术能够取代货币。而我的观点是，技术能够推动和促进货币的发展，但是技术绝对取代不了货币，技术绝对取代不了制度。如何发行数字货币，数字货币的币值如何确定，以数字货币为基础的货币政策和宏观调控如何实施，利率、汇率如何决定，货币政策如何影响就业、物价、经济增长等，这些问题无法单纯地依靠技术解决。

最后，如果要在全社会推广数字货币，首先要实现无现金社会。无现金社会是一个非常复杂也非常难以跨越的区域，不单单是一个金融问题，也不仅仅是一个经济问题，它已经涉及整个社会。现在世界上几乎没有实现无现金化的国家或地区，这也是数字货币难以跨越的鸿沟。所以我认为，我们对于数字货币的研究要深思熟虑，发行数字货币的隐性成本和显性成本极高，不单属于金融范畴，更涉及整个社会，需要从经济、社会发展的全局来进行深入的研究和探讨。

（作者系中国人民银行参事、调查统计司原司长）

现代化经济体系需要现代化金融体系与之匹配

何德旭

新时代对金融服务实体经济提出新要求。中国特色社会主义进入新时代，这是习近平总书记在党的十九大报告中做出的重大判断，为我们各个方面的发展提供了基本依据，也对金融服务实体经济提出了新要求。

我国经济已由高速增长阶段转向高质量发展阶段，在这样一个新阶段，金融业必须实现高质量发展。我认为，金融的高质量发展有几个基本标志：一是金融体系能够为实体经济提供更多更好的金融服务，二是金融业在发展过程中能够有效地防控风险，三是金融业在发展过程中能够以金融创新提升金融服务实体经济的能力。在未来的发展过程中，金融业需要付出更多的努力。

现代化的经济体系需要现代化的金融体系与之匹配。前不久，中国人民银行牵头九部委出台《“十三五”现代金融体系规划》，提出了健全金融调控体系、建立现代金融监管体系、优化现代金融机构体系、健全金融市场体系、建设高层次开放型金融体系、强化金融基础设施体系、完善支持实体经济的金融服务体系、筑牢金融风险防控处置体系八大任务。党的十九大报告指出，加快建设实体经济、科技创新、现代金融、人力资源协同发展的产业体系。这一方面体现了现代金融在经济、社会发展中的重要作用，另一方面也说明现代金融要更好地服务实体经济，为科技创新、人力资源的发展做出自己的贡献，要建设一个支持实体经济发展的金融服务体系。

首先，金融要不断满足人民日益增长的多样化的金融服务需求，这需要我们解决金融业发展过程中的不平衡、不充分问题。习近平总书记多次强调："金融是实体经济的血脉，为实体经济服务是金融的天职，是金融的宗旨，也是防范金融风险的根本举措。"从提升金融资源配置效率的角度来讲，金融不仅要为实体经济服务，而且要为实体经济提供更好的金融服务。其核心就是降低实体经济的融资成本，提高金融服务实体经济的效率。

其次，提高金融服务实体经济的效率，不仅要在服务方式上进行创新，更要创新服务手段。要运用现代化的科技手段，如大数据、云计算、区块链、人工智能等，把新的技术运用到为实体经济服务的过程中，提高金融服务实体经济的效率和水平。

最后，金融创新应严守风险底线。金融创新脱离实体经济、规避金融监管、过度追求盈利等现象在过去几年里大范围、大面积存在。很多所谓的通道业务、非标资产之中，有相当一部分是打着金融创新之名行规避监管之实，脱离了为实体经济服务这一根本。在新形势下，金融创新要围绕服务实体经济这个核心。过去几年里，我们已经在这些方面进行了很多有益的探索，如区块联动、市场化债转股等。在服务方式的创新过程中，我们要运用现代化的科技手段来提高金融服务实体经济的效率和水平，通过科技为实体经济提供更多更好的金融服务，为促进实体经济的发展做出更大的贡献。

（作者系中国社会科学院财经战略研究院院长）

为传统银行业插上科技的翅膀

张青松

当今世界，快速发展的信息技术，推动着人类社会迈入以开发、融合、共享为特征的数字化时代。新兴技术的频繁创新，正在以前所未有的力度和速度改变着人类社会生产生活方式，促进着全球社会形态、经济格局和竞争态势发生深层次变革。作为传统银行的从业者，我们愿意和大家分享三点对金融科技的认识与判断：其一，金融科技最显著的特征在于融合，包括各种新技术之间的融合，技术与金融的融合，以及金融和其他商业生态的融合。其二，运用金融科技的前提是对技术发展趋势的把握，我们的基本判断是渐进式发展将成为主流，不确定性将成为常态，数据驱动、万物互联、人工智能将是大势所趋。其三，在金融科技的世界里，金融本质未变，金融业态已变。任凭时代变迁，金融机构经营信用、定价风险、管理财富的核心地位没变，支付、中介、资产配置、效率与风控的基本功能没变。但是作为传统银行的从业者，我们日益感觉到：金融业态正在迅速改变，“获客不易、活客更难”。突出表现在传统服务方式难以获客、互联网流量入口被瓜分，以及传统银行互联网产品的同质化竞争非常严重。

基于对时代大势的认识，基于对金融行业的理解，作为有 106 年持续经营历史的中国银行来讲，我们明确了“科技引领、创新驱动”的战略，拉开了集团数字化发展的大幕。我们要把科技元素注入业务流程全领域，给传统银行业插上科技的翅膀，打造用户体验极致、场景生态丰富、线上线下协同、以技术为驱动的新型银行业态，让百年中行以崭新的面目，为海内外客户提供优质金融服务。

作为全局性、系统性、长期性工程，中国银行的数字化发展将着力从以下三方面发力。

一、聚焦价值创造，促进业务发展

中国银行要以手机银行为载体，打造综合金融移动门户，让每个客户“一机在手、走遍全球，一机在手、共享所有”。目前，中国银行电子渠道业务替代率已达到94%，并广泛应用了指纹识别、人脸识别、OCR和二维码等技术。我们新近上线的智能投顾产品“中银慧投”，基于人工智能技术的市场表现远远好于大市。我们与腾讯公司合作建立的新一代网络金融事中风控系统，有效拦截了大量可疑交易。发展线上业务的同时，我们也在加快推动物理网点等线下渠道的改造，推出了以智能柜台为核心的线下智能服务体系，助力网点从传统的交易操作，转向以客户为中心的价值创造。我们积极拥抱互联网，主动跟踪金融业态发展趋势，通过整合场景、融合场景、自建场景等方式，力求打破传统金融行业的产业边界，实现业务扩展与价值重构。近期推出的东方财富网积利金产品对接，微信平台“外汇零钞预约”与“存款证明”，去哪儿网、途牛网与中银e贷对接等多个外部合作项目，都是场景生态建设的有益尝试。

二、夯实发展基础，强化科技能力

2018年，中国银行将完成云计算、大数据、人工智能三大技术平台建设，为业务和经营管理的智能化、生态化奠定基础。我们正在持续开展主机和小型机平台上的应用向x86平台迁移，以推动集中式架构向分布式架构战略转型。与此同时，我们紧跟新技术发展趋势，积极探寻区块链、虚拟现实、增强现实、物联网等新技术的应用场景。目前有12个项目正在试点使用区块链技术，中国银行已拥有11项区块链专利，位居国内银行业第一名。

三、创新体制机制，探索金融科技发展新路径

中国银行将大幅度加大集团创新研发的科技投入与财务投入，着力加强数字化人才队伍建设，在3～5年实现集团具备科技背景的人才占比达到10%，重点培养、引入中高端数字化人才，重点加强产品经理、数据分析师、客户体验师、互联网安全专家等专业人才储备，并在集团范围内打造三级创新管理体系，在海内外重点地区建立总行级创新研发基地，通过引入新的机制开辟中国银行金融科技发展的全新道路。

2018年是中国银行“建设新时代全球一流银行”的开局之年，也是我们全方位推进数字化发展的关键一年，我们将通过业务和技术的深度融合，穿透全流程，整合全集团，覆盖全领域，打通境内境外、线上线下，真正做到新时代、新金融、新中行！

（作者系中国银行副行长）

抢抓金融科技机遇，提升服务实体经济水平

牟乃密

金融科技正在加速改变传统银行的金融生态和经营模式。当前，中国经济已经从高速增长阶段转向高质量发展阶段，社会变革、经济转型、科技进步对金融业的发展产生了重大影响。以区块链、人工智能等为代表的金融科技迅猛发展，正在创造新的模式、业务、流程与产品，加速改变银行的金融生态和应用模式，在银行业中的作用日益凸显。

从全球来看，以大数据、云计算、人工智能、区块链为代表的科技，已经逐步在众多场景落地。从国内来看，国家站在建设创新型国家和科技强国的高度，全面布局金融科技。银行业对金融科技越发重视，积极应对，抢抓金融科技机遇。一些互联网巨头纷纷加大投入，深化与金融行业的合作。可以预见，金融科技必将继续对中国银行业的发展产生全面、深刻的影响。

中国建设银行作为国有大行，把握科技发展趋势，一方面加大金融科技对电子银行的影响，主动变革应对；另一方面以回归本源主业为导向，以服务实体经济、与实体经济共同成长为自身的使命，在巩固好传统的同时，面向蓝海，探索新的金融服务模式，着力推动金融科技、住房租赁和普惠金融，着力提高服务实体经济的效率。

中国建设银行以创新的金融产品服务、开放的金融共享平台、普惠的金融发展模式，不断提高金融服务的质量，提升金融服务水平。2017 年 6 月，中国建设银行耗时 6 年打造的新一代核心系统全面竣工并成功上线，为全行战略转型和业务发展注入了强大动力。2018 年 4

月，建信金融科技公司挂牌，引领了新一轮金融科技创新。中国建设银行积极响应党中央“房子是用来住的，不是用来炒的”号召，依托新一代核心系统技术优势，着力打造住房租赁服务平台系统，为推动住房租赁市场的健康发展贡献了智慧和力量。普惠金融业务是落实中央部署的政治任务，是服务国家战略、服务社会民生的责任担当，也是建设银行的重大战略选择，更是赢得未来市场的重要战略调整安排。普惠金融的落脚点和实施核心是平台金融，同样需要以金融科技应用为支撑，通过客户聚合、场景介入、数据集成，提升普惠金融的效果和水平。当前和今后的一段时间内，建行将重点推动住房租赁、金融科技等战略，用“双小”连接和承接“双大”，用住房租赁连接和承接住房按揭，用金融科技连接和承接对公对私业务，紧密联合外部市场，造就建行差异性和综合性的竞争优势。

服务国家建设、支持实体经济是建行作为国有大行的天然使命。随着金融业改革开放的进一步加快，在新的背景和互联网的高科技推动下，建设银行将不忘初心，下沉经营重心，扩展业务边界，将客户需求和技术应用结合起来，打造稳健经营、创新发展的现代银行，全面提升金融服务水平，为实体经济的发展贡献力量。

（作者系中国建设银行营运业务总监）

科技改变世界，创新成就伟业

罗　勇

科技已渗透到我们生产生活的方方面面，给传统企业带来了巨大的冲击和改变。我认为科技对金融尤其是实体经济的影响主要遵循以下发展路径。

首先，科技发展推动我国产业数字化时代到来，促进企业的商业模式不断升级。从人类发展规律看，科技也要经历快速膨胀期和泡沫式的低谷期，之后才能进入稳定发展的生长期，从而真正创造价值，有效提升社会生产力。其次，不断迭代升级的信息技术推动企业经营发展历经三个阶段：一是经济信息化阶段。这个阶段的企业由规模化生产向科技化改造，充分利用信息资源，强化内外部管理，进一步提升效率和服务。二是渠道化经营阶段。随着平台类企业的出现，企业经营强化渠道分销能力，采取渠道直销模式，采购和销售将更加扁平化。三是平台生态化阶段。为适应平台化服务模式，企业通过引入“合伙人制度”，将内部组织架构演变为“平台 + 内创”的扁平化、移动化组织模式，来完成整个平台生态化建设。最后，产业数字化趋势使企业呈现云化、智能化、数字化的新特点。随着产业数字化进程的加快，在新平台、新经济模式下，企业将朝着云化、智能化、数字化方向发展，而金融服务转型的根源和未来的产品特征都必须满足企业进化衍生的新需求，所有的新金融服务都要服务于实体经济。未来，商业银行新金融服务的发展方向是从线上银行、直销银行逐渐发展为开放银行的新金融模式。

新时代呼唤新经济，新经济要有新金融。中国民生银行始终以改革创新为己任，秉持“专业创造价值”的理念，积极顺应科技金融浪潮，加大自身供给侧改革，着力以全新模式提升金融服务的能力和水平，助推我国产业升级和实体经济发展。

一是致力于充分发挥互联网金融领先优势，再造一个数字化的线上民生银行，为客户提供全流程、全周期的线上化金融服务，提升服务实体经济能力。中国民生银行正在集全行之力构建数字化线上银行，在这个大平台上支持各类不同的应用，如零售网金、公司网金、供应链金融、金融市场等，未来还会有网络支付和数据银行，这也将是银行未来的重点发展方向。

二是致力于打造行业第一直销银行品牌，为客户提供敏捷直达的一站式金融服务。中国民生银行运用“平台合作”“流量经营”“公私联动”和“平台裂变”四大网络金融生态范式，通过开放金融云服务，以 B2B2C 模式实现平台裂变式获客。建设以“财富云”“网贷云”“支付云”和“数据云”四大云平台为支柱的产品体系，为长尾用户提供普惠金融服务，实现向“以客户为中心”的服务理念转变和增长模式转型，进一步拓展金融服务的广度和深度，更好地服务实体经济。

三是致力于构建开放式金融平台，通过提供开放智慧式贴身金融服务提升服务实体经济质效。中国民生银行正在积极规划和构建开放式智慧金融服务云平台，着力推动由孤立的产品服务功能向嵌入场景的服务模式转型。一方面，基于行业特性将金融服务嵌入企业设计、研发、采购、生产、物流、销售、服务等业务场景中，利用云计算、大数据、物联网等新技术，引入 ISV 开发者，打造供应链生态圈，形成多层次、跨界融合的服务能力，围绕企业自身价值链和生命周期，提供有针对性的金融服务方案，为客户提供智慧贴身的金融云服务；同时，将进一步基于企业上下游产业链和生态网络的各类场景提供交易服务，以“产业 + 金融”的服务模式，实现由服务单体客户向整体产业链金融拓展，助力企业整合产业资源，提升产融结合的价值创造。

另一方面，充分应用人脸识别、人工智能、AR/VR、大数据等新技术，通过与各类场景的 ERP 供应商、互联网公司、科技公司等生态开发者合作，有效提高风险控制能力和客户服务能力，大力发展小微线上微贷，并融合个人金融及非金融协同服务能力，打造个人网络金融生态圈，提供智慧零售金融云服务。

四是加大科技创新投入，实现科技驱动业务发展，优化实体经济服务效能。2018 年 5 月，民生科技有限公司已经成立，下一步将发挥体制优势，用价值驱动业务创新和管理，持续打造我行科技领先优势，在十年内把中国民生银行建成一家数据化的智能银行。同时，我们将加快金融与科技产业的融合，通过与小米、华为、科大讯飞等高科技企业合作，加速构建内外联动的大数据、机器学习和云计算平台，加大科技人才和技术的引进、储备、培育，实现向轻型化、数字化和智能化转型。

面向未来，中国民生银行将一如既往地植根于中国经济的肥厚土壤，以服务实体经济为己任，继续站在科技金融风口，积极探索和实践产业“数字化”时代下的新金融服务模式。

（作者系中国民生银行网络金融部副总经理兼直销银行事业部副总经理）

金融科技助推郑州银行商贸银行战略

范大路

郑州银行和大多数城商行一样，经历了不同的发展时期。2009 年 12 月，我们正式更名为郑州银行。2015 年 12 月，郑州银行在香港联交所主板挂牌上市。截至2017 年底，郑州银行资产规模达到了4358 亿元，实现净利润43 亿元。在近 22 年的发展历程中，我们不断探索郑州银行发展的特色化、差异化经营策略，围绕“商贸物流银行、中小企业融资专家、精品市民银行”的市场定位，大力开展特色金融创新，塑造核心竞争力，目前已初步打造了特有独创的商贸物流银行服务体系，专业专属的小微金融服务模式，以及广受好评的市民银行产品系列。

商贸物流行业发展潜力非常大，从商贸银行发展过程中可以看到，商贸物流银行并没有达到一个闭环，企业的痛点难点并没有得到解决，有很强的服务需求，值得银行深耕。如何进行深耕？我们认为主要通过资金流、信息流、物流实现闭环。郑州银行结合河南郑州交通物流的独特优势，采取差异化经营策略，全力打造全国商贸物流领域的标杆银行。锁定交通物流、商贸大消费、食品农业、先进制造、医疗健康、政府事业六大行业，研制全链条、全方位解决方案，上线资金存管、云融资、银企直联等系统，为行业企业上下游、交易对手和合作伙伴设计全方位解决方案，提升商贸金融占比。

依据商贸物流领域客户的特点，通过对产品体系、科技体系和组织架构等子规划进行深层次梳理，郑州银行确立了“两条线两条链”“三个平台”，建立了涵盖“云物流”“云交易”“云融资”“云商”和

“云服务”的“五朵云”技术框架，推进云仓储、云物流、供应链融资、现金管理系统建设。2018 年 4 月 1 日，由郑州银行发起的全国首个商贸物流银行联盟正式成立，构建“金融 + 物流 + 电商”强强联合的跨界合作，共享发展新兴业态。郑州银行作为联盟发起人，在商贸物流金融领域的领跑姿态再获聚焦。

（作者系郑州银行金融研究院院长）

中小银行如何借助金融科技服务实体经济

王伟文

首先，在谈到大数据时，大家可能更关注一些宏观的、宏伟的目标。而我们认为，中小银行金融科技应用应更重视小目标、小任务。一方面，银行业为大型、中型客户提供的服务相对比较充分，而对小企业、小客户提供的服务还不够充分。可以说，小客户是中小银行金融科技应用的重要细分市场。另一方面，中小银行在应用金融科技方面前景广阔，大数据的应用往往缺少具体目标，中小银行借助大数据支持小微企业、服务实体经济具备现实的可行性。

其次，中小银行的金融科技应用，在提效方面的重要性优于获客方面的重要性，也是我们在实践中的体会。在实践中，大家可能更侧重获客，但是我们发现，这个过程非常艰辛。而回到提高存量客户的服务效率、提升客户体验，反而能够做得有声有色。

再次，金融科技应用要落地到人，落实到产品。台州银行实行社区银行的商业模式，社区银行商业模式的本质特点就是要落地到人。基于这个出发点，我们把金融科技用于强化、辅助、支撑一线人员能力的提升，这是我们与其他银行的一大区别。在以金融科技武装一线人员的过程中，我们植入了新的风控模型、筛选模型、检查模型等，提高了客户经理的工作效率，更提升了客户的体验。所以，金融科技要落实到具体的人和产品。

最后，金融科技是一片蓝海，机遇与风险并存。中小银行在应用金融风险的过程中，要做好风险防控措施，做到“有所为有所不为”，严守风险底线。

（作者系台州银行市场总监）

互联网让金融产品和服务更加触手可及

闫　敏

对于互联网金融，我们的理解是通过互联网手段让金融产品和服务更加触手可及。腾讯的互联网金融由腾讯 FIT 事业群进行管理，不仅连接亿万金融用户，还连接银行、基金、保险、投顾等。我们的目标是通过了解和洞悉用户在日常生活中使用服务的习惯，把这些习惯与金融服务连接在一起，为用户提供一站式服务。

基于社交的关系链让金融更有温度。从用户层面讲，金融不是一件冰冷严肃的事情，它与人们的生活息息相关，具有温度。我们会通过各种活动和运营，让用户可以在日常生活中寻找到接受金融服务的机会，并给予用户帮助和指导。我们通过这些暖心的细节赢得了亿万用户的信赖。未来，我们会继续加强和行业内优秀伙伴的合作，共同为用户提供服务。从公司层面来讲，我们通过大数据风控、多维度行为刻画、多层次身份分析，目前服务的客户超过十亿。我们联合“腾讯云”积极探索金融云服务，我们的合作伙伴和腾讯一起通过“腾讯云”和“金融云”两层分级的服务体系，在银行、保险、证券等领域开展了生态圈的构造，为企业打造了更好的金融服务生态，实现了流量和技术的共享。我们成功通过自己的平台将腾讯知识产权的区块链进行了连接。

作为大数据应用的一个重要方面，我们不断强化“AI + 互联网”的探索。比较成熟的有大数据、深度学习、精准推荐、指纹识别、面部识别、智能客服等。在投资决策板块，我们希望通过我们的优势联合 AI 等手段，更好地推动投资决策。以用户的个人投资决策行为为例，我们一是通过 AI 算法进行推荐，二是通过分析用户的资产能力、消费模式、风险偏好等信息，三是结合行业金融专家的判断，将这三点整合到一起，最终提供让客户满意的服务。通过这些多维度的数据，我们构建成相对完整的大数据平台，包括 PC 数据、手机数据、公司内外来源的数据、线上线下的合作数据等，将这些数据联结在一起，形成一个完整的画像，并且在能够保证客户隐私安全的情况下提供专属定制服务。这些服务未来可以成为连接用户大数据和业务大数据的枢纽，可以将金融知识、金融资产重新包装起来提供给用户，这是整个腾讯大数据未来的发展方向。

在数据技术方面，我们将技术融入金融应用的场景中，希望能够形成一个科技生态，以大数据为中心，结合人工智能、生物识别、深度学习等一些基础数据和信息，凝结成的一个应用场景组合，而这所有的组合构建出腾讯的金融互联网链条。腾讯也希望所有的合作伙伴能够一起加入这个场景中。

（作者系腾讯支付基础平台与金融应用线副总裁）

科技让金融服务更加安全快捷

娄　恒

蚂蚁金服的前身是支付宝，支付宝原本只是一种支付手段，但我们通过对支付宝进行一系列技术引领的业务创新，向其中加入了更多的科技元素。在对互联网金融业务的创新过程中，不仅要考虑创新的时效性，还要思考如何保证业务的安全性，以及如何在确保金融安全的同时控制整体成本。

14 年来，从最初的商业产品，到自研、自控，再到逐步对金融机构完全开放，蚂蚁金服取得了一系列成就，也积累了许多有益的经验。从业务创新角度看，互联网飞速发展，我们的业务创新同样要非常敏捷。支付宝体系、网上银行体系能做到以日为单位的创新、以日为单位的产品发布和以日为单位的更新。每发布一个版本，一旦发现故障，都要求在一小时内完成故障处理；一旦发现版本存在问题，也要求在一小时内实现漏洞更新。在构建迅捷研发体系的同时，也应建立起金融安全的保障体系。我们实现了世界级的风控水平，支付宝的每一笔支付都会进行在线风险监测以判断是否存在欺诈。与此同时，我们通过与保险公司的合作开设了账户险服务，进一步保障了用户的资金安全。

我们把 AI 大数据在很多应用中付诸实践，2017 年底，我们已经开始对蚂蚁金服的整个战略方向进行思考。第一是完善以支付业务、个人信贷、城市服务等为代表的普惠金融。第二是实现科学技术的输出，我们把已经相对成熟的软件产品开源开放。第三是伴随“一带一路”倡议，越来越多的国内企业开始“走出去”，我们要向它们提供贴身的金融服务，以及接轨其他国家的本地化服务。在整个科技输出的过程中，蚂蚁金服提出了一个概念，我们通过区块链、风险控制、计算服务能力，把我们的科技能力和业务能力输出到各个金融机构。我们希望能与金融机构联手，打造更好的普惠金融，通过科技更好地服务实体经济。

（作者系蚂蚁金服蚂蚁金融云总监）

"支付+"助力传统行业转型升级

唐 彬

金融业不仅要形成产业，还要更加开放，实现普惠。传统行业离不开支付，在传统行业面临变革的今天，支付也进入了新时代，我把它称为"支付+"。"支付+"拥有几大特征：一是移动化，移动化已经无处不在。二是产业化，以前支付只是一种工具，和产业之间有着清晰的界限。而如今，支付已经深深嵌入产业之中。三是聚合化。不管是手机、二维码，还是POS机，支付帮助产业升级，创造了新的模式。

支付的潜力正在逐步展现。支付是一个闭环，是数据的沉淀，既是能力，又成为一个新的交易的开始。在这个循环过程中，支付将发挥更大的力量，把数据挖掘和积累、营销服务、风险管控联系起来。支付企业未来的发展面临着来自各方面的挑战。许多场景公司希望进入支付行业，或是通过收购其他企业，或是自身进行探索。近年来，银行也在通过各种方式进入支付行业。面对激烈的竞争，支付公司灵活应对，一方面，与传统行业，如航空领域深度合作，从支付的底层开始往上渗透。另一方面，围绕传统大客户、传统大行业提供更加灵活的服务，让银行与企业之间的黏性变得更加丰富。通过三方融合，一起面向商业提供更好的服务。

金融机构最大的问题是获客。如果可以将互联网的获客能力与金融机构的账户结合起来，与账户的用户行为结合起来，相较于客户经理一对一服务的传统模式，将会给银行带来极大的价值。以航空业为例，航空业是一个传统行业，许多服务，如在柜台买机票，通过线上、线下、手机、代理人等各种方式，我们都可以根据客户的支付方式建立统一的支付平台，把后台的各种渠道打通，围绕航空领域的需要提供各种定制服务，帮助航空业转型升级。通过支付将金融机构和银行、资金方结合起来，将银行和公司结合起来，这是未来“支付+”的重要发展方向。

（作者系易宝支付有限公司创始人、CEO）

区块链助力金融服务中小企业

盛 佳

网信集团是一家综合金融科技服务集团，基于多年来为中小微企业和个人客户服务的经验积累与客户积淀，在原有一对一交易撮合平台的基础上，通过技术和服务升级打造综合金融资产交易体系。从整个行业的发展情况来看，我们经历了相对快速甚至无秩序的发展阶段，经历了密集的整改过程，整个金融科技行业将更加规范。这是一个重要的趋势，服务好实体经济是金融科技企业发展的大前提。

网信从 2017 年开始布局，2018 年成立了丰收科技，主攻供应链金融，立足实体经济，为上下游合作企业提供高效便捷的供应链金融解决方案。丰收科技基于以区块链技术为底层技术、以交易大数据融资为突破口和创新理念，打造了“丰收 E 链”，以产业链核心企业确认兑付的针对供应商的应付账款生成 E 单，同时接入多方资金，借助平台的完善系统，轻松实现电子凭证的流转、拆分、持有、融资，为产业链条提供更低成本的资金支持，实现了金融科技为全链条企业服务并在融资业务全流程的应用，提供穿透全产业链条的金融服务，全方位覆盖产业链各类企业的融资需求。

从银行的角度看，以传统模式支持中小企业，会存在主体信用模糊等问题。为此，我们以真实交易场景为依托，基于合同或合作企业的信用，借助区块链技术，针对不同企业的不同需求提供灵活的定制服务，基于多维数据的整合与分析，增强资产透明度，解决中小企业、小微企业融资贵、融资难问题。借助“丰收 E 链”，中小企业能够便捷地获得金融支持，改善其财务报表，加强其对风险的掌控。除此之外，我们还与银行进行深度合作，基于区块链技术，提供灵活的产品和服务，切实提升金融服务实体经济的效率。

（作者系网信集团 CEO、丰收科技集团董事长）

科技将成为财富管理的信任基石

范　华

随着居民财富的快速增长，财富管理行业呈现如下趋势：一是规模迅速增长，二是私人财富、家族财富发展迅速，三是财富管理在家族传承中的作用日益凸显，四是通过科技驱动数字财富，让财富管理更系统、更专业。科技让财富管理更系统、更专业，数字资产将是未来财富管理的主要资产之一。

科技让信用的基石更加牢固。客户的需求既包括保障的需求、理财的需求，又包括投行的需求、传承的需求。财富管理是一个全生命周期的活动，其目标包括财富安全、财富增值、财富和谐和财富久远，基于这四大目标的财富管理体系是一个系统工程。财富管理需要画像，不仅是为了满足监管要求，更是为了客户的需求“把脉”。财富管理是基于对一个机构专业能力的信任，如何保证专业能力，我们在实践中总结出以下三个要点：一是比客户更懂客户，二是真正为客户考虑，三是真正有能力为客户提供服务。要做到这三点，不是简单地填几张表就可以做到的。在这个过程中，无论是对客户的画像、分析、规划、投资、交易的执行、组合的配置，都要用到大数据、人工智能、区块链，科技深度改造了财富管理的各个链条。

数字资产将成为新时代财富管理的重要资产之一。数字经济将是中国未来的经济形态。随着数字经济对传统经济的改造，必然产生基于各类场景的数字资产，包括资产的数字化和数字的资产化，数字资产有别于有形的物理资产和无形的权益资产，我们将其称作第三类资产。由于信托可以把使用权和拥有权剥离出来，可以作为管理数字资产的有效工具。未来十年到二十年，财富管理将从简单的财富管理向更加系统的财富管理转变，科技将成为财富管理的信任基石，让财富管理变得更专业、更开放，在新的数字化经济下重新定义财富。数字经济代表了未来的发展方向，有效管理数字资产、为数字资产管理赋能，是新时代财富管理的新使命。财富管理机构只有拥抱变化，才能帮助客户实现根深叶茂、源远流长。

（作者系中航信托股份有限公司副总经理）

第三方财富管理机构如何实现高质量发展

王增武

《银行家》杂志联合新湖财富发布了《独立第三方财富管理机构研究报告》，希望这份报告能够给国内独立第三方财富管理机构，包括整个财富管理行业提供一些发展思路，推动行业健康有序地发展。

一、第三方财富管理市场：虚位以待，前景广阔

在国内以产品导向的财富管理市场中，除前述持牌金融机构下辖的各类金融产品和服务外，还有独立财富管理机构或家族办公室等非持牌机构。从小样本的调查结果来看，选择独立第三方机构作为其资产配置服务机构的客户数占样本总量的比例最多不超过30%。独立第三方财富管理机构拥有广阔的发展空间，市场前景客观。

二、国内发展现状：差异竞争，品质优先

据不完全统计，目前我国以“理财公司”“投资咨询公司”等名字成立的独立理财公司达上万家。不可否认，在监管缺失的情况下，部分独立理财公司发展并不规范，风险意识淡薄、一味追求产品销售返佣的公司不在少数。但也应注意到，在经历了市场的洗礼后，一批有思想、有谋略的独立理财公司正在崭露头角，它们在发展的过程中逐步明确了自己的市场定位，并在创新业务内容、探寻盈利模式、构建风控体系、完善团队建设等方面为整个行业的发展提供了有益的借鉴。

现阶段，国内第三方财富管理机构出现两极分化现象：一方面，

中小企业代销转入地下。“99 号文细则”出台后，中小第三方理财机构并未停止代销业务，而是将“代销模式”转入地下，或出现一些“代销模式变种”，打监管擦边球。另一方面，大型企业向“产品端”转型。政策因素导致 10 多家大型信托公司成立财富中心，对第三方理财客户造成较大分流。

转型有两种方式：一是合作开发理财产品。转型思路为合作开发理财产品，成为财富管理全产业链公司。例如与阿里巴巴旗下阿里小贷公司的私募信贷资产证券化产品。二是寻找特色理财产品。恒天财富、展恒理财等第三方理财机构，利用代销能力强的优势，找到比较有特色的产品进行销售。

独立第三方财富管理机构的业务模式也出现了分化，呈现专业多样化的局面。销售金融产品仍是目前国内独立理财机构的主要业务，但可以看到，部分独立理财机构正在努力将其主营业务向专业化、多样化延伸。一方面，相当数量规范化发展的独立理财机构将自己定位为中立的专业理财服务平台，并逐步由产品导向业务模式向客户导向业务模式转型，通过专业的风险控制机制，进行多元化的产品采集与筛选，为客户制订个性化的专属理财方案。另一方面，部分独立理财机构积极开发个性业务，打造具有鲜明特色的“品牌形象”，促进整个市场的业务模式呈现多样化发展趋势。报告分别列举了诺亚财富、展恒财富、好买财富的案例，详细对比了不同的业务发展模式以及各自的优缺点。

除此之外，报告还详细地对国内独立第三方财富管理机构的盈利模式、产品体系、增值服务、风险控制、IT 系统等多方面分类研究，并分别列举了国内有代表性的一些财富管理机构案例进行说明，如新湖财富、展恒财富、恒天财富、宜信财富等，对每一个问题都分析得非常细致透彻，读者可以通过不同的案例对比，更加详细地理解目前我国独立第三方财富管理机构的发展现状。

三、未来展望：转换思路，探索适合自身发展的道路

从长期看，国内独立财富管理机构的发展趋势有两个：一是以服务或产品驱动为主的模式。“服务主导模式”强调“客户关系”，以资产配置为导向，提供各类研究支持、资产配置方案、筛选产品和全方位财富管理服务。二是对中低端客户普惠性财富管理业态的发展，表现为基于互联网体系支撑便捷交易，提供标准化的产品和高度一致的客户体验。

总结分析国内外独立理财市场及机构成功的发展经验，为我们带来如下三点启示：第一，行业的健康发展需要适度的监管。在国际金融监管整体趋严的大背景下，国内独立理财市场的监管缺失显然不合时宜。第二，独立理财机构首先应明确自身的定位。一是业务层面，独立理财机构可以根据自己的优势和客户定位，创新个性业务，积极打造具有鲜明特色的品牌形象。二是客户层面，对客户群体进行细致科学的分类，深入分析不同客户群体的需求特征。第三，树立并落实核心价值观是企业能否取得长期持续成功的关键，这一点不仅适用于独立理财机构，也适用于其他所有金融机构。一流企业和二流企业的判断标准，不仅在于资源，更在于价值观的高下和对这种价值观的信守。

（作者系中国社科院金融研究所财富管理研究中心主任）

第三方财富管理机构挑战与机遇并存

王军辉

在过去十年，中国财富管理行业经过了初级阶段的快速生长，正逐步向规范化、规模化方向发展。回首十年，中国财富管理市场的产品类别不断丰富，涵盖银行理财、信托、公募基金、私募基金、直接股票投资、保险与年金等各类投资产品；中国的个人投资者随着市场趋势的变化不断调整自身的投资配置，形成以储蓄为主，银行理财产品引领，信托、保险、股票、基金等产品百花齐放的配置组合，市场发展离不开政策调控。

同时，从市场角度来看，高净值人群无论数量还是资产规模都在大幅增长，理财观念越发明晰理性，视角越发开阔多元，这也给财富管理机构提出了更高的要求。客户之所以想将更多财富交由专业的第三方理财机构打理，主要考量因素包括追求更高的收益、更丰富的产品以及定制化的产品与服务。

可以说，无论从金融监管要求层面，还是从市场供需关系发展层面，都要求整个财富管理行业必须主动转型升级，要主动适应经济新时期的金融服务需要。合规风控、因地制宜、主动作为，要推动行业进入“高质量”发展阶段，打造更优质的服务，提供更优秀的产品，拥有更全面的资产配置能力，才能满足现阶段及未来市场发展的需求。

正因为如此，对于独立第三方财富管理机构来说，我们亟须进行定期总结，快速学习借鉴更多的国内外先进的管理经验，并与中国财富管理的实际情况相结合。而这份报告，是国内首份针对独立第三方财富管理机构开展研究的报告，对国内独立财富管理机构的发展历程、组织形式、业务模式、盈利模式、产品体系、增值服务、风险控制、IT 系统等多方面分类研究，较为全面地对财富管理行业发展进行了分析和回顾，同时，对财富管理行业未来发展提出了建议。

从战略角度来看，第三方机构或是参与前端，参与更多的资产管理，成为有资产管理能力的机构；或是向后端发展，为用户提供配制服务，向私人银行发展。但无论哪个方向，机构都需要有一个清晰坚定的发展方向。在我们 6 年的发展过程中，我们深刻地体会到，财富管理机构若要实现健康发展，打好基础是非常必要的，在公司的发展战略中，打造 3 个专业团队，即设计团归、理财顾问团队和服务团队非常重要。未来，中国的财富管理市场将会更加重视风险控制，投资将更加理性，第三方机构也要寻求自己的发展空间，在风控体系上要更加独立和严谨，这既是挑战，又为财富管理机构的发展提供了契机。

（作者系新湖财富投资管理有限公司常务副总裁）

议题一 银行与金融科技企业的赋能与共赢

近年来，信息技术的突飞猛进及其同金融的深层融合不断打破现有金融业的边界，深刻地改变着金融业的业态，“无科技不金融”已成为金融业的共识。金融科技不仅极大地改变了银行业的面貌，同时也改变了银行与金融科技企业间的竞合关系。

邵山：金融科技推动银行业深层次变革

本论坛的主题是“银行与金融科技企业的赋能与共赢”，这个课题很大，涉及的领域众多，需要深入探讨研究。金融科技的内涵很广泛，尤其是当前科技迅猛发展，云计算、大数据、移动互联、人工智能，包括炙手可热的区块链等技术，都在银行业得到广泛应用，并且不断有新的成果出现。这一切已促使中国金融业发生了深层次的变革，对金融客户、作业流程、业务模式都带来了重大影响，金融数字化转型已成为必然趋势。今天的会议有幸请到银行业及科技企业的代表共聚一堂，希望大家畅所欲言，介绍各自所做的工作和对当下行业业态的理解，以及对未来的规划思路，展开广泛的交流合作。

（作者系《金融电子化》杂志社副总编辑）

周颖辉：科技赋能，推动中国银行业向纵深发展

金融科技能力的引入，能够帮助银行在大数据营销、精准获客、量化风控、智能贷后管理、实时联动定价等领域提升效率并降低风险。银行和金融科技企业间的密切合作，能够为广大客户群体提供更加便捷的金融服务，实现真正意义的普惠金融。战略客户的营销管理工作结合金融科技，能够及时掌握重要信息，防范灰犀牛和黑天鹅事件，对智能化的风险管控有很大帮助。

一、金融科技对银行发展有广泛影响

第一，时代变化酝酿金融科技蓬勃发展。伴随着经济金融环境的变化，以及金融科技的蓬勃发展，商业银行开始积极应用金融科技和推进数字化变革。《中国人民银行关于优化企业开户服务的指导意见》降低了企业开户的要求，有利于移动产业等基于移动互联网的智能终端实现上门开户等功能，为金融科技的应用提供了良好的政策环境。

第二，数字化信息服务带给银行竞争威胁。银行业面临数字化提速的威胁，以科技企业为基础的金融科技企业，掌握了更为完整、精确的客户画像，在金融服务的普惠性、便捷性等方面带来了竞争。

第三，运用新技术优化客户体验。随着大数据、云技术、区块链、人工智能、物联网等新技术日渐成熟，银行提升数字化业务能力和客户体验有了新动能，实现了以客户为战略重点，全面优化服务速度、服务流程和服务质量。

第四，以系统建设打造多场景使用模式。商业银行发展金融科技的着力点主要是数字平台和金融云的建设、人工智能和区块链等关键技术，并应用于商业银行各个场景，实现场景与金融服务的无缝对接。

二、金融科技对银行发展的革新

第一，以客户为中心，全面提升客户体验。利率市场化后，金融行业特别是银行感受到较大压力。随着金融科技的持续推进和金融工具的不断应用，银行开始发力提升服务水平，优化客户体验。第二，打造全场景创新的服务模式。金融不再是一种具体的业务，而是内嵌在碎片化场景中的底层服务之一。这意味着银行必须颠覆传统业务模式，通过投资、战略合作等多种形式对场景进行布局，借力金融科技创新，打造开放共赢的金融生态圈。

三、同业持续加大投入力度

一是金融科技发展战略升级换代，各家银行都明确把金融科技纳入全行战略，并持续升级换代；二是银行系金融科技子公司渐次设立，从组织架构上积极打造专业的、全资或者控股的科技子公司；三是金融科技基础设施建设全面发力，包括设立专项基金，加大投资力度，邮储银行也在新一轮IT规划中，将金融科技作为重要的组成部分。

四、金融科技迈向深度发展

第一，掌握核心技术是大型银行未来领跑的关键。在金融科技浪潮下，银行业逐渐实现从跟跑到领跑，从被动防御到主动进攻，以金融科技基础研究带动应用技术创新，掌握核心技术，在商机获客和智能风控等方面持续升级发展。

第二，技术部门市场化运作是大型银行深化改革的趋势。很多银行已经在金融科技子公司设立方面迈出了第一步，未来技术团队可能会加大市场化运作力度，充分激发员工的创新动力，让产品和服务真正接受市场的检验。

第三，统一监管让持牌机构优势进一步显现。金融监管的再加码是对统一监管、功能监管的贯彻落实，对金融科技发展的规范性提出了更高的要求。

第四，系统建设发展模式从丰富入口转向数据治理。商业银行开始转变追求丰富流量入口的传统单一模式，未来将聚焦于数据治理、底层技术基础设施的建设，实现对筛选出的高价值数据进行更为精准的分类、分析和应用。

（作者系中国邮政储蓄银行战略客户部总经理）

陈伟钢：科技创新是银行转型的根本出路

今天我想重点表达三层意思：第一，科技是推动金融变革最根本的动力；第二，金融科技工作者任重道远；第三，金融监管部门责无旁贷。

一、科技是推动金融变革最根本的动力

邓小平同志说过，科学技术是第一生产力。这个论断用到金融领域照样适用。从近代史来看，我们整个人类社会进步的历史，完全就是一个科技进步的真实写照。我们可以简单回顾一下，近500年来，人类社会大约经历了4次重大飞跃：第一次飞跃是以蒸汽机的发明应用为标志，人类第一次完成由机械力代替人力，使人的力量成百上千倍放大，迎来机械化时代的到来；第二次飞跃是以电力技术的发明应用为标志，实现了电力代替机械力，使人的工作效率极大提高，迎来自动化时代的到来；第三次飞跃是以电子技术的应用为标志，人类实现了超能计算和远距离信息传输，迎来信息化时代的到来；第四次飞跃是以互联网技术的应用为标志，人类实现了万物互通，使机器对人的理解和模仿达到前所未有的程度，迎来智能化时代的到来。目前，人类正在向第四次飞跃迈进。事实证明，人类社会的每一次飞跃都是以科技进步为前提的。4次飞跃，引发4次工业革命，而每一次工业革命的兴起，又都需要金融的助推，相应地引发了4次金融变革，推动着金融业，尤其是银行业的蓬勃发展。这条路径充分揭示了科学技术推动工业革命，进而推动金融变革的内在逻辑关系。

科学技术的进步也推动着金融业本身的效率变革，比如银行从手工记账到机器记账，从算盘计算到机器计算，从经验风控到系统风控，银行业从来没有像今天这样对机器和技术的依赖。近年来，科学技术的创新让金融插上了翅膀，效率极大地提高。

科学技术进步还让金融形态发生了根本性的变化。以前，金融主要是以银行为主，后来有了证券、保险等，但是这老三样维持了相当长一段时间，随着互联网技术的应用，金融形态发生了深刻变化，非金融行业大量涉足金融，网上贷款、网上支付、网上筹资等不断涌现，使金融行业和非金融行业的界限变得模糊。

科学技术进步的同时还促进了金融监管手段的变革。近年来，监管者本身通过科技创新，加强对金融机构产品和风险的监管，提高了监管的有效性。可以说，整个金融体系的发展，都离不开科技助推，科技是推动金融变革最根本的动力，如果没有科技进步，金融是不可能有这么飞速发展的。

二、金融科技工作者任重道远

金融的飞速发展依靠科技推动，这是一个不争的事实，而对于我国金融业而言，在金融科技方面又有多少是处于世界领先地位的呢？这个问题值得思考，我们要成为金融强国，至少应在以下六个方面有所突破。

一是货币形态要有创新。大家知道，货币形态大约走过了4个时期：最早的货币是贝壳，随着冶炼技术的成熟，黄金、白银、黄铜等贵金属成为主要货币，这应该是人类文明的第一个时期，称为货币1.0时代；后来发明了纸币，包括票据、支票等，这是货币的2.0时代；随着电子技术的成熟，以借记卡、信用卡为代表，货币进入3.0时代；现在应该要向第四步迈进了，就是数字货币，或者说具有国家主权意义的数字货币，这一货币形式一定会到来，它的实现将是人类社会又一重大进步，具有划时代的意义。

二是支付手段要有创新。自从有了互联网以后，网上支付、第三方支付等各种支付方式层出不穷，极大地方便了金融消费者。随着科学技术的不断发展进步，未来还有哪些更科学、更先进、更方便、更安全的支付方式呢？等待我们去创造。

三是风控手段的创新。因为金融总是与风险同在，金融价格会随着宏观经济形势变化和市场波动而变化，金融要受金融参与者主观因素的影响，而人的因素又非常复杂，所以，防范金融风险永远在路上，更科学、实用的防范风险的方法永远会成为市场的最大需求。

四是身份识别的创新。未来对金融参与者，无论是自然人还是法人，准确识别其身份非常重要，因为世界上所有资产和负债，都是在某个自然人或法人名下的，也就是说，任何资产或者负债都是有主的，识别了主人的身份，也就识别了资产或者负债的归属。目前对自然人的身份识别研究得比较多，但对法人的身份识别相对较少，这项技术的创新对金融风险的防控有着非同小可的意义。

五是征信手段的创新。人与人之间、企业与企业之间的信用是维系一个国家正常社会秩序的基础，尤其对金融行业来说，是生死攸关的。金融参与者如果缺乏信用，该付的不付，该还的不还，金融活动就无法正常开展。近年来，经常出现的政府平台违约、企业经营三角债、违法金融机构信用欺诈等，严重干扰了金融的正常秩序，必须对这些不法分子绳之以法。但目前对自然人和法人的失信行为缺乏一套科学的方法采集，致使一些违法违规者长期逍遥法外，助长了违法行为的蔓延，征信手段的创新和信用体系的建立刻不容缓。

六是区块链技术的创新。区块链技术始于金融，更应该扎根于金融。从目前情况看，区块链技术还不够成熟，真正能够应用的更是少之又少，相反，一些领域借用区块链这个概念，用于炒作和诈骗，对社会带来很大危害，应该予以严厉打击。区块链在金融领域的广泛应用是一个方向，迟早要成为现实。但现在对区块链的认识相当于 30 年前人们对互联网的认识一样，很多人没有看清楚它的功用，对未来有哪些影响也看得不是很清楚，区块链仿佛蒙上了一层神秘的面纱，但作为网络技术的一种新模式，我们绝不能掉以轻心，必须提前布局研究，否则又会像其他技术一样输在起跑线上。

三、金融监管部门责无旁贷

近年来，金融科技之所以能够快速、有序发展，与金融监管部门的正确引导密不可分，政府起到了积极的作用。但也不能不清醒地看到，这几年随着互联网金融的迅速兴起，给各种涉网络的非法经营活动留下了不小的生存空间，在国内金融大案、要案频发，非法集资、金融诈骗事件影响深远，有的严重侵害人民群众的根本利益，有的甚至对国家金融安全构成威胁，给政府相关部门，尤其是金融监管部门敲响了警钟。

我认为作为政府部门，对金融科技的发展要做到以下几点。

一是容忍。任何创新都是从无到有，都有失败的风险。新生事物出现，不完善的地方在所难免，而且任何好的东西都有可能被坏人利用，不能一出问题就一棍子打死，要允许试错，防止把好的创意扼杀在摇篮之中。

二是支持。政府部门虽然不可能像企业或个体劳动者那样富有创新精神，这是由机制决定的，政府创新永远不可能走在企业的前面。但是，政府部门也不应该成为创新的拦路虎和绊脚石，政府相关部门要做有识之士、有知之士、有志之士，勇于担当，敢于负责，并且从政策、经费、资源、人才等多方面支持创新。

三是引领。政府部门具有行业、产业、地区等领导地位，有更多的话语权，在金融创新过程中，要积极引导行业向健康的方向发展，避免无序竞争和恶性竞争。

四是统筹。政府要善于在顶层设计上多做工作，因为顶层设计只有政府出面才能实现，哪一家企业或者个人不可能做到顶层设计，只能在底层实践；要善于在统筹协调上多做工作，如行业之间的统筹、区域间的统筹、国家层面的统筹等。统筹工作很重要，也很困难。现在各行各业，各定各的标准，政府部门也各唱各的调，各自为政，自成体系，有时造成很多浪费，有时形成新的壁垒。如手机充电器，这么一个小小的东西，国家就统一不起来，每一个品牌都有自己的标准，换一个手机就要换一大堆充电设备。类似的现象还有很多，金融科技创新也不例外，如各银行、金融机构，根据自己的需要开发系统，有的大机构斥巨资建自己的系统，一些中小金融机构也自行其是，最后的结果是系统五花八门，互不兼容。所以，政府部门、监管部门有责任、有义务多做统筹工作，统筹越早，浪费就越小，危害也越小。

（作者系中国银保监会国有重点金融机构监事会巡视员）

左振哲：商业银行与金融科技企业的竞合要做到“四个四”

一、认识商业银行与金融科技企业的合作背景——“四个在变”

一是技术在变。移动互联、大数据、云计算、区块链、人工智能、网络安全等一系列前沿技术与金融业务深度融合，从需求和供给两个维度极大地改变了金融生态，让银行提供“适时而在”的金融服务成为可能。二是客户在变。数字化时代的到来使客户在金融业务种类、服务渠道以及服务时间的选择等方面拥有更大自主权和灵活性，从而体现更具差异性的金融需求特征，移动金融的服务、产品、功能等个性化趋势会越来越明显。三是市场在变。从基础技术与金融的融合程度上看，金融科技不再是简单的“互联网上做金融”，其应用基础是智能数据分析、人工智能等前沿技术，给市场带来更多更深刻的金融产品与服务的创新。四是玩法在变。现在的市场玩家，尤其是随着新金融科技公司的加入，与传统金融的玩法完全不一样，它既有资本市场的资金实力，也有深入骨髓的互联网创新基因，还有自身逐利的资本与愿望，这些互联网的玩法决定了传统金融机构必须向新生的金融科技机构看齐才能赢得市场。当然，来自监管部门的监管要求也是银行与金融科技企业的合作背景。

二、理解商业银行如何拥抱金融科技时代——“四大变革”

在不久前的银行发布会上，招行明确提出要从基础建设、业务与IT要融合、创新机制建设和人才结构转型四个方面全面对标金融科技公司，体现了银行向金融科技转型的信心。发展金融科技是银行在新的金融科技环境下的自我颠覆和变革。一是要坚定金融科技的意识和信心。这绝不是发文件喊口号的，而是要把这种意识和信心深入传统商业银行的血液和骨髓里，渗透到业务经营的方方面面。二是变革现有产品的服务体系和流程。要构建即时响应、快速部署、不断迭代的敏捷产品研发流程，不断简化业务流程、优化产品界面、改善用户体验，在客户交易、客户服务、内部管理等领域与客户金融需求无缝对接。三是要改变固有的体制和机制。推进新技术与业务的有机融合，通过整合全行科技创新资源、成立专门组织机构、优化创新工作流程、培养专业人才队伍等手段，建立建成快速响应市场的业务管理机制。四是要创新市场营销的策略和手段。通过用户画像、大数据模型等对客户实施精准营销，提高客户关系管理能力；要通过产品创新和重点场景驱动，提升线上获客和活客能力，打造线上线下一体化的营销服务模式。

三、掌握商业银行推动金融科技的突破点——“四点加强”

一是加强对移动端服务能力建设。要在客户交易、客户服务、内部管理等领域推进移动化，以实现对客户金融需求的无缝对接。二是加强大数据的应用。随着可穿戴设备、智能家居等智能硬件的兴起，获取数据的渠道日益丰富，这将极大地促进个人征信、授信、风控以及保险定价等多个金融领域的发展。三是加强人工智能技术探索。这将大幅改变金融现有格局，使金融服务（银行、保险、理财、借贷、投资等方面）更加个性化与智能化。在前端，人工智能技术可以用于服务客户；在中台，人工智能技术可以支持授信、各类金融交易和金融分析中的决策；在后台，人工智能技术可以用于风险防控和监督。四是加强“联合创新”。区块链、人工智能、网络安全等一系列前沿技术与金融业务深度融合，从需求和供给两个维度极大地改变了金融生态，让银行在 Bank4.0 时代提供“适时而在”的金融服务成为可能。

四、推动农业银行在金融科技领域的探索——“四类实践”

一是互联网金融生态圈初步形成。完成了金融服务平台、电子商务平台和社交生活平台主体功能的投产上线，实现了农业银行网络金融从渠道建设向平台经营的转型升级。二是全面推进社交化金融生态建设。加快推进微信银行建设，注重微信渠道的营销推广，并在四大行中率先推出微信小程序，打通线上、线下服务。三是持续提升互联网金融服务“三农”的能力。按照全行互联网金融服务“三农”的战略要求，为“三农”服务打造专属移动端 APP，创新实践农村电商发展新模式的应用。四是积极探索金融科技新应用。如通过采用刷脸取款技术，有效降低了伪卡风险；探索基于区块链技术的金融行业应用模式，推出了“e 链贷”和“嗨豆”产品体系，等等。近期，农业银行还重磅推出了基于语音导航、人脸识别、智能风控等金融科技应用的新版智能掌银，诚邀广大客户下载体验。

最后，我想借此机会提三点建议。一是要提升对银行业利用金融科技进行创新的风险容忍度，监管部门要鼓励商业银行大胆创新，利用金融科技提升客户体验，以监管科技的创新适时应对金融科技的发展。二是要加强金融科技与银行业务结合的基础设施建设，在诸如支付清算、身份认证、金融标准等方面，要未雨绸缪加大统筹力度。这不是单家或几家金融机构所能实现的，更需要行业协会和监管机构的推动。三是要以开放包容的心态，推进商业银行与金融科技企业彼此的良性竞争与合作，积极探索“赋能和共赢”的合作机制。希望农业银行将来有更多的机会与在座的各位深度合作。面对日新月异的世界，我们唯有携手奔跑才能在这新时代的潮流中砥砺前行。

（作者系中国农业银行网络金融部副总经理）

陈则栋：区域性银行在金融科技应用中应有自身特色

一、区域性商业银行持续提升金融科技战略高度

国有大型商业银行和多数股份制银行已将互联网金融或金融科技列入战略规划，部分城商行、农商行也开始将互联网金融上升到战略高度，明确提出战略规划、优化组织架构，加大资金和人力投入，互联网金融平台的渠道和产品不断丰富。

江苏银行进一步强化金融科技应用战略性地位。常熟农商行推行“数字化、智能化”战略。宁波银行、杭州银行、常熟农商行的信息科

技类员工占比均上升。兰州银行很早就开始拥抱金融科技，建立起集支付、理财、信贷、电子商务、大数据金融等为一体的互联网金融生态体系，打造形成自身特色核心竞争力。直销银行增长明显、微信银行功能逐步丰富。商业银行尤其是城商行、农商行通过开展直销银行业务扩大获客渠道。据不完全统计，我国已开展直销银行业务的商业银行超过110家，除百信银行以独立法人形式开展业务外，大多数直销银行以商业银行下属部门形式运营。部分商业银行积极运用互联网技术，引入智能柜员机、智能机器人，推动网点服务向智能化、轻型化转型。生物识别技术加速推进。光大银行、江苏银行等将指纹、声纹、人脸识别等应用于身份验证、交易确认、语音导航等场景。

二、城商行在金融科技的应用中要有自己的特色

一是城商行金融科技发展从战略思维上，要能承受压力，金融科技不是一蹴而就的，需要的投入很大，要认识到短期收益与长远发展的平衡。二是要以已有客户的优化服务和数据挖掘为前提。不是简单地将线下产品和服务搬到线上，需要对后台积累的大数据进行深入挖掘，对客户进行画像，实施精准营销；需要在线上提供更符合互联网用户特点和需求的产品与服务。三是应当立足当地区域优势，在专业领域深耕细作，打造特色品牌，通过发展科技金融，更好地实现差异化、特色化、专业化的错位竞争。四是注重风险的防控。互联网渠道下，金融科技的发展水平和对风险的控制能力是重要因素。加大金融科技投入，加强风险防控应是未来发展的重要方向。注重与金融科技公司的合作，与互联网企业、同业机构、电信运营商等建立竞合关系，优势互补，互利共赢。

在互联网金融方面，中国互联网金融协会也开展了卓有成效的工作：一是组织资金存管测评。在已经申请的银行中，全国性、股份制、互联网银行、城商行都有。城商行占比更大，在这方面不同的银行其出发点不同，但客观体现出银行在金融科技发展方面的部署。二是建

设互联网金融统一身份认证平台。平台是协会组织建设的互联网金融行业的基础设施，主要解决当前推动互联网金融领域发展的共性问题。平台整合各身份核验渠道主流数据资源，作为互联网金融行业的入口，提供身份核验的一站式接入，可有效提高身份核验效率，节约企业运营成本。三是互联网金融风险防控监测平台。目前该平台已经实现了包括监管服务、统计分析、信息共享等功能。截至 2018 年 3 月 15 日，接入平台收录自然人借款客户 4000 多万个，借款账户 9000 多万个，入库记录 4 亿多条，基本实现了对开展个人负债业务的 P2P 网络借贷、网络小贷、消费金融等会员机构的全覆盖。四是成立互联网银行专委会、移动金融专业委员会等，对商业银行互联网金融业务发展中的问题进行研究。如对直销银行发展、城商银行金融科技发展等课题进行研究。针对当前二类户绑卡问题，协会也与监管部门推动在二类户开户绑卡方面进行新的探索。

（作者系中国互联网金融协会业务三部副主任）

段云飞：打造银行金融科技转型路径

我想说的内容主要有两个方面：第一，银行跟金融科技企业的关系是什么；第二，招商银行的金融科技发展战略。

第一个方面，说到银行跟金融科技企业的关系就有必要对金融与科技间的关系进行探讨。我认为，首先应明确的是，金融的本质并未改变。虽然信息技术的蓬勃发展在很大程度上改变了金融业态，但金融就是金融，资金融通仍然居于核心地位，绝不会因为采用了科技手段而改变了金融的本质。当前监管机构加强金融监管的逻辑也正在于此，用科技改变金融，进行所谓的套利性的金融创新肯定是没有出路的。金融科技要求市场主体有场景再建的思路，科技企业在入口和场景上具有优势，但银行在资金和线下服务的优势也是不容置疑的。绝大部分银行构筑了一个服务于高端客户的强大网络，这部分高端客群往往需要线下的专业服务，这正是银行的优势所在。银行服务于长尾客户的成本较高，但金融科技的发展正在改变这一点，随着金融科技的日新月异，银行这方面的成本是趋于下降的。从这个意义上来说，科技企业和银行之间的合作就变得十分重要。然而，离开银行扶持的金融科技企业是没有发展前途的，但如果离开金融科技的赋能，则并不必然会给银行带来致命的打击，银行只是会维持“传统”的原貌而已。银行不满足于当前的现状，致力于延伸其服务面，这是造成银行与科技企业之间共融共生关系的根源所在。

第二个方面，我想介绍一下招行的金融战略。2015 年，招行制定的发展战略将自身定位为金融科技银行。这意味着，招行首先要变成金融科技公司，要能以金融科技的思维来思考互联网战略。为贯彻该战略，招行制定了十二字方针，即“内建平台、外拓场景、流量经营”。内建平台是指构建两大零售 APP——招行手机银行 APP 与掌上生活 APP，以及两大对公板块 APP——企业银行的 APP 与同业金融的招银通 APP 的服务。外拓场景是指构建更多丰富和大众化的场景，由原先的高端客户服务向日常消费背景进行延伸，包括汽车金融、房地产金融、供应链金融等。在此过程中，招行也积极利用诸如区块链、大数据等金融科技手段拓展各种各样的业务场景。在这个基础上，招行实施流量经营，其目的就是使招行在大多数情况下做到信息流、资金流的闭环运作，进而招行能够在各种各样的生态圈和朋友圈的支持下，形成一个完整的闭环的生态系统。所以我们现在就开始要实现几个转变。

第一，向获得账户的思维转变。招行正逐渐摆脱强调客户总资产的传统银行思维，转而以活跃客户作为指标，向金融企业靠拢。招商银行的两大零售 APP 的活跃用户已超过一亿，是中国银行业 APP 中活跃程度比较高的，未来两三年我们将向两亿客户发起冲击。第二，实现线下用户向线上的转化。吸引有实体卡的招行存量用户习惯用我们的手机 APP，因为移动互联是未来的发展方向。第三，创立小的创新团队激发整个银行的创新。我们拿出营收的 1%，除了正常的开支以外，专门奖励小团队创新，让这种创新的文化能够在整个招商银行生根发芽，使我们对市场的反应更加灵敏、更加迅速。

（作者系招商银行同业客户部副总经理）

刘鑫：金融服务外包助推银企共赢

当前，“金融 + 科技”的发展正风生水起，互联网企业与金融企业的合作也进行得如火如荼。但我认为，大潮来临时应保持清醒的头脑，当下有几个问题亟待厘清：第一，互联网企业把表内的“流量 + 数据服务”收入，通过设立金融科技公司，包装成一个以金融企业的流量数据为核心、科技为外壳的解决方案，来实现表内收入的资本化。第二，金融企业主业是金融，没有必要深入技术底层研究 Ios 和 Android 的竞争，只要有利于满足客户需要，拿来用就可以，所以，所谓的科技、技术都是工具。第三，金融产品外部化趋势越来越明显，面对客户需求的商业服务流程一体化过程只能更加深入，金融服务外包范畴和体量的扩大给广大科技公司更多的业务机会。第四，不论银行系科技公司还是互联网系科技公司，生存的基础只能是技术，如果非要用来包装流量和数据，那就是伪金融科技。打个比方说，我们要买只鸡蛋，商家说不行，我得煎一下再给你，因为我是卖铲子的。

（作者系包商银行行长助理）

扈浩：科技驱动银企价值共赢

中原银行自成立以来，立足于河南省级法人银行的区域战略定位，秉承“科技立行、科技兴行”的理念，大力推进信息系统与 IT 基础设施建设，积极与各类金融科技企业开展创新合作，努力实现科技驱动价值共赢。以下从五个方面，介绍中原银行金融科技生态合作的实践与思路。

一是基础技术方面。在大数据、云计算、人工智能等领域，与基础技术龙头企业开展深入合作，不断加强自身投入，夯实 IT 基础设施，努力将外部技术转化为企业级技术应用能力。例如，自 2016 年起，与华为公司开展大数据基础技术合作，利用华为分布式大数据技术平台，构建了涵盖数据采集、整合加工、挖掘分析等方面的大数据基础技术体系，并承载建设了智能营销、风险管控、管理会计等 10 余套数据应用系统。

二是产品应用方面。坚持开放心态、迭代试错的理念，与专注于特定细分领域的金融科技初创企业开展产品应用合作。比如在惠农金融、供应链金融等领域，围绕特定客群打造专属金融创新产品，迭代优化完善，取得了良好的应用效果。

三是场景平台方面。传统银行提供的金融产品服务并不是高频场景，在获客与留存方面相比互联网平台有很大差距。为有效推动网络金融业务发展，中原银行积极探索与房、车、出行、美食等高频生活场景生态平台开展合作，如结合特色美食场景，打造聚焦地方特色美食的“中原吃货地图”，以更好地获取线上客户流量并提升客户服务黏性。同时，顺应互联网生态开放共享的发展趋势，搭建开放金融服务平台，将银行账户、支付、信贷风控等专属能力嵌入输出到高频流量的互联网场景平台中。

四是数据共创方面。银行基于自身金融产品服务所积累的客户与业务数据质量价值很高，但要通过数据的深度挖掘创造业务价值，仍需要与外部行业大数据企业进行深入合作，真正实现内外部数据汇集贯通。近年来，我行与一些专注于工业、税务、惠农、互联网行业数据的金融科技企业开展了数据共创合作，在线上化信贷产品创新建设方面取得了一定的实践成果。未来中原银行会进一步加大数据产品应用创新，有策略地通过线上产品建设积累数据，在安全可控的前提下，与外部行业大数据企业合作，实现数据价值共创共赢。

五是人才培养方面。中小银行在金融科技人才储备上，相比国有银行、股份制银行以及金融科技巨头企业具有明显差距。为有效践行科技银行、数据银行发展战略，我行大力推进产学研生态联盟人才培养工作。如围绕大数据、人工智能、云计算等前沿科技领域，通过与高校科研院所合作建设博士后创新实践基地、与金融科技企业共建联合创新实验室等方式，全方位推动金融科技人才联合培养，为后续科技战略持续发展积累储备人才力量。

数字科技正在深刻改变着传统银行业的经营管理模式，中原银行将以更加开放的心态，加强金融科技生态创新合作，坚持以价值创造为导向，开放共享，相互赋能，努力助推数字化战略实现跨越式发展。

（作者系中原银行技术总监）

陈志华："和而不同"是银企赋能与共赢的关键

我认为，真正实现赋能和共赢，合作双方至少应该在以下三点达成共识：第一，目标不同，结果共赢；第二，能力不同，优势互补；第三，不忘初心，砥砺前行。

一、为什么要目标不同，结果共赢

2017 年以来，国有大行和主流互联网公司，双方科技金融的合作轰轰烈烈，开发布会，搞战略合作，至少现在看起来还是雷声大雨点小，只开花不结果。根源在于双方的目标是一致的，即以科技之名，行获取对方用户之实。所以合作不是很理想，甚至有"同床异梦"之感。

只有当科技金融公司的目标是服务好银行，把银行当作自己的客户；银行的目标是尊重互联网公司的科技能力，通过互联网公司的科技能力，来获客和活客，才能最终实现双赢。

二、为什么说能力不同，优势互补

金融科技公司和银行之间必须是能力互补，尤其是金融科技公司拥有的这个能力，是银行在服务客户时必须拥有的，但是自己又不愿意拥有的能力。换句话说，如果金融科技公司提供给银行的这个能力是银行必须拥有，而且又特别有意愿拥有的能力，这个合作很难长久，换位思考，因为银行一般都会实行拿来主义，转化成自身能力。

三、如何做到不忘初心，砥砺前行

首先，科技公司的定位一定要很清晰，不能摇摆，合作的初心是要把遵守合规作为前提，风控作为底线。其次，风险是银行的底线，银行的部门和架构设计，本来就有相互制约的问题，不同部门对同一个业务合作的角度各不相同，过程中的磕绊和纠缠不可避免。合作双方都要有明确的目标，坚定的决心，砥砺前行。

2017 年底，易宝支付和建行推出了联合收单产品。合作一年多，帮助建行拓展和服务了大型优质商户 6000 多家，其中不乏 301 医院、口腔医院、北京师范大学、新中关商场等知名客户。在合作这个产品时，易宝的目标很明确，就是服务好建行，而不是惦记着银行的客户。建行的目标也很明确，通过易宝支付提供的能力，服务好建行的客户，让建行的客户满意，帮助建行揽存吸储。

联合收单解决的是建行在服务大型客户的定制化能力，这种能力要求快速反应，量身定做。建行自身的金融科技能力国际一流，但是建行的科技能力都集中在建行的各开发中心，不是下沉在建行的支行网点，更不可能在其客户经理。

有句话是“台风来了，猪都会飞”；还有句话是，“潮水退了，看谁没有穿底裤”。毋庸置疑，金融科技公司同银行的合作与赋能，当前正在台风口上。我也希望，我们金融科技行业的精英都是智者，真诚祝愿大家等这场金融大潮退去后，不仅穿着底裤，还穿着西装。

（作者系易宝支付有限公司副总裁）

邵忠：以智能化技术助力 IT 运维

我今天想和大家探讨的是 IT 运维领域的话题。首先，我想强调一下，IT 运维在金融科技领域的重要性。运维部门在很多企业里都是幕后英雄，业务部门很少意识到为了保证银行业务的连续性，运维人员付出的艰辛和汗水。我们都知道，IT 运维从来都不是一项轻松的工作，无论是从工作强度还是工作复杂度来说，运维工程师所承受的压力都很大，在科技引领“业务创新”的发展过程中，IT 运维有着不可替代的作用。为了确保服务运行的安全，保障企业良好运转，其重要性不言而喻。

金融科技的发展日新月异，科技引领也已成为业界共识，科技创新为银行业务的拓展提供了新的动力和保障，大数据和 AI 技术在银行业务中已经得到了广泛的应用，可以预见很多传统的业务岗位最终将会被人工智能所取代，与之相反的是，科技部门的运维压力却与日俱增。运维人员还要面对诸多问题，如软硬件系统的部署更加复杂，日益庞大，故障难以避免。为了保障业务的连续性，出现问题如何快速准确做出决策？如何处理每天产生的海量、多样的监控数据？同时还面临着人员增速跟不上信息系统规模增长的速度、系统架构的转变增加运维难度等的挑战。面对这些问题和挑战，运维人员在工作的过程中往往是身心俱疲，加班是常态，时常还需要 7×24 小时待命，最担心的事情是半夜“机叫”。运维就像一场永不休止的战争，时而硝烟弥漫，时而安静得可怕。IT 运维工程师不但要拼智力，还要拼体力。

一、智能运维（AIOps）是必然的发展趋势

为了应对这些问题和挑战，把运维工程师从繁重、重复性的运维工作中解放出来，充分利用大数据技术，把 AI 算法引入 IT 运维领域，在运维自动化的基础上，实现运维的智能化是必然的发展趋势。运维的主要任务是故障发现、故障止损、故障修复以及故障规避。智能运

维并不是一个全新的理念，而是IT运营分析和管理体系与大数据和人工智能技术结合的产物。智能运维以运维大数据为基础，利用人工智能和机器学习算法对运维数据进行深入分析，涵盖IT监控，应用性能管理、外网监控、日志分析，系统安全等方面。

二、智能运维的使用场景

我认为智能运维主要围绕质量保障、成本管理和效率提升这3个基本运维场景，逐步构建智能化运维服务。在质量保障方面，为保障现有系统的可靠、稳定运行，可以细分为异常检测、故障诊断、故障预测、故障自愈等基本场景；在成本管理方面，可细分为指标监控、资源优化、容量规划、性能优化等基本场景；在效率提升方面，可分为智能预测、智能变更、智能问答、智能决策等基本场景。

三、智能运维如何落地实现

智能运维的落地实现需要银行、金融科技公司及算法界的深入合作与共赢。银行作为主体可以提供智能运维的场景及大量的时序数据；算法界可以提供对这些数据深度分析和挖掘的算法及模型，金融科技公司则会结合自身的在运维领域的经验，把AI算法应用于企业的典型运维场景，实现运维的智能化。智能运维涉及以下几个关键技术：第一，人工智能（AI）。使用深度学习神经网络等人工智能技术来充分理解不同系统之间发生事件的方式和原因。使用专家规则系统和规则引擎作为自动化故障排除和自动修复的一部分。第二，机器学习（ML）。使用先进的数学技术，分析、预测、警报和建模各种系统。第三，大数据（BD）。一切都基于大数据。在运维监控系统中，每时每刻会产生大量的应用监控数据，日志数据，主机数据，网络数据等。

四、智能运维的愿景

运维本来就是在解决各种场景下的问题，智能化技术是用一些新手段帮助运维解决过去解决不了的问题。在这个领域我们已经进行了多年的探索。智能运维的目标就是要让运维人员告别“人力运维”时代，告别救火式、被动式的运维模式，运维工作将进入“技术运维”时代，采取预防、主动运维模式。运维流程追求标准化、自动化和智能化，化运维压力为开发的动力，由机器提供“持续运维”服务。智能运维的最终目标是无人值守的运维。在新的“技术运维”时代，人工智能将起主导作用，运维人员将不再是苦行僧，也可以有时间去追求自己的梦想。

（作者系北京盛世全景科技股份有限公司总裁）

邓苏军：创新服务方式，提升金融业资源配置效率

先锋支付是一家以支付产品研发为基础并不断积极探索，提供多种金融科技解决方案的创新型金融科技公司。针对当下金融科技领域发展面临的投资风险和人才缺口，先锋支付为相关金融机构提供技术、人才的输出和赋能，如我们提供的直销银行可以帮助客户在建立多层互联网核心账户体系架构和支持多类型金融产品的同时提供多样化互联网营销工具，为中小银行快速扩充用户群体。同时先锋支付也为银行提供资金存管技术服务。在产业链层面，我们为合作伙伴提供多种支付渠道，完成线上线下收单，整合上下游中小企业的资金流、物流、信息流等数据，实现数据的线上化和实时化，形成为供应链企业整体提供可控风险的金融服务模式。

（作者系先锋支付有限公司副总裁）

郑子洲：赋能中小金融机构，让金融更简单更美好

随着云计算、大数据、人工智能等信息技术成为驱动全球经济模式转型的重要力量，金融科技概念在全世界范围内迅速兴起。对银行而言，如何借力金融科技进行运用与创新、如何与金融科技企业互利共赢等成为核心话题，兴业数字金融服务（上海）股份有限公司（以下简称“兴业数金”）正是在这个大背景下应运而生的。

作为兴业银行集团布局金融科技的先行军，兴业数金自成立以来就明确了两大发展脉络：一方面是“延续发展”，即在继承银银平台科技输出基础上，做大做强金融云，为中小银行、非银行金融机构、中小企业提供全方位金融信息云服务；另一方面是“突破创新”，即打造开放银行平台，通过开放接口，开展微创新，成为“银行端”和“客户端”的连接器。在金融行业云服务领域，兴业银行于2007年在国内率先推出“银银平台”科技输出业务，以中小银行信息系统托管与维护为切入口，创造性地将管理、科技、业务流程等作为可输出产品，为各类合作银行提供全面的金融服务解决方案，改变了商业银行只提供金融产品的传统经营模式。

兴业数金金融云服务脱胎于兴业银行科技输出业务，致力于解决中小银行科技支撑业务发展过程中的人力资源不足、科技力量薄弱等难题。从市场化运作开始，在巩固并扩大村镇银行服务领域的市场占有率基础上，积极拓展城商行、农商行、民营银行等规模量级更大的合作行客户。同时，金融云积极进行业务产品创新，先后与国内外知名企业进行合作，实现金融云产品的不断升级、优化。

依托持续发展的金融云平台，兴业数金不断融合自身金融行业技术、业务和产品服务积累，进行新模式、新业务探索。在商业银行与金融科技加速融合的当下，传统银行价值链的各个环节已经被高度渗透。在这种生态中，出现了新的组织形态，一方面允许各个合作伙伴无缝提供银行服务，另一方面在银行平台中纳入第三方服务和创新，使其拥有更为丰富的体验。2016年，盖特纳提出开放银行概念，即开放银行通过与商业生态系统共享数据、算法、交易、流程和其他业务功能，为商业生态系统的客户、员工、第三方开发者、金融科技公司、供应商和其他合作伙伴提供服务。在兴业数金公司多次与国际知名咨询机构交流的过程中发现，我国开放银行平台发展的大环境已经具备，而目前还只是部门互联网巨头在应用，尚未渗透到银行领域，且“开放式”概念尚在产品层面，未提升到战略高度。

兴业数金通过打造开放银行平台，开放 API 接口，在金融机构与科技公司间嫁接数字化桥梁，助力广大中小银行对接各类商业生态，帮助广大中小微企业方便、快捷、安全地获取高品质的金融服务，践行普惠金融，服务实体经济。

在开放银行平台中，平台底层是拥有牌照、金融服务的中小银行，提供诸如账户管理、支付、融资等金融服务能力，中小银行希望跟上层的商业生态系统进行对接，如各类行业、场景、电商平台等，但囿于技术和能力掣肘，需要借助第三方平台。中间层即开放银行平台，负责将底层金融服务与上层的商业生态系统进行对接，把金融服务集成为可被上层生态系统调用的服务。除抽象最基础的服务组件、依据不同场景集成金融服务外，开放银行平台也将融入如人工智能、区块链等服务，使金融服务更加强大。

同时，在开放银行技术平台不断完善的基础上，兴业数金还建设孵化创新机制加速平台上的业务微创新。目前已经推出金融赋能类互联网票据流转产品“执剑人”、全场景支付产品“风行通宝”、物流行业服务产品“云路”、网络信贷产品“金东方”等，科技赋能类产品区块链电子合同产品“倚天鉴”、智能投顾产品“基海精灵”、聚合消息服务“青鸟”等。

（作者系兴业数金云计算中心总经理）

议题二　金融科技与金融风险防范

党的十九大报告指出，深化金融体制改革，增强金融服务实体经济能力，健全货币政策和宏观审慎政策双支柱调控框架，健全金融监管体系，守住不发生系统性金融风险的底线。这是做好新时代金融工作的基本要求。与此同时，信息技术和金融的深层融合不断打破现有金融行业的边界，金融科技正在以迅猛的势头重塑金融产业生态。

欧阳日辉：监管科技与金融科技比翼双飞

目前，金融行业处于强监管的态势下，我们应该积极拥抱监管。司马迁、孙膑等古人在人生最低谷的时候写出了最伟大的思想著作，新时代最好的金融模式一定也是在最艰难的时期产生的。最艰难的时候才会把人的智慧发挥到极限，业界抛弃短视的行为方式，锻造出金融服务实体经济的理念，打造出符合国情、适应经济形势和满足监管要求的金融模式和金融新业态。

融资难、融资贵的问题是世界性的难题，解决这个问题需要新技术和新思路。政府和监管层针对融资难、融资贵的问题也进行了许多努力。为什么解决不了小微企业融资难、融资贵的问题？这是小微企业本身的特性和金融体系固有的管理方式落后等诸多原因造成的。解决这一问题，要依靠网络信息技术的应用，新技术创造出新业态，新产业催生新模式。金融是为商业服务的，新经济需要新金融。数字经济是未来新的经济形态，新的经济形态需要新的金融业态、新的金融生态来匹配。运用新技术发展金融科技，重塑金融生态系统，需要大家一起努力，贡献智慧，共同推动新金融的发展，探索解决融资难、融资贵的新模式。

金融科技发展的核心在于风控。与 5 年前相比，风险控制的场景已经发生了很大变化，这时候我们讲金融风控，更多地侧重如何运用金融科技，特别是人工智能和大数据，这两项技术可能是我们以后进行金融风控的标配。人工智能和大数据的结合，将掀起金融风险控制的一场革命。两年前，做互联网金融的平台可以假装自己在应用大数据做业务；从今天开始，经过专项整治之后留存下来的平台，不运用人工智能和大数据来进行业务设计和风险控制，肯定走不远。未来的金融就是互联网金融或金融科技，传统金融机构也必须运用网络信息技术，进行数字化转型。我们希望金融机构与互联网金融企业加强风险的自控和自律，大家把风险控制在自己的范围内。

金融风险防控需要制度和技术并重。监管层在制度建设方面做了很多工作，监管科技来了，从技术角度，监管层需要构建基于大数据的“四个体系一个机制”联动的数字化监管系统：监测预警体系、信息披露体系、大数据征信体系和社会评价体系，加上数据共享机制。建立数字化监管系统，改变目前“人工报数”的被动监管、事后监管格局，实现实时监管、行为监管和功能监管。由于数据实时更新，造假成本增加，将极大地提高监管有效性。构建数字化监管系统后，实行行业自律管理为主的监管体系，才能既做到监管到位，又为金融创新留下空间。

我们积极拥抱科技，我们既要发展金融科技，也希望监管层发展监管科技。

（作者系中央财经大学互联网经济研究院副院长）

吴震：监管科技助力互联网金融健康发展

互联网金融风险可以从以下角度进行区分，第一是跑路风险，第二是社会风险。比如现金贷、网络催收等，虽然会改善企业的经营状况，但会造成较大的社会负面情绪和较大的社会不稳定因素，属于社会风险。第三是宏观风险。宏观风险即宏观调控政策可能不一致的风险。比如国家淘汰落后产能，然后资金流向落后产能，等等。

最初，我们关注较多的是跑路风险，所以我们也做了很多的监测预警，特别是自2018年以来，我们预警了多家存在严重问题或者风险隐患的平台，并提供给相关部门，已有很多得到验证。总的来说，我们感觉这方面成效比较显著，也需要进一步汇聚数据，进一步提高。

此外，关于监管科技，一方面，对于新金融或者类金融而言，现在的监管科技还是处于比较早期的阶段。现在也有一些企业从事这方面的研究或者开发。我觉得从无到有是比较容易的，但是从有到好非常难。做初步系统是相对比较容易的，但是打磨好，做到准确全面，还有很多的工作需要做。另一方面，数据越来越多，但还是不够全面，存在一些拿不到的特殊数据，数据源还是不充分。

监管科技也有几个难点。第一个难点是获取真实数据的难点。有些数据的真实性难以保证，数据是由企业控制的，如何避免有意无意漏报、错报是个难点。第二个难点是综合业务比较难判断。现有的平台如P2P平台，还是有很多相关的指标可以监测。但这个表面看起来安全的平台和其他的平台存在关联，如果其他平台出了问题，这个平台也有出现问题的可能性。

总体来说，监管科技和技术监测对于未来互联网金融健康发展是非常必要的。同时我们认为，监管科技的发展现在的确处在比较初期的阶段，能发挥很大作用，但是也有一些难点需要解决。从长期的互联网治理经验来说，互联网的治理一直是管理和技术相结合的过程。管理和技术都不可或缺，有了管理没有技术，会事倍功半；技术也需要对管理上的一些热点、难点积极跟进。

（作者系国家互联网金融安全技术专家委员会秘书长）

孙磊：互联网金融监管要保持一致性

近年来，金融科技发展迅速。一是技术迭代非常快，以信用卡为例，我们用了几年的时间，就超过了美国这么多年的信用卡发展水平。二是业务模式创新快。包括支付结算领域、P2P、消费信贷、助贷、联合贷在内的各种各样的类型模式创新之快超乎想象。三是扩展得快。以往一种新业态从创新、认可到大面积推广是非常艰苦和漫长的过程，而借助互联网，一些新的业态能够在半年、一年内拓展到全国。

为什么互联网金融能这么快地发展起来？除技术本身带来的成果外，我认为还有一些其他原因。以 P2P 为例，基于中国人投资风险观，很难想象会将大额资金投入一个完全不熟悉的机构。这种业态能够这么快地发展起来，很大程度上是由于金融体系的信任。广大群体认为所有的金融机构都是可靠的，所有投资是有保障的，甚至是没风险。但事实上出现了大量的问题机构，也导致了很大的损失。通过这一波打击，我觉得人们对金融体系的认识会更加成熟，相关业态发展速度会有所下降，但也会更加稳健和可持续。

监管规则一定程度上存在空白。以消费信贷为例，现在很多机构的信贷模式和放贷标准是不符合银行业监管规则的。但由于这些监管要求不适用于新兴机构，就形成了不对称的监管。对同样一种业务，银行需要一套非常复杂的程序，面临一套非常严格的监管规则，需要进行严格的资产分类、计提充足的拨备和资本，还需要接受严格的现场检查和非现场监测管理。而一些机构不需要承担这些监管成本，这就使一些不可能的业务变为可能，但同时也加大了潜在风险。

对于风险防控，需要厘清互联网金融到底是不是独立业态这一问题。它是不是金融？是互联网业做金融，还是创造一种新的互联网金融业态？如果认为科技是一种工具，是金融业务中的一种工具，是帮助金融提高水平的一种方法，那么在监管上就要保持一致性，对同类产品、同类业务实行一致性监管。这一导向和原则在新近发布的资管新规中有明确的体现，资管新规的核心在于监管要求的一致性，不管券商、信托还是保险发行的资管产品，都要适用统一的监管规则。回到互联网金融业务，不管是怎样的业态，怎样的模式，只要是金融业务，都要分门别类地纳入监管体系，实行相应的监管。

（作者系中国银保监会审慎规制局处长）

黄劲尧：以区块链技术解决金融场景痛点

近年来，随着区块链技术的发展，企业应用区块链技术的项目也在迅速增加，许多人认为今年将会是区块链技术与实体经济结合并爆发的一年。尽管如此，目前大家一谈到区块链技术就会想到比特币与虚拟货币筹资，并且把焦点聚集在加密货币投机炒作上。然而我认为，利用区块链技术解决实体经济产业的各种问题与痛点才是区块链技术最大的意义。尤其是金融领域，区块链技术能够有效地解决当下金融领域面临的问题。

自2016年起，我国的金融机构陆续加入区块链技术的行列。传统金融机构以民生银行、招商银行为代表，金融科技企业则以蚂蚁金服、京东金融和百度金融为代表。涉及多项应用场景，如供应链金融、贸易金融、保险防欺诈，等等。这些金融场景普遍存在如下问题：一是节点多，且参与主体众多；二是由于涉及金钱交易，各节点缺乏信任，往往需要第三方增信机构；三是过于中心化，一个节点若出现错误，将影响整个系统运作；四是场景内节点资料存在安全疑虑。区块链技术具有去中心化、信任共识机制、交易公开透明及不可轻易篡改等特性，能够有效解决金融场景面临的诸多难题。

供应链金融的参与主体众多，包括商业银行、商业保理公司、上下游供应商、承销商与核心企业等。主要涉及应收账款融资、货权质押融资、预付账款融资等业务。目前，由于参与主体众多，供应链上下游间难以实现联动，增加了融资周期和融资成本。且供应链上各种凭证往往需要人工验证，真伪难辨，提高了增信机构的审核风险。透过区块链技术的去中心化、信任共识机制和无法轻易篡改的特征，将供应链上所有的交易行为放入区块链中，使供应链金融摆脱繁杂的人工审核，第三方增信机构也无须耗费时间去验证凭证的真实性，大大提升了融资效率。

贸易金融的处理流程主要包含销售、运输和交货，都记录在提单中。传统贸易金融中，每笔国际运输交易也同样涉及多个主体，包括发货人、银行、保险公司、港口和政府海关检查部门等。由于各参与主体的交易记录与作业系统彼此间不同步，导致在贸易金融中涉及的相关方越多，运营风险越大，容易带来法律纠纷。贸易金融里的出口商、进口商、银行、保险公司、港口和政府海关检查部门等各节点可以借助区块链技术的数字签名技术以达成共识，分布式实时更新技术可以保证上述各方的通信直接相互进行，智能合约技术可以保证相关指令自动执行，无须借助每个环节中的中心实体，可以提升流程效率和执行力。

欺诈是困扰保险业的棘手问题。传统保险业务流程中，任何一步发生错误（如投保人信息丢失、保单条款随意解读、理赔周期过于冗长），都有可能牵一发而动全身。区块链的分布式储存特性能确保投保人信息的安全性，而智能合约则不用投保人申请理赔，也无须保险公司批准理赔，只要触发理赔条件，保单自动理赔，减少了重复理赔的风险，也提升了理赔效率。反欺诈将是区块链在保险行业最有意义的应用案例，区块链能为保险公司和投保人提供一个永久可查询的理赔审查账单，所有人都可以查询和评估被记录的理赔数据。

展望未来，区块链行业需要站在更高的维度思考布局，将区块链与实体经济结合，与行业应用结合，提升生产效率，优化生产关系，从而在全球区块链领域占有一席之地。

（作者系北京大学大数据研究院研究员）

陈平：金融的本质是对风险的有效管控

金融科技给整个社会尤其是金融行业带来了深远的影响。移动互联网、人工智能、大数据、云计算等科学技术与金融的融合，实现了金融服务的创新，提高了金融服务便利性和效率。金融科技的发展也降低了金融服务准入的门槛，给客户提供更多接受金融服务的机会，使金融服务更具普惠性，能够覆盖更多的社会大众。

金融的本质是对风险的有效管控。金融服务给社会大众带来良好体验的同时，也带来了风险管理方面的问题，我们做银行也好，做其他金融服务也好，不能只看短期的经营业绩，而是要看一场“马拉松式”长跑的结果，历史上出现的“百年老店”，无不是风险管控出色的机构。经营银行或其他金融机构，我们要永远对风险存有敬畏之心，警惕过于追求短期利益而忽视对风险的把控，要把风险管控好才能谋求进一步发展。

风险管理是一个古老的话题，包括风险识别、评估、计量、监测、报告、控制与缓释等管理流程。首先，需要识别机构内部有哪些风险，评估风险的大小，其次在数据的基础上把风险计量出来，再根据关键风险指标和限额进行监测和报告，最后还需要对风险进行有效控制并进行缓释，降低风险发生的可能性，这是风险管理的一套基本流程。

银行的风险管控越来越依靠金融科技的发展。银行是较早运用金融科技来加强风险管控的金融机构。如在信用风险管控方面，工商银行十年前就运用基于大数据的信用风险评分模型进行决策。又如，在欺诈风险管控方面，工商银行已经在研究和运用基于大数据和云计算的人工智能技术在反欺诈领域的创新应用。目前，工商银行已建立企业级人工智能反欺诈平台，该平台将分散在全行反欺诈信息按客户维度进行整合，达到共享共用，同时研发了神经网络、机器学习模型和复杂关系网络等 AI 模型，建立了高效实时处理系统，可在毫秒实时计算。

未来，银行要不断加强金融科技研究和应用：一方面，做好基础数据积累和整合，不断补充和丰富自身的数据资产；另一方面，加大专业化人才的培养，不断引入和运用业界新技术，积极探索新兴技术领域。

（作者系中国工商银行风险管理部处长）

贾凤军：银行业应拥抱金融科技、掌握大数据、积极转型

首先，大数据、金融科技对金融风险的防范起的作用非常重大，在这个进程中，银行已经落在后面。如果银行不在这个时候发力，充分运用大数据技术防范金融风险的话，可能会真的成为 21 世纪的恐龙。支付是银行最不可替代的作用，因为只有支付清算网络是别的金融机构代替不了的，只有银行系统才能承担，但是银行错失了发展良机，在金融风险防控上运用新技术，银行也已经落在了后面，比如说互联网贷款，由于缺少数据、技术手段，银行没有能力判断客户风险，只有心甘情愿地排队争当互联网放贷机构的资金源。大数据技术对风险防范的作用非常大，银行落在了后面。

其次，金融科技、大数据的未来不可限量，现在互联网金融多数是面向个人客户，针对企业客户相对少。如果这些互联网金融机构，它们把已经运用得炉火纯青的技术运用在大企业身上，也可能会取得让银行意想不到的结果。银行业应积极转型，脚踏实地拥抱金融科技，在各领域大胆使用新技术。

最后，要理解金融科技并不能消除风险，风险是未来的不确定性，产生的根源是信息不对称，因此风险不可能消除，这超出了技术范畴。但大规模、正确地运用金融科技，可以最大限度地减少不确定性，减少信息不对称产生的风险。

（作者系中国民生银行直销银行事业部副总经理）

杨贵院：金融科技与农商银行全面风险管理

目前，全国已设立农商银行1200余家，总资产规模突破20万亿元，重庆、张家港、常熟、江阴等农商银行已率先在海内外上市，农商银行已成为国内一支举足轻重的金融生力军。但由于其前身是农村信用社，个体规模相对偏小，金融科技基础较弱，其业务经营中的风险防控更多的是依赖传统手段。面对大数据、云计算等金融科技发展的日新月异，我想结合农商银行的实际，从全面风险管理的视角，谈谈如何看待金融科技在风险管理中的应用。

根据原银监会2016年9月发布的《银行业金融机构全面风险管理指引》，银行业金融机构应当建立全面风险管理体系，采取定性和定量相结合的方法，识别、计量、评估、监测、报告、控制或缓释所承担的各类风险。银行业金融机构应当具备完善的风险管理信息系统，能够在集团和法人层面计量、评估、展示、报告所有风险类别、产品和交易对手风险暴露的规模和构成。银行业金融机构应当建立与业务规模、风险状况等相匹配的信息科技基础设施。银行业金融机构应当建立健全数据质量控制机制，积累真实、准确、连续、完整的内部和外部数据，用于风险识别、计量、评估、监测、报告，以及资本和流动性充足情况的评估。

第一，强化金融科技在风险防控中应用是一项合规要求。在强监管下，银行最大的压力是合规压力，但在金融科技应用方面，应该成为动力。除前面提到的《银行业金融机构全面风险管理指引》外，中国银保监会近年来发布的监管指引，大量的内容涉及金融科技对银行风险防控的硬性要求。对银行面临的各类风险而言，每种风险都需要金融科技的支撑。比如，中国银保监会近期修订发布的《商业银行账簿利率风险管理指引》中，第三章“风险计量和压力测试”、第四章“计量系统与模型管理”所规定的主要就是金融科技手段对账簿利率风险管理的应用。

第二，农商银行使用金融科技防控风险应量力而行，循序渐进。鉴于农商银行底子薄、体量小、财力有限等特点，在金融科技应用上不宜盲目赶潮流，应结合自身战略定位，重点突破。上海农商银行从2008年开始和澳新银行合作，开发小微企业的自动化审批系统。系统于2010年上线，当时我们主要考虑两个方面的因素。一是审批手势的问题，因为小微企业信贷的审批权多数在支行，尤其是二级支行审批。如果全部由人工审批，会有成百上千人负责小微企业贷款的审批。再系统化的培训也很难解决审批手势的完全一致。二是流程优化和审批效率提高，将原来一笔贷款经过十几个环节、一周以上的审批时间缩短为两个环节和几秒钟。到目前为止，经过不断优化和升级，自动化审批的不良率一直稳定地低于人工审批贷款的不良率。为此，该项目还获得了上海市政府颁发的“金融创新奖”。

第三，在金融科技应用方面，相对于大中型银行，农商银行由于自身数据有限，在数据获取上还面临安全压力。如果从数据公司购买数据，无法确定数据获取是否合法。如果源头存在问题，将来用到审批系统里面会存在隐患，甚至会引发较严重的声誉风险。

第四，数据本身具有价值，背后的流程、制度的配套和优化才更为关键。如果流程制度不配套，只是技术先进了，可能会引发新的风险。比如有的银行柜面做集中的授权，原来都是以网点为单位分散授权，后来专门建立一个远程集中授权中心，但是复核时候看不到客户的脸，依靠柜员自己去判断。所以有一段时间，集中授权引发另外一个问题，即客户冒用他人身份证到银行办业务。初审看不出来，集中复核更无法判断。这就需要配套引入公安机关的身份核实机制。

（作者系上海农商银行总法律顾问、合规内控部总经理）

邱智聪：强监管下如何回归风控本源

随着金融监管的加强，对银行业总体来说是有好处的，在强有力的监管下，整个市场的竞争会更加公平。随着市场监管的加强，大数据将回归技术，如IT技术、分析智能、风控模型、反欺诈技术等，更容易从大数据回归到我们对小数据的分析、挖掘和应用。

对于风控或者欺诈防控，银行拥有的数据更有价值，体现在数据的质量、数据的有效性，以及在数据采集过程中的真实性上。所以，我们需要更多地投入挖掘它的价值。外部的数据肯定有所补充，但是我们同时也要看到，互联网采集数据的纯净度、指向性和整齐程度，或者对我们预测目标的能力，其实不尽如人意。所以，在分析智能或者技术应用方面，我们提倡金融机构特别是银行采用本地化部署，然后在本地实施，帮助银行提升自身分析和风控能力，对银行拥有的小数据的价值进行充分挖掘。

大家都在谈论大数据，不停地引用外部数据，而银行内部数据的价值挖掘尚未做到尽善尽美。我们现在也给一些银行提供信用风险和欺诈防控方面的应用。过去，我们数据的应用更多的是单一指向，我们要看客户、账户、债项，只针对借款本身或者客户本身。现在，我们则更多地引入复杂网络，看人和人之间的各种关系。这种关系是区别于现在所谓的社交网络，因为社交网络虽然关系很丰富，但是关系不稳定、不纯净。这种不纯净的信息过多也会对风控造成干扰。我们也跟一些银行交流过，拿那么多外部数据后该怎么用。不同的数据源其信息指向可能不一致，甚至相互矛盾，反而造成更大的困扰。处理大量的信息、数据投入大量的资源，可能也要消耗大量的时间。我们需要给客户更好的体验，让客户在尽可能短的时间内获得金融服务。所以，在信息的获取和选择上，并不是越多越好，而在于我们如何能够有效筛选出有价值的信息和数据。

这也是我们在分析智能和金融科技需要真正着力的地方，不是把数据都汇总在一起，关联在一起，呈现出来就结束了。把这些信息抓取到后，更需要做的是如何剔除一些不重要的、没有价值的、低价值的信息；或者是针对我们风险的指向目标，把对风险区分度小的信息剔除，呈现给业务人员有明显指向意义的信息。在这种情况下，我们的分析和产出才有价值。

特别是针对反欺诈，反欺诈的特点是各种的手段层出不穷，欺诈很多时候是一场对抗赛，大家相互之间在赛跑，看谁跑得慢一点；或者谁家的墙矮一点，大家都想把自己的墙比别人家高一点。这种动态竞争环境本身就说明一个问题，没有一种单一的反欺诈手段能包打天下。一种单一手段如果真的很有效，那整个生态环境就会慢慢让它失效。因为欺诈是一个动态的过程，黑产也好，欺诈的团伙也好，具有很强的主动性。一旦一种防控手段非常有效，一般很快会研发出有针对性的措施与手段。所以，我们的整个防控体系任务艰巨，不是单单建立一个单点防控或者是单一手段防控就能够生效。所有风险防控的手段，包括前端的防控策略、后端的侦测规则也好，模型也好，网络关系也好，需要构建一个有机的组合，互相融合。一旦出现新的风险特征，随时都能有相匹配的手段和策略去防御。在整个防御体系下，分析智能非常关键。只有通过分析能力，才可以及时发现一些新的风险趋势。毕竟敌暗我明，如果没有挖掘风险的新特征，我们很难及时响应。

在强监管下，我们对数据的精耕细作，反而会更好地回归到风控的本源。单一的欺诈防控模式需要进行组合，这些方法背后的支撑能力就是分析智能。分析防控手段也需要通过分析能力逐渐叠加，不断循环，得到提升。

［作者系中科聚信信息技术（北京）有限公司副总裁］

雷涛：未来 AI 发展更注重规模化生产能力

时下，关于 AI 讨论的热点很多，比如人脸识别、聊天机器人、人机交互场景等。这些都是应用场景而非 AI 的核心。AI 的核心支撑技术，是围绕机器学习构建的技术框架。在成熟的金融机构，尤其是风控、策略等部门，一直在关注和使用AI、ML。因此，并不是随着这波AI热潮起来后，AI才进入金融领域，它早在十几年之前就已在风险、定价方面发挥作用。

在数据层面，今天的机器学习相较传统的机器学习发生了很大变化，主要体现在流动性上。如何把一个流动性数据，比如每天被标注违约的人群，进行线上化训练，给到审批端，对以前的数据挖掘模型提出很大的挑战。因为以前的数据挖掘是离线的，是抽样的。从生产转到数据分析系统、数据仓库系统，再转到挖掘系统，都需要数据能够在一个在线的、流动的环境下做模型生产。这也就意味着生产和模型是耦合在一起的。就像淘宝选择商品的推荐引擎一样，点击流决定着推荐内容。所以算法开始进入生产系统，机器学习并不是一个离线挖掘的分析型系统，而是深入生产环节、在线环节。

数据本身的关联也开始变得非常显著。比如，把账务系统的回单数据连接起来，会形成一个资金网络。通过量化分析企业的资金往来，不用看3张报表，就可以识别这个企业的资金流动效率和资金利用率。同样，对一些宏观风险，我们为银行制作了6500万节点的关联，将集团子母关系、控制人关系、配偶关系等十几种关系连接起来，抽取复杂的链、循环嵌套的闭环。由于只能看到两两关系，传统的、平面的数据结构无法厘清这些复杂的链条。所以，所谓的降维打击，就是用升维的手段表达这些量化内容，这也对底层数据基础设施提出了新的挑战。

在2017年的一个项目中，我们利用行为数据信息，构建了一个百亿节点规模的网络，能够做很多上层的业务应用，如一致行为的识别、供应链金融、黑名单的预测。由于黑名单是非常有限的，哪怕用一些机器学习的方法，也只能基于昨天的数据训练今天的价值。而要用到网络后，可以把当日的变化反馈到模型里。

AI 的特征表达能力可以将海量沉睡数据盘活。深度学习的核心并不是构建推理机制，而是蒙特卡洛计算。它能够把棋风、大局观反馈在一个非线性的隐含层的神经网络里，这些是人类语言和规则无法穷尽和描述的。如何应用到金融中呢？以申请反欺诈为例，要想知道申请人的更多信息，往往要靠数据的交叉验证，补充更多的外围数据。AI 模型并不依赖更多维度的数据，而是简单数据的大规模重复。机器可以通过十多万次的学习过程，将其中的映射关系用非线性方法表达。这种特征表达能力能够将银行已有的很多数据盘活。

如今，AI 可以替代很多规则和流程表达商业事实、重塑商业流程，从而更本质地表达商业逻辑。所以，算法和数据无疑能够服务更多个性化场景。天云大数据是一个赋能者，我们现在要回答的不是在银行里能找到哪些人工智能场景的问题，而是如何将人工智能规模化的问题。将这种能力规模化地应用到数据端、场景端，来降低门槛，这是我们希望在这个行业里所能够付出的价值。

（作者系天云大数据 CEO）

汪德嘉：以新科技提升金融风险防范能力

我之前一直在国外，任职于 ORACLE、IBM、VISA 等公司。2011 年看到国内金融科技发展趋势，回国创立通付盾，专注于金融科技安全。对于金融科技与金融风险防范，我想分享三点。

第一点是为什么金融科技现在这么火？金融科技这一概念在国内外很早就有，并不是一个新概念。金融科技之所以这么火，是与时代密切相关的。新时代是鼓励金融创新的时代，有了新金融，科技才有用武之地。科技要助力金融发展、服务实体经济，催化了新金融科技的诞生。金融科技在中国如此活跃，中国的金融科技也在世界领先，这是我想与大家分享的第一点。

我想分享的第二点是关于金融风险防范。金融科技加速了业务风险的外溢，移动化、数字化、智能化等新科技都已经应用于实践，如账号虚拟化、身份验证远程化、交易线上化、资金流转实时化，等等。金融科技将整个金融服务的链条向外延展，随之而来的是业务风险外溢。新技术产生新问题，需要新方法来解决，这是我想与大家分享的第二点。

我想分享的第三点是，目前金融业需要建设一个能处理综合复杂业务的智能化第二核心系统平台。第二核心系统是以新技术安全为切入点，包括移动互联网安全、业务安全、区块链安全等；依托身份技术、画像技术、复杂网络分析技术，建设智能分析平台，提高金融机构 KYC 能力。了解客户，既可以保证用户账号安全，也可以实现获客与风控。通付盾有一套完整的 KYC 解决方案。据波士顿咨询报告，金融机构的数据使用率不足 34%。这是目前金融行业的一个痛点，一是缺乏技术，二是缺少数据，尤其缺少互联网数据。金融机构需要先进的技术，通过安全入口可以获得更真实的外部数据，把业务数据与外部数据结合起来使用，例如给客户做画像。黑名单其实是非常有限的，如何把有限的黑名单用好？欺诈分子是团伙性的，通过多维度关联分析，挖掘出欺诈团伙，从而提高风险防控的能力。这是我分享的第三点。

（作者系江苏通付盾科技有限公司董事长）

张宇：互联网金融监管要回归其金融本质

互联网金融本质上是从事金融业务，因此要按金融来分析。以 P2P 为例，如果注册资本只有几百万元，而应收有几十亿元甚至上百亿元，便会存在系统性风险。从这个角度来看，金融监管是一个比较合适的做法。但是，监管思路需要转变。对传统金融机构来说，监管可能希望把一切风险都杜绝。但风险是客观存在的，无论如何进行防控，坏账总会产生。在个人借贷业务中，由于其服务对象是小额分散的个人用户，未来的还款能力和还款意愿会随着时间而发生变化。即便在贷前投入大量成本对个人进行尽调，仍然无法杜绝坏账的产生。在个人借贷业务发达的国家，在进行风控的时候，并不是要把所有的坏账都杜绝，而是通过统计方法把风险控制在可预期的概率内。

我刚回国在消费金融公司做一项业务的时候，坏账约为 2%，同事颇为紧张。但是实际上，相较于收益，2% 的坏账水平并不是很高，这个坏账水平是完全可以接受的。回想以前在 Capital One 的时候，有好几年我们的风险目标是把整个资产组合风险控制在个位数，那些年也是 Capital One 发展非常迅速的几年。当时我觉得很奇怪，不知道为什么坏账 2% 就感到很紧张。后来发现，监管方面确实有这样的要求。当然，我们必须制定体现金融业务实际风险水平的指标，不然风险管理就是自欺欺人了。2017 年，在工薪贷很热门，业务飞速增长的时候，很多工薪贷企业都声称自己的坏账率不到 1%，但真实的坏账水平可能远远不止这个数。

一方面，对于从事金融业务的互联网企业来说，我们要按照其金融本质进行分析管理；另一方面，风险评估、管控理念也要与时俱进。随着互联网金融的发展，我们会有更好的方式来看待这个问题，也能够对风险做出更好的管控。

（作者系易宝支付有限公司首席风控官）

陈欢：金融科技提升风险防范水平

宜信自 2006 年成立，至今已走过 12 年。从网络借贷平台业务做起，现已覆盖借贷服务和财富管理服务，以服务个人和小微企业为主，整体借贷客户超过 300 万户，在贷余额达 700 多亿元，财富管理为客户管理的资产超过 1000 亿元。针对今天的主题，我想分享几个观点。

其一，金融科技让金融服务更加简单、更加方便、更加普惠，效率更高、成本更低、风险更加可控。以农村金融为例，我们通过开展农机租赁，让原本负担不起农机的农户们采用分期方式购买农机。在这一过程中，我们采用了农机经销商这种方式，还加入物联网技术，以便更好地了解农机的使用率等情况。通过这些信息去判断它的开工率、使用率，能够更好地把控农户的还款能力，提升风险防控水平。

其二，金融科技、互联网金融的快速发展离不开需求的驱动。过去许多未被充分满足的需求，因为科技的创新、科技的发展，获得了新的可能性。中国的金融科技起到了填补市场空白的作用，之前这个市场可能并不存在，或者没有被服务得更好，通过金融科技满足了这样的需求，这种需求驱动是金融科技和互联网金融在过去几年发展迅速的重要原因，也是中国金融科技发展区别于美国等其他市场的重要特点。

其三，金融科技是否颠覆了传统金融业态呢？我认为，金融科技是对传统金融业态的补充。以借贷为例，一个健康的借贷市场应该是一个多层次的借贷市场，不同的机构满足不同人群的服务。银行或者金融机构可能只接受2%的风险，其他风险表现的客户就需要其他风险偏好的机构去服务。所以，应该形成一个多层次的信贷市场，不同机构相互补充，而非相互颠覆。科技是一个工具，并没有创造新的金融业态，也没有改变金融服务的本质，它带来的是对金融服务更好的补充，让金融服务能够更好地服务客户。金融科技领域的各种创新要围绕金融的本质，围绕金融的规律开展。

其四，金融科技的发展非常重视数据，而数据的合规性是非常重要的考量因素。我们会考虑这个数据的可持续性。如果数据存在合规隐患，我们利用这些数据，甚至在模型中依赖这些数据，一旦这些数据停止提供，业务就会受到很大影响。所以，即便从业务的可持续性角度，也需要考虑数据的合规隐患，考虑数据能否实现长期稳定。此外，还要注重对已有数据的充分利用，银行本身有很多数据可以挖掘，在与银行的合作实践中，我们提供零售金融业务处理技术，利用银行本身的数据进行再挖掘、再利用后，针对它们的小微客户进行营销，提供信贷服务。在这一过程中，可能并没有接入太多的外部数据，而是把银行内部的数据更充分地利用起来。

其五，金融科技的发展的确带来一些传统业务中没有的风险。对于这些风险的防范，我们可以更多地借助科技的力量，发展监管科技。以网络借贷平台为例，按照现在的监管规定，所有的网络借贷平台都需要有银行存管体系，这样就要求资金都在这里面运转；同时，大家也都有电子签约的要求。从监管的角度来说，可以不只在宏观统计层面监管，完全有可能深入微观层面进行数据归集、数据处理、数据分析。所有的数据都是在存管银行体系运作，再加上对于电子合同的存托管，完全可以在微观层面通过分析数据，预先发现风险，进行风险预警。相较过去依靠企业上报统计数据，再进行分析和处理的监管方式，监管与科技的结合将大大提升监管效率。所以，随着金融科技的发展，风险防范也可以更多地借助科技手段开展。

（作者系宜信公司高级副总裁、首席战略官）

陈鹏：金融风险防控已进入大数据时代

我们正从三个方面推动金融科技在农村金融领域的应用创新：一是传统零售信贷产品、线下业务的线上化创新。就是把部分流程线上化，这个做得比较快，今年已经实现 400 多亿元。二是对已有客户数据的挖掘，今年刚好开发了一个纯线上产品，目前正在开展系统建设，刚好完成，马上要投入试点。三是切入一些场景，把整个农业产业链做起来，一般情况下，跟互联网金融公司自由场景嵌入式服务不同，我们更多地通过核心企业的一批和二批系统的对接来做，对场景的嵌入也需要进行更多的探索。

金融监管创新在降低成本、形成社会信用链条方面起着非常大的作用。

一是成本和信用链条。信用链应该是判断科技金融还是金融科技应用创新的最基本的逻辑起点。从经济学上讲，金融要素是可以不进入一般模型里的，为什么有金融存在呢？因为有交易成本。

二是信用。在信贷业务开发上，每一个环节，在采取合作态度的时候，一定有约束措施。应该把信贷，特别是零售信贷、普惠金融看作是能够形成循环制约的闭环，形成合作与约束紧扣的链条，形成一个信用链。当前，金融科技创新赋予我们监管科技的创新。信用发展的过程是从熟人信用到财产信用，再到商业信用，最后到社会信用的发展过程。在很大程度上，我们的监管已经走入大数据时代，是大力发展社会信用的监管创新时代。一方面，通过大数据的监管模式，可以弥补现在监管的法规或者监管手段上的不足；另一方面，在监管创新方面需要形成新的标准，如纯互联网模式下的信贷流程和标准，等等。实际上这些确实滞后，对银行金融机构来说，借鉴金融科技公司的创新要有一个新的行业标准和贷款通则。

三是建立行业标准。无论是大数据风控还是数据治理，从开始就需要在宏观层同公司治理、银行治理结合在一起。在具体技术标准环节，应该深化、细化 G20 杭州会议上形成的数字化普惠金融行动准则，在整个信贷流程方面，线上和线下的标准是不一样的。渠道之间无缝对接、无缝切换，应该逐步形成行业技术标准。所以，从以上三点来看，监管创新在降低成本、形成社会信用链条方面起着非常大的作用。

（作者系中国邮政储蓄银行“三农”金融事业部总经理助理）

陈枫：金融风险防范需要关注隐私保护、合作共赢

这是一个最好的时代，也是一个最坏的时代。作为一个网络金融从业人员，同时作为一个用户，感触很深刻。小孩刚出生，可能父母还不完全清楚他需要什么，奶粉、尿片一应所需已经有商家上门无缝对接了，在感受到方便的同时，也感受到隐私泄露的无力。

客户对隐私的担忧，也应该是金融风险防范需要关注的问题。2017年《网络安全法》实施，把个人信息安全保护放在了重要位置；今年欧盟《通用数据保护条例》生效，更是制定了堪称严苛的要求和惩罚措施。我们作为互联网业界从业人员，直接面向公众、面向客户，对于欧盟甚至其他国家的相关监管要求，我们可能都要被动地去满足。但是要做到哪些方面、何种程度才算是符合要求？各家机构各有各的理解，各有各的做法。如果互金协会、监管方面能够给予指引，把满足法规、条例要求变成可操作的流程、规范指导，帮助大家实施合规改造，将大大降低合规成本。

不管作为从业者还是用户，隐私保护已经上升到国家标准，个人隐私已经写入《网络安全法》。这也是我们面对的监管风险、政策风险之一。今天大家可能更关注的是如何降低客户的风险，但是实际上，我们面对的不仅仅是这方面的风险，还有政策、法律上的风险。

此外，随着科技的发展，大家都在谈API经济，通过相互开放实现互相赋能。各种服务接口无处不在，随时随地为我们的客户提供服务，所有的潜在客户都能够很方便地成为我们的客户。在获得便利的同时风险也随之而来，因此我们既要开放，风险防范也要跟上，但这也是一把“双刃剑”。

比如网络交易反欺诈，能有效提升安全，但是要成立专业的团队，要做规则，需要有业务方面的专家；要做模型，需要有模型方面的人才；要建机器学习，引进有监督、无监督的相关技术，又要有专业的人才，不论是系统还是人员，都需要大量的投入。如何才能做到位？比如像腾讯、阿里资金充足，可以把墙建得很高，那么最终中小金融机构就变成短板，大家都面向互联网，这个墙是要靠钱来建立的，就算客户很少，但是如果建造这个系统，就要承担大量的成本。我们行在风险防控方面同样也做了大量工作，投入大量人力、物力，建立起一套集团级的风险防控系统，把集团内部的网络金融应用都纳入风险监控体系，成立一个专业团队，做了许多机器和人结合、专家规则和机器模型结合的工作。

我们一直在思考，如何更有效地开展风险防控，如何利用金融科技的工具、手段，从更广泛、更科学的角度把这方面的风险控制住，发挥出综合效应？建立联防联控的风控系统是一个思路，在确保用户的隐私数据被合理合规使用的基础上，通过合理的案例分享、资源共担、团队共建、合作共赢，实现整体效益最大化，把共同的风险降下来。一方面，从自身角度，我们要充分地了解自己的客户，把我们和客户的风险管控好；另一方面，我们希望互金协会、监管部门给予相应的指导，加强同业之间的合作，内外结合，把金融风险控制好，这对整体的金融风险防控很有价值。

（作者系兴业银行网络金融部处长）

议题三　银行业大数据的价值挖掘与治理

随着银行业的数字化转型，大数据逐渐成为一项重要的战略资产。对内外部的各类大数据资源进行整合、分析、挖掘的能力，将成为银行未来竞争力的重要组成部分。

杨涛：大数据孕育银行业发展新机遇

从数据到大数据，海量数据与新的数据分析方法的结合，孕育着银行业未来发展的新机遇。银行业在应用大数据时应思考三个问题：一是数据够不够。在谈到大数据的时候，人们首先想到的是海量数据。银行面临的大数据不同于其他互联网企业，不仅包括传统的结构化数据，还包括非结构化数据，需切实提高数据分析能力。二是数据好不好。无论是金融机构还是其他机构，都要在所谓大数据的泡影里把无效数据、低效数据去除，增强数据质量，加强数据治理。三是数据怎么用。要用于跟安全有关、跟改善管理有关的领域，结合具体业务，与银行之外的机构开展各类合作。

（作者系中国社会科学院金融研究所所长助理）

董希淼：大数据挖掘挑战与机遇并存

机遇与挑战并存，海量的跨越行业、非结构化数据对银行的数据分析和挖掘提出了很大的挑战。首先，在客户体验方面，银行迫切希望借助大数据改善和提升客户体验，但其数据的内容和结构还存在一些不足。虽然很多银行引入了客户关系管理系统，但数据的完善性和完整性还有很大的提升空间。其次，在精准营销方面，近年来为提升营销的针对性和有效性，银行往往通过分析客户信用卡历史消费数据，对大额消费进行定向信息推送和营销。然而，由于大数据人性化和智能化水平的限制，可能会给客户带来困扰。最后，在风险管理方面，大数据技术的发展能在一定程度上改变银行信息获取、分析和运用的渠道和机制，但大数据提升风险管理的重要前提是历史数据能够昭示未来趋势，这个前提很多时候并不成立。

（作者系中国人民大学重阳金融研究院高级研究员）

郑智勇：对公业务的大数据应用实践

银行业如何把握机遇、应对挑战，将大数据应用于银行实践，切实提升银行的服务能力和服务水平？首先，应大力推进对公交易银行的建设。现金管理、供应链金融都是交易银行的重要领域，其数据能够动态反映服务对象的最新交易行为，其时效性、相关性比静态的历史的数据更有价值。其次，要提升场景化金融服务能力。从围绕着金融产品做服务，向与用户的生产经营场景、个人的日常生活场景紧密联系转变。最后，要大力推进线上金融服务。大数据挖掘及应用，要求银行、客户、第三方等多个主体之间有频繁、海量的数据交互，如果不是通过线上的流程完成，难以满足大数据挖掘和应用的要求。交通银行的供应链金融服务，包括应收账款融资、票据贴现等都已做到了线上申请和线上放款，提升了客户服务体验和业务办理效率，同时有利于进一步的数据挖掘和分析。

（作者系交通银行公司业务部副总经理）

顾江波：大数据助力银行服务水平提升

北京农商银行目前对于大数据的应用主要集中于风险控制、内控体系和精准营销三方面。其中，内控体系建立了 200 多个模型，对于整个风险控制起到了至关重要的作用。与此同时，在其他方面也取得了积极的成果。在现金管理方面，通过建立科学合理的加钞模型，在满足柜台及 ATM 设备对外正常服务的同时，降低备付金及运营成本。在信用卡的交叉销售和风控体系建设方面，引入人行征信、客户公积金信息、法院失信人黑名单、手机号实名制认证等，形成交叉销售策略决策树。

（作者系北京农商银行个人金融部总经理助理）

王伟文：中小银行如何借助大数据赋能

中小银行在开展大数据价值挖掘时要发挥自身优势，努力前行、量力而行、借力而行。一是努力前行。一方面，中小银行要有数据应用的自信；另一方面，中小银行要有基于客户需求和应用场景的应用。从本质上讲，大数据更适合应用于小微金融、普惠金融、消费金融等领域，用于此类“长尾市场”的金融解决方案。二是量力而行。在理念上要开放，要勇于敞开怀抱，拥抱互联网、大数据等金融科技；在战略上要实事求是，量力而行。三是借力而行。银行业在大数据应用中应看到自己的不足，认清自身与互联网企业和专业科技公司的差距，看到它们在数据应用方面的努力。与此同时，也要发挥自身的比较优势，借力而行。

（作者系台州银行市场总监）

赵伟松：区域性银行如何掘金大数据

首先，要让数据“美”起来。湖北省金融服务网格化战略打通了普惠金融服务“最后一百米”，武汉农商银行借助社会综治平台的大数据优势，提高了金融服务覆盖面和可获得性。其次，要让数据“亮”起来。大数据为识别客户风险提供了全新的思路，应积极探索大数据在客户营销、客户准入等贷款环节的具体应用。最后，要让银行数据“红”起来。武汉农商银行从服务乡村振兴战略出发，助力精准脱贫攻坚战，发行扶贫贷款500多亿元，占整个贷款总额的51%。精准扶贫同样离不开大数据的支持。

（作者系武汉农村商业银行副行长）

王欣：数据治理为大数据掘金保驾护航

数据治理是掘金大数据的基础和前提，只有经过有效治理的数据才能够称为数据资产；而大数据挖掘是从数据治理中构建的宏伟建筑，只有充分挖掘，才能将价值回馈于业务，推动银行持续发展。银行在数据治理方面须练好四项内功：一是抓好顶层设计。从全行角度看待数据，打破部门壁垒，消除业务及流程竖井，梳理企业级业务架构模型，实现数据模型的统一规范。二是建设统一平台。打通各类业务系统之间的入口，实现数据的统一收集、清洗、存储、分析。三是完善数据标准。一方面，通过数据标准的制定和数据管控平台的建设，提升内部数据质量；另一方面，建立第三方数据多维度分析机制，建立外部数据的统一接入标准及管理机制。四是培养数据文化。让“用数据说话”的意识深入每一个部门、每一个员工，同时不断提升自身数据建模能力、分析能力。

（作者系西安银行副行长兼首席信息官）

支宝才：数据治理能力的核心是数据资产管理

数据资产管理能力直接决定了银行未来在大数据方面的竞争结果，数据治理需要提升到数据资产管理的层次来建设。如果能通过流程和技术有效地解决数据安全问题，就可以利用更多数据源，拓展更多的数据合作模式，更好地用数据为业务赋能。所以数据治理能力的核心是数据资产管理能力，收集的数据并非越多越好，关键是要基于业务场景和业务应用目标，把数据有效地收集和使用，并且保证安全合规。

（作者系腾云天下科技有限公司高级副总裁）

谭少慧：完善制度环境对于数据治理至关重要

首先，完善制度环境对于数据治理同样至关重要。2018 年 5 月 21 日，中国银保监会发布了《银行业金融机构数据治理指引》，从数据管理、数据质量控制、数据价值实现等多方面规范了银行业金融机构的数据管理活动。这一指引的出台，对整个数据行业的健康发展具有重大意义。此外，数据治理亟待建立惩戒制度。随着同业竞争日渐激烈、利差收窄、盈利要求不断提高，传统银行业面临严峻的转型挑战。以大数据融合互联网是解决这些问题的着力点，数据已成为银行乃至所有行业的战略资产，围绕数据进行治理控制必不可少。相较于欧美国家，我国在这一领域的制度建设上还有待进一步成熟和完善，若缺少相应的惩罚制度，数据治理可能只是一句空话。因此，要有意识地去构建相关机制，在不断建设和完善过程中，实现数据使用的合法合规。

（作者系民生银行信用卡中心总裁助理）

罗榕：信息安全保护是数据治理的关键一环

《银行业金融机构数据治理指引》对银行业金融机构强化数据安全意识、依法合规采集数据、依法保护客户隐私做出要求。大数据应用对于用户数据的获取和积累越来越广泛，需要对这些数据信息进行保护、防范。数据运用的过程涉及 4 个环节，即数据产生、数据获取、数据存储、数据分析。在信息传递的过程中，面临两个新问题：一是关联数据问题。通过用户零散数据之间的关联属性，将某个人的很多行为数据聚集在一起时，很有可能暴露隐私。二是进行用户行为预测时，衍生出来的数据也是数据安全和信息安全保护需要关注的领域。利用各类大数据的结合，可以更好地为社会和客户服务，但是这些应用都建立在个人数据共享的前提下。为保障数据安全及客户的隐私，除了企业方面的道德自律和技术规范外，还需要政府与法律的有效监管。

（作者系中国工商银行牡丹卡中心风险条线副总裁）

张帅：区块链技术在隐私保护中大有可为

区块链技术在隐私保护中的作用体现在三个方面：首先，构建了一个高效可靠的数据传输网络；其次，通过分布式账本，实现数字资产的安全转移；最后，在这个基础上通过智能合约，实现业务逻辑的多中心协作。在大数据应用过程中，银行有时觉得内部数据不充足，而从外部获取数据时又担心数据的合法性。银行将数据对外发布时，也存在泄露客户隐私的顾虑。借助区块链技术，这些相关实体或者关联方可通过区块链保障数据的一致性。

（作者系杭州趣链科技有限公司高级专家）

议题四 财富管理：规范与发展

2018 年 7 月 20 日，人民银行联合银保监会、证监会发布《关于进一步明确规范金融机构资产管理业务指导意见有关事项的通知》，明确了各机构主体执行资管新规的具体细则，并细化了过渡期内相关操作性问题。随着资管新规及其细则的落地，贯穿整个财富管理行业的变革扑面而来。在银、证、保统一监管规则下，打破刚性兑付、产品市场公允估值等主基调的确立，将从根本上重塑财富管理行业的格局，推动中国财富管理行业进入新时代。

王增武：财富管理是银行战略转型的重要方向

改革开放以来，国内居民财富累积迅速，并已形成规模达 120 万亿元人民币的个人财富管理市场。与此同时，目前披露个人资产管理规模的四家银行中，私人银行所管理的资产规模只占零售业务的 13%，远低于中国高净值家庭财富占总体个人财富的比例。财富管理以及私人银行业务发展前景广阔。此外，中国财富管理行业经历了初期的快速生长，正逐步向规范化、规模化方向发展。一些合规经营、业务过硬的独立第三方财富管理机构脱颖而出，逐渐成为财富管理行业的一支重要力量。

（作者系中国社科院金融研究所财富管理研究中心主任）

严俊：私人银行要成为客户的代言人

把握财富管理与私人银行发展机遇，我国银行业应树立怎样的发展理念？首先，应升级服务理念，成为客户的代言者。私人银行要成为客户的代言人，向银行集团内的各个部门和行外的合作伙伴寻求资源和优秀的解决方案。其次，要不断丰富服务内容。实现从提供传统的投资理财产品，到提供投资理财和品质服务并重的综合解决方案的转变。最后，要建立服务平台。高净值人群财富观念趋向成熟，特别是私人银行客户“创富、保富、传富、享富”的综合需求特征明显，银行业应建立综合服务平台，满足客户的全方位需求。私人银行提供的服务不仅包括财富的传承，更包括精神和文化的传承，这也是私人银行从业者应有的使命。

（作者系中国建设银行财富管理与私人银行部副总经理）

崔明峰：财富管理人才培养的民生经验

专业、合格的投资顾问和财富经理是提升服务客户能力的重要着眼点。中国民生银行非常重视投资顾问、财富经理的培养，对这些经过培训和历练合格的赋予专业信托专员、海外专员、保险专员等资格，并建立专业的私人银行中心，为私人银行高端客户提供相应的专业服务。在能力提升的同时，还需要从文化、社会的角度考虑问题，只有这样，“以客户为中心”的理念才会在家族财富管理中真正体现。

（作者系中国民生银行私人银行事业部家族财富与资产管理中心总经理）

陶嵘：家族信托是进行资产管理的重要手段

浙江省民营经济发达，为财富管理行业的茁壮成长提供了沃土。以前，浙商银行个人银行业务客户以第一代创业者为主。而现如今，第二代接班者的比例正在逐年扩大。家族信托是进行资产管理的重要手段，通过家族信托，不仅有利于促进家族财富传承，而且能够把财富管理的相关知识传递给下一代。对于高端客户，不仅需要帮助他们管理好资产，还要帮助他们管理好负债，这是未来个人银行业务的重要切入点。在新阶段，金融科技成为提升服务客户水平的重要方式。除了最简单的展示层面，如网银、手机银行或客户经理通过移动设备帮助客户进行资产配置，还应通过金融科技创新更好地与客户沟通交流。

（作者系浙商银行个人银行部总经理）

聂俊峰：银行业应回归资产配置本源

在深耕客户之外，银行业还应回归资产配置本源。对家族传承的美好向往是家族财富管理行业一直以来追求的目标。为此，不仅要把客户、委托人的关系做扎实，还要夯实资产配置。随着资管新规的落地，家族信托要回到资产配置的本源上来。一方面，资金托付型家族信托要沿着法律架构开展，真实设计资产配置；另一方面，这个过程需要以法制为本，以文化为魂。

（作者系北京银行私人银行部总经理）

张春子：以组织架构创新助推服务水平提升

当前的经济形势、国际形势正在发生变革，这个变革也包括财富的变局。银行业要加强对于市场和国内外金融形势的研判。未来，财富管理行业的发展有两大方向：一是瞄准高端市场，二是践行普惠金融。普惠金融还应与中国的国情相结合。国外银行财富管理的组织形式包括家族办公室、大集团下的独立子公司、事业部等形式。目前，我国大都是采用私人银行部和财富管理部的形式，组织架构上也要进行创新。

（作者系中信银行办公室副主任）

王业强：信托行业应积极承担社会责任

作为财富管理行业的一支重要力量，在新形势下，信托行业应在实现经济利益的同时积极承担社会责任，为国家解决社会痛点。普惠金融是财富管理行业的重要发展方向，应思考如何利用科技、利用场景、利用大数据，真正服务于经济、社会发展。此外，建信信托作为大行信托，坚持立足于国家经济主战场，深耕城市基础设施、综合交通基础设施、民生保障、现代服务业及现代农业、战略性新兴产业域、深化改革、资产管理及对外开放八大领域深耕，取得了显著的成效。

（作者系建信信托有限责任公司副总裁）

刘小军：应实现商业价值与社会价值的统一

信托行业的健康发展离不开商业价值与社会价值的统一。信托是财富管理的一种有效制度安排，从国际来看，信托不止于金融，它首先是一种制度安排，有了制度安排才会有资产管理，这在家族信托层面体现得非常明显。很多高净值客户担心的不是钱的问题，是钱所产生的问题，处理不好可能使家族分崩离析，进而引发社会问题。因此，在进行家族财富管理时，不仅要考虑商业价值，还需要考虑社会价值，并通过合理的家族信托制度安排加以解决。

（作者系中信信托有限责任公司副总经理）

卫濛濛：信托业制胜核心在于“服务”二字

近年来，财富管理行业取得了长足的发展，资产规模拾级而上，为助力经济结构转型升级、提升资本市场效率、满足社会投融资需求提供了有力的支持。与此同时，资金“脱实向虚”、刚兑蕴含的期限错配风险和流动性风险也加剧了金融体系的脆弱性。随着资管新规的出台，信托行业应回归“受人之托、代人理财”的本源。信托业制胜核心在于“服务”二字。信托行业应凭借“服务＋财富管理”的战略思路，以资金端客户的财富管理需求为核心，充分发挥信托制度优势，提供包含资产配置、财富保障与传承等综合服务，走出一条信托财富管理的差异化发展之道。

（作者系外贸信托总经理助理兼财富管理中心总经理）

吴晓峰：家族信托为财富传承保驾护航

信托财产的隔离保护功能，使家族信托成为财富保护和传承的重要载体。客户的需求是多层级的，这给财富管理提出了更高的要求。随着客户需求日益复杂和分化，以客户为中心，针对客户的不同层次需求提供差异化、个性化服务，已经成为行业发展的重要趋势，也成为未来输赢的分水岭。

（作者系上海国际信托有限公司财富管理部总经理）

刘芳：财富管理行业要与客户共同成长

家族信托要和本土结合，伴随客户共同成长，走出适合自己的道路。信托公司进行财富管理有独特优势：一是专业上的优势，二是制度上的优势。这些优势恰恰是银行、保险、证券公司的客户所需，可以通过与这些机构合作满足他们的需求，建设一个共同繁荣的多样化生态系统，各机构发挥自身所长，呈现自己的特色和面貌。财富管理行业要与客户共同成长，这个成长来源于综合的资源整合，各类机构要找准自己的定位和价值。

（作者系华能贵诚信托有限公司副总裁）

范华：拥抱金融科技，提升服务效能

科技发展日新月异，正在逐步重塑财富管理行业的面貌。信托公司要积极拥抱科技，借助科技的力量为客户提供更高效的服务。未来的十年到二十年里，财富管理将从简单的出售产品转变为更加系统的财富管理，科技将成为财富管理的信任基石，让财富管理变得更专业、更开放。在新的数字化经济环境下重新定义财富标的，为数字资产管理赋能，完成新时代财富管理的新使命。我们只有不断探索这样的变化，才能实现财富管理业务的可持续发展。

（作者系中航信托股份有限公司副总经理）

王军辉：第三方机构服务能力的提升对策

随着资管新规的出台，第三方机构为客户提供的资产配置的内容发生了变化，需要根据监管要求对产品架构和资产配置的内容进行调整。随着客户质量的提高，第三方机构需要提升自己的服务能力，吸引更多的客户接受第三方机构的服务。为此，要切实提高理财顾问团队的服务能力，包括对客户的教育能力、对产品的理解能力，以及对资产配置策略的推进能力。

（作者系新湖财富投资管理有限公司常务副总裁）

闫振杰：深耕细分领域，积极谋求转型

在积极谋求转型的过程中，找到自己专注的细分领域至关重要。展恒专注于私募 FOF 领域，在二级市场中主要在做对冲基金的 FOF，在一级市场的股权投资中也不断挖掘新机会。股权基金份额转让便是机遇之一，按照国外的经验，转让需求约为每年存量资管规模的 1.5% ~2%，目前国内股权基金存量大概是 8 万亿元，每年可能会有 1200 亿元到 1500 亿元的转让需求。展恒推出了股权“R 基金”，对有转让需求的优质的股权投资基金份额进行接力。与此同时，加强风险管控，形成完善的筛选和风控体系，通过近 100 个细分指标的评分，以及实际尽调等流程把关，严格筛选出优质的转让份额。

（作者系北京展恒理财顾问有限公司董事长）

孔繁顺：第三方机构须练好三项内功

第三方财富管理机构要在未来激烈的市场竞争中脱颖而出，须练好三项内功。一是提升投资能力。对于第三方财富管理机构而言，提升投资能力是服务客户的重要落脚点。二是加强国际化。随着经济的发展，越来越多的高净值客户在全球范围内配置资产，对于投资能力提出了更高的要求。三是增强科技能力。科技不仅有助于管理能力的提升，更将在合规方面发挥巨大作用。

（作者系宜信副总裁兼财富家族传承业务董事总经理）

韩婷：培养复合型人才，完善信息系统

提升家族财富管理的服务水平，第三方机构须培养复合型人才，完善信息系统。其一，家族财富管理需要复合型人才。财富家族的财富管理需求是多种多样的，这就要求从业人员至少在某一专业领域具有一技之长，比如专业的律师或税务师技能。同时，也要求从业人员做到“一专多能”，能够熟练掌握各种财富管理工具，根据不同的需求，提供不同的解决方案。其二，财富管理需要与之相匹配的信息系统。家族财富管理业务复杂多样，受益人可以是很多人，每个受益人的收益分配方式也不尽相同。在信托资金做资产配置时，每个家族信托相当于一个账户，需要投资到如理财、保险、TOT 等各种产品中，不同产品的规模、期限、收益、分配方式各不相同，家族信托在管理、收益分配、估值核算、信息披露等方面都离不开信息系统的支持，所以应大力开发各类业务的信息系统，提高管理效率。

（作者系新财道财富管理股份有限公司执行总裁）

第七部分

2018 年中国商业银行竞争力评价结果

一、商业银行竞争力排名表（2018）

表 7－1　　2017 年全国性商业银行财务评价排名

银行名称	资产（亿元）	风险	资本	盈利	流动性	综合财务评价	名次
招商银行	62976	0. 851	0. 987	0. 776	0. 700	0. 833	1
中国建设银行	221244	0. 854	1. 000	0. 706	0. 742	0. 813	2
浙商银行	15368	0. 878	0. 830	0. 726	0. 927	0. 812	3
兴业银行	64168	0. 864	0. 811	0. 714	0. 708	0. 778	4
中国工商银行	260870	0. 784	0. 917	0. 699	0. 766	0. 775	5
中国农业银行	210534	0. 829	0. 864	0. 634	0. 793	0. 755	6
中国银行	194674	0. 796	0. 881	0. 615	0. 739	0. 735	7
上海浦东发展银行	61372	0. 732	0. 810	0. 694	0. 664	0. 726	8
中国光大银行	40882	0. 770	0. 853	0. 625	0. 699	0. 721	9
交通银行	90383	0. 770	0. 873	0. 571	0. 753	0. 709	10
渤海银行	10026	0. 772	0. 780	0. 672	0. 601	0. 708	11
中国民生银行	59021	0. 743	0. 797	0. 669	0. 543	0. 704	12
中国邮政储蓄银行	90126	0. 940	0. 816	0. 449	0. 764	0. 701	13
平安银行	32485	0. 760	0. 775	0. 593	0. 649	0. 693	14
华夏银行	25089	0. 719	0. 809	0. 643	0. 555	0. 690	15
中信银行	56777	0. 773	0. 790	0. 595	0. 588	0. 687	16
广发银行	20729	0. 680	0. 759	0. 480	0. 724	0. 620	17

表 7－2　　2017 年全国性商业银行竞争力评价排名

银行名称	公司治理	发展战略	风险管理	产品与服务	信息技术	人力资源	市场影响力	总分	排名
中国建设银行	0. 846	0. 876	0. 845	0. 876	0. 891	0. 818	0. 869	0. 860	1
中国工商银行	0. 841	0. 873	0. 834	0. 887	0. 892	0. 811	0. 871	0. 858	2
招商银行	0. 851	0. 872	0. 830	0. 876	0. 848	0. 816	0. 790	0. 840	3

续表

银行名称	公司治理	发展战略	风险管理	产品与服务	信息技术	人力资源	市场影响力	总分	排名
中国银行	0.842	0.847	0.825	0.842	0.859	0.798	0.849	0.837	4
中国农业银行	0.837	0.843	0.821	0.854	0.865	0.787	0.850	0.837	4
兴业银行	0.826	0.842	0.828	0.841	0.831	0.789	0.739	0.814	5
交通银行	0.808	0.836	0.801	0.842	0.828	0.778	0.799	0.813	6
中信银行	0.801	0.810	0.808	0.826	0.838	0.796	0.714	0.799	7
平安银行	0.828	0.831	0.759	0.831	0.810	0.797	0.692	0.792	8
中国民生银行	0.833	0.830	0.757	0.822	0.821	0.767	0.716	0.792	8
上海浦东发展银行	0.791	0.824	0.746	0.829	0.818	0.796	0.721	0.789	9
中国光大银行	0.798	0.812	0.755	0.827	0.830	0.779	0.710	0.787	10
中国邮政储蓄银行	0.784	0.812	0.810	0.785	0.808	0.722	0.770	0.784	11
浙商银行	0.773	0.827	0.820	0.798	0.696	0.768	0.633	0.759	12
华夏银行	0.832	0.748	0.728	0.776	0.818	0.715	0.662	0.754	13
广发银行	0.747	0.742	0.659	0.748	0.728	0.666	0.625	0.702	14
渤海银行	0.667	0.758	0.723	0.715	0.705	0.705	0.592	0.695	15

表 7-3　2017 年资产规模大于 3000 亿元以上城市商业银行竞争力评价排名

银行名称	总资产（亿元）	风险	资本	盈利	流动性	综合财务评价	排名
宁波银行	10320	0.877	0.723	0.639	0.456	0.723	1
锦州银行	7234	0.785	0.612	0.758	0.414	0.713	2
贵阳银行	4641	0.764	0.634	0.713	0.639	0.705	3
成都银行	4345	0.694	0.778	0.643	0.719	0.696	4
南京银行	11412	0.874	0.674	0.591	0.479	0.691	5
厦门国际银行	7124	0.855	0.696	0.546	0.674	0.683	6
郑州银行	4358	0.712	0.703	0.644	0.501	0.672	7
长沙银行	4705	0.765	0.624	0.648	0.533	0.671	8
上海银行	18078	0.780	0.819	0.533	0.330	0.668	9
重庆银行	4228	0.724	0.735	0.595	0.562	0.667	10
徽商银行	9081	0.800	0.646	0.587	0.410	0.657	11
昆仑银行	3175	0.732	0.870	0.501	0.374	0.656	12

续表

银行名称	总资产（亿元）	风险	资本	盈利	流动性	综合财务评价	排名
华融湘江银行	3145	0.680	0.739	0.580	0.497	0.646	13
盛京银行	10306	0.698	0.698	0.591	0.392	0.640	14
杭州银行	8333	0.708	0.762	0.533	0.450	0.639	15
江西银行	3700	0.707	0.710	0.541	0.625	0.637	16
哈尔滨银行	5643	0.671	0.683	0.569	0.598	0.630	17
北京银行	23298	0.769	0.672	0.531	0.368	0.629	18
江苏银行	17706	0.703	0.673	0.560	0.492	0.628	19
广州银行	4402	0.692	0.684	0.541	0.594	0.625	20
河北银行	3368	0.674	0.748	0.532	0.434	0.624	21
中原银行	5215	0.682	0.807	0.435	0.422	0.601	22
青岛银行	3063	0.659	0.809	0.420	0.451	0.591	23
吉林银行	3924	0.685	0.549	0.495	0.446	0.563	24
天津银行	7019	0.703	0.559	0.419	0.293	0.533	25
大连银行	3820	0.633	0.652	0.353	0.501	0.519	26

表 7－4　2017 年资产规模 2000 亿～3000 亿元城市商业银行竞争力评价排名

银行名称	总资产（亿元）	风险	资本	盈利	流动性	综合财务评价	排名
洛阳银行	2318	0.780	0.847	0.728	0.494	0.762	1
甘肃银行	2711	0.704	0.611	0.818	0.588	0.721	2
唐山银行	2140	0.964	0.768	0.515	0.638	0.719	3
西安银行	2341	0.758	0.826	0.596	0.451	0.695	4
东莞银行	2613	0.693	0.825	0.522	0.671	0.656	5
齐鲁银行	2363	0.709	0.814	0.549	0.389	0.655	6
重庆三峡银行	2024	0.701	0.720	0.581	0.575	0.652	7
贵州银行	2873	0.711	0.713	0.524	0.685	0.635	8
兰州银行	2708	0.652	0.706	0.557	0.761	0.633	9
厦门银行	2128	0.707	0.825	0.469	0.463	0.629	10
四川天府银行	2092	0.654	0.727	0.556	0.455	0.623	11
廊坊银行	2045	0.782	0.598	0.522	0.557	0.621	12
威海市商业银行	2045	0.693	0.676	0.565	0.326	0.620	13

续表

银行名称	总资产（亿元）	风险	资本	盈利	流动性	综合财务评价	排名
苏州银行	2841	0.713	0.769	0.452	0.543	0.614	14
桂林银行	2272	0.691	0.663	0.469	0.650	0.593	15
湖北银行	2117	0.651	0.755	0.431	0.620	0.588	16
晋商银行	2069	0.657	0.712	0.426	0.673	0.579	17
汉口银行	2811	0.650	0.701	0.441	0.533	0.573	18
富滇银行	2438	0.665	0.769	0.382	0.497	0.569	19
九江银行	2713	0.693	0.547	0.481	0.614	0.568	20
广东南粤银行	2179	0.740	0.588	0.413	0.594	0.564	21
长安银行	2095	0.647	0.630	0.454	0.505	0.559	22
龙江银行	2457	0.650	0.639	0.409	0.400	0.538	23
温州银行	2241	0.702	0.611	0.336	0.494	0.523	24

表 7-5　2017 年资产规模 1000 亿～2000 亿元城市商业银行竞争力评价排名

银行名称	总资产（亿元）	风险	资本	盈利	流动性	综合财务评价	排名
台州银行	1574	0.889	0.904	0.907	0.795	0.895	1
保定银行	1006	0.725	0.927	0.720	0.288	0.752	2
浙江泰隆商业银行	1433	0.736	0.556	0.841	0.660	0.729	3
承德银行	1121	0.703	0.727	0.657	0.788	0.695	4
张家口银行	1809	0.690	0.730	0.666	0.762	0.694	5
广东华兴银行	1524	0.728	0.830	0.547	0.544	0.672	6
沧州银行	1241	0.687	0.894	0.483	0.896	0.668	7
乌鲁木齐银行	1541	0.740	0.863	0.498	0.419	0.658	8
邯郸银行	1528	0.655	0.719	0.563	0.561	0.629	9
上饶银行	1006	0.713	0.697	0.535	0.535	0.629	9
辽阳银行	1307	0.667	0.685	0.532	0.785	0.624	10
长城华西银行	1106	0.740	0.783	0.440	0.591	0.623	11
青海银行	1122	0.648	0.806	0.518	0.324	0.619	12
浙江稠州商业银行	1918	0.751	0.691	0.486	0.355	0.610	13
珠海华润银行	1525	0.674	0.687	0.470	0.417	0.583	14
乐山市商业银行	1096	0.688	0.780	0.400	0.384	0.581	15

续表

银行名称	总资产（亿元）	风险	资本	盈利	流动性	综合财务评价	排名
赣州银行	1218	0.644	0.701	0.442	0.660	0.578	16
潍坊银行	1155	0.711	0.655	0.421	0.565	0.574	17
莱商银行	1030	0.612	0.892	0.325	0.487	0.561	18
日照银行	1246	0.552	0.845	0.354	0.706	0.553	19
宁夏银行	1423	0.653	0.737	0.366	0.440	0.548	20
鞍山银行	1028	0.742	0.749	0.236	0.858	0.547	21
广西北部湾银行	1590	0.663	0.712	0.362	0.486	0.546	22
齐商银行	1071	0.623	0.809	0.282	0.706	0.537	23
福建海峡银行	1616	0.633	0.754	0.327	0.369	0.528	24
浙江民泰商业银行	1344	0.686	0.727	0.278	0.553	0.526	25
阜新银行	1724	0.709	0.593	0.326	0.596	0.521	26
泉州银行	1014	0.670	0.693	0.286	0.575	0.518	27
营口银行	1564	0.726	0.544	0.301	0.608	0.504	28
绍兴银行	1045	0.656	0.605	0.308	0.527	0.498	29
内蒙古银行	1300	0.616	0.672	0.243	0.416	0.471	30
柳州银行	1175	0.631	0.650	0.219	0.553	0.467	31

表7-6　2017年资产规模1000亿元以下城市商业银行竞争力评价排名

银行名称	总资产（亿元）	风险	资本	盈利	流动性	综合财务评价	排名
西藏银行	675	0.901	0.905	0.801	0.545	0.845	1
乌海银行	550	0.696	0.849	0.800	0.413	0.762	2
抚顺银行	662	0.748	0.819	0.673	0.538	0.726	3
泸州市商业银行	709	0.811	0.777	0.601	0.482	0.702	4
江苏长江商业银行	233	0.778	0.733	0.608	0.776	0.699	5
营口沿海银行	549	0.683	0.627	0.783	0.460	0.698	6
达州银行	629	0.684	0.989	0.562	0.398	0.697	7
哈密市商业银行	280	0.699	0.865	0.584	0.581	0.689	8
遂宁银行	590	0.681	0.871	0.618	0.368	0.688	9
泰安银行	539	0.750	0.598	0.695	0.692	0.687	10
湖州银行	444	0.867	0.782	0.474	0.810	0.686	11

续表

银行名称	总资产（亿元）	风险	资本	盈利	流动性	综合财务评价	排名
嘉兴银行	639	0.771	0.597	0.661	0.640	0.677	12
秦皇岛银行	609	0.667	0.843	0.543	0.945	0.675	13
邢台银行	905	0.701	0.612	0.657	0.697	0.661	14
焦作中旅银行	681	0.731	0.912	0.468	0.501	0.660	15
海南银行	447	1.000	0.919	0.253	0.447	0.653	16
宁波通商银行	694	0.766	0.878	0.456	0.397	0.652	17
盘锦银行	290	0.606	0.863	0.528	0.846	0.651	18
大同银行	383	0.776	0.824	0.396	0.823	0.638	19
济宁银行	655	0.677	0.724	0.534	0.765	0.636	20
葫芦岛银行	674	0.668	0.681	0.511	0.784	0.614	21
绵阳市商业银行	816	0.711	0.630	0.543	0.515	0.614	21
东营银行	882	0.684	0.637	0.546	0.604	0.613	22
朝阳银行	809	0.746	0.726	0.430	0.680	0.611	23
平顶山银行	814	0.777	0.836	0.346	0.508	0.606	24
云南红塔银行	909	0.718	0.932	0.305	0.639	0.602	25
石嘴山银行	605	0.640	0.678	0.503	0.705	0.598	26
长治银行	316	0.734	0.784	0.384	0.482	0.594	27
雅安市商业银行	319	0.696	0.736	0.443	0.469	0.593	28
丹东银行	793	0.661	0.825	0.335	0.515	0.564	29
金华银行	692	0.692	0.808	0.292	0.629	0.558	30
烟台银行	872	0.673	0.682	0.380	0.512	0.550	31
晋中银行	712	0.644	0.613	0.426	0.655	0.550	31
晋城银行	906	0.630	0.704	0.412	0.396	0.549	32
自贡银行	807	0.691	0.703	0.339	0.575	0.547	33
凉山州商业银行	300	0.584	1.000	0.180	0.620	0.528	34
临商银行	775	0.452	0.709	0.424	0.704	0.518	35
曲靖市商业银行	277	0.654	0.742	0.250	0.702	0.517	36
本溪市商业银行	318	0.656	0.617	0.301	0.758	0.509	37
衡水银行	436	0.643	0.725	0.195	0.779	0.491	38
宜宾市商业银行	457	0.652	0.612	0.295	0.458	0.490	39
攀枝花市商业银行	825	0.601	0.656	0.202	0.562	0.453	40

表7-7　2017年资产规模1000亿元以上农村商业银行竞争力评价排名

银行名称	总资产（亿元）	风险	资本	盈利	流动性	综合财务评价	排名
广东南海农村商业银行	1704.34	0.887	0.899	0.740	0.560	0.798	1
宁波鄞州农村商业银行	1344.28	0.889	0.910	0.659	0.446	0.757	2
东莞农村商业银行	3741.88	0.900	0.813	0.666	0.529	0.752	3
北京农村商业银行	8163.03	0.978	0.835	0.582	0.457	0.739	4
重庆农村商业银行	9053.38	0.933	0.744	0.627	0.397	0.719	5
武汉农村商业银行	2721.65	0.834	0.824	0.589	0.657	0.717	6
上海农村商业银行	8020.58	0.896	0.814	0.573	0.533	0.714	7
陕西秦农农村商业银行	1711.20	0.762	0.896	0.655	0.350	0.705	8
杭州联合农村商业银行	1956.94	0.831	0.858	0.578	0.528	0.705	8
江苏常熟农村商业银行	1458.25	0.913	0.727	0.544	0.451	0.682	9
无锡农村商业银行	1371.25	0.836	0.786	0.518	0.602	0.675	10
青岛农村商业银行	2510.54	0.850	0.711	0.565	0.501	0.673	11
成都农村商业银行	7055.62	0.904	0.735	0.523	0.449	0.672	12
浙江绍兴瑞丰农村商业银行	1069.15	0.853	0.870	0.472	0.530	0.672	12
厦门农村商业银行	1274.92	0.893	0.711	0.544	0.424	0.670	13
江苏紫金农村商业银行	1709.49	0.849	0.771	0.514	0.433	0.658	14
广东顺德农村商业银行	2978.61	0.786	0.843	0.530	0.396	0.656	15
广州农村商业银行	7357.14	0.818	0.693	0.556	0.441	0.651	16
浙江萧山农村商业银行	1425.75	0.855	0.813	0.403	0.649	0.645	17
天津农村商业银行	2992.10	0.758	0.851	0.510	0.431	0.645	17
江苏江南农村商业银行	3443.49	0.808	0.756	0.511	0.353	0.633	18
江苏江阴农村商业银行	1094.03	0.769	0.855	0.425	0.584	0.630	19
江苏张家港农村商业银行	1031.73	0.796	0.770	0.468	0.434	0.623	20
吉林九台农村商业银行	1870.08	0.785	0.673	0.447	0.479	0.597	21
天津滨海农村商业银行	1582.02	0.758	0.720	0.279	0.346	0.518	22
大连农村商业银行	1072.22	0.614	0.622	0.225	0.485	0.447	23

表 7 –8　2017 年资产规模 300 亿 ~1000 亿元农村商业银行竞争力评价排名

银行名称	总资产（亿元）	风险	资本	盈利	流动性	综合财务评价	排名
浙江杭州余杭农村商业银行	885.24	0.904	0.747	0.876	0.643	0.835	1
河南伊川农村商业银行	396.13	0.847	0.970	0.815	0.594	0.833	2
浙江临海农村商业银行	333.72	0.910	0.911	0.736	0.743	0.824	3
浙江东阳农村商业银行	377.58	0.960	0.842	0.746	0.486	0.803	4
浙江南浔农村商业银行	415.83	0.916	0.874	0.705	0.660	0.798	5
聊城农村商业银行	312.15	0.889	0.876	0.658	0.574	0.762	6
浙江温岭农村商业银行	369.93	0.932	0.868	0.608	0.648	0.761	7
浙江苍南农村商业银行	336.90	0.914	0.906	0.622	0.499	0.754	8
亳州药都农村商业银行	463.78	0.794	0.621	0.848	0.435	0.745	9
江苏江都农村商业银行	357.31	0.791	0.838	0.623	0.768	0.731	10
浙江上虞农村商业银行	428.31	0.905	0.779	0.537	0.750	0.717	11
江苏大丰农村商业银行	431.19	0.876	0.745	0.635	0.479	0.714	12
江苏如皋农村商业银行	459.15	0.844	0.962	0.518	0.596	0.712	13
宁波余姚农村商业银行	391.60	0.881	0.915	0.493	0.676	0.712	14
江苏泰兴农村商业银行	310.69	0.837	0.578	0.701	0.631	0.710	15
江苏如东农村商业银行	397.06	0.851	0.793	0.535	0.804	0.708	16
浙江温州瓯海农村商业银行	443.56	0.661	0.753	0.744	0.600	0.707	17
宁波慈溪农村商业银行	738.16	0.847	0.932	0.499	0.641	0.704	18
江苏海门农村商业银行	419.88	0.787	0.821	0.604	0.600	0.702	19
浙江温州龙湾农村商业银行	400.22	0.895	0.688	0.601	0.533	0.700	20
桐乡农村商业银行	379.66	0.970	0.888	0.396	0.710	0.698	21
浙江温州鹿城农村商业银行	514.14	0.894	0.838	0.529	0.490	0.696	22
浙江义乌农村商业银行	614.33	0.843	0.856	0.514	0.633	0.693	23
江苏姜堰农村商业银行	321.44	0.769	0.899	0.508	0.780	0.692	24
海宁农村商业银行	414.62	0.929	0.774	0.460	0.700	0.688	25
浙江富阳农村商业银行	401.02	0.847	0.822	0.518	0.584	0.684	26
浙江乐清农村商业银行	457.26	0.946	0.751	0.486	0.555	0.684	26
江门融和农村商业银行	348.95	0.737	0.789	0.592	0.628	0.678	27
浙江诸暨农村商业银行	411.38	0.904	0.776	0.468	0.605	0.674	28
山西尧都农村商业银行	860.40	0.774	0.756	0.609	0.431	0.670	29

续表

银行名称	总资产（亿元）	风险	资本	盈利	流动性	综合财务评价	排名
江苏海安农村商业银行	665.28	0.864	0.824	0.490	0.499	0.670	29
珠海农村商业银行	563.69	0.812	0.813	0.539	0.463	0.668	30
江苏泰州农村商业银行	308.10	0.777	0.942	0.438	0.696	0.666	31
江苏吴江农村商业银行	952.71	0.822	0.805	0.483	0.579	0.659	32
广东清远农村商业银行	302.54	0.692	0.770	0.594	0.595	0.659	32
中山农村商业银行	976.55	0.901	0.662	0.479	0.630	0.658	33
浙江永康农村商业银行	304.90	0.749	0.890	0.473	0.652	0.657	34
芜湖扬子农村商业银行	349.13	0.817	0.769	0.477	0.631	0.653	35
江苏太仓农村商业银行	389.44	0.850	0.661	0.515	0.587	0.652	36
江苏昆山农村商业银行	913.13	0.732	0.828	0.539	0.470	0.648	37
安徽马鞍山农村商业银行	551.23	0.782	0.757	0.477	0.677	0.645	38
合肥科技农村商业银行	918.71	0.788	0.704	0.557	0.369	0.637	39
广东新会农村商业银行	629.32	0.861	0.808	0.409	0.536	0.637	39
江苏兴化农村商业银行	428.51	0.736	0.856	0.412	0.640	0.621	40
福建南安农村商业银行	455.93	0.778	0.702	0.504	0.404	0.616	41
佛山农村商业银行	856.74	0.692	0.675	0.557	0.486	0.614	42
江苏淮安农村商业银行	353.12	0.809	0.797	0.352	0.690	0.612	43
河北唐山农村商业银行	662.93	0.786	0.747	0.420	0.553	0.609	44
福建晋江农村商业银行	452.52	0.692	0.675	0.532	0.486	0.604	45
江苏南通农村商业银行	629.60	0.739	0.738	0.374	0.797	0.599	46
内蒙古呼和浩特金谷农村商业银行	841.66	0.753	0.824	0.416	0.381	0.595	47
长春农村商业银行	709.74	0.787	0.623	0.476	0.338	0.585	48
长春发展农村商业银行	482.31	0.645	0.718	0.471	0.395	0.565	49
江苏东台农村商业银行	350.56	0.689	0.626	0.400	0.654	0.558	50
福建福州农村商业银行	338.43	0.706	0.721	0.316	0.649	0.547	51
济南农村商业银行	902.91	0.726	0.692	0.337	0.547	0.546	52
辽阳农村商业银行	926.63	0.860	0.757	0.167	0.485	0.525	53
贵阳农村商业银行	717.55	0.692	0.675	0.274	0.709	0.523	54
烟台农村商业银行	411.77	0.671	0.683	0.303	0.619	0.521	55

表 7 – 9　2017 年资产规模 100 亿 ~ 300 亿元农村商业银行竞争力评价排名

银行名称	总资产（亿元）	风险	资本	盈利	流动性	综合财务评价	排名
福建漳州农村商业银行	223.75	0.942	0.869	0.791	0.489	0.822	1
福建长乐农村商业银行	141.88	0.918	0.885	0.769	0.594	0.819	2
河北邢台农村商业银行	136.15	0.764	0.883	0.839	0.674	0.809	3
宁波宁海农村商业银行	143.60	0.911	0.866	0.697	0.766	0.802	4
阜阳颍东农村商业银行	240.02	0.854	0.949	0.696	0.556	0.780	5
湖北随州农村商业银行	280.12	0.838	0.855	0.674	0.848	0.777	6
江苏沭阳农村商业银行	239.33	0.843	0.920	0.681	0.651	0.774	7
广东博罗农村商业银行	287.56	0.867	0.922	0.653	0.628	0.768	8
安徽界首农村商业银行	103.83	0.879	0.802	0.666	0.716	0.762	9
晋城农村商业银行	140.40	0.864	0.843	0.679	0.597	0.759	10
山西运城农村商业银行	228.87	0.885	0.858	0.685	0.454	0.756	11
阳城农村商业银行	102.50	0.800	0.853	0.670	0.704	0.749	12
江苏东海农村商业银行	110.21	0.769	0.807	0.712	0.696	0.747	13
山东龙口农村商业银行	275.19	0.896	0.769	0.585	0.846	0.741	14
临猗农村商业银行	134.05	0.802	0.919	0.619	0.590	0.731	15
晋中开发区农村商业银行	235.77	0.896	0.775	0.619	0.559	0.727	16
浙江海盐农村商业银行	175.63	0.912	0.769	0.558	0.755	0.726	17
浙江新昌农村商业银行	141.56	0.917	0.792	0.555	0.701	0.725	18
安徽颍上农村商业银行	141.62	0.754	0.901	0.596	0.791	0.724	19
仙居农村商业银行	140.69	0.773	0.675	0.697	0.744	0.720	20
江苏泗阳农村商业银行	186.38	0.821	0.830	0.588	0.613	0.709	21
江苏靖江农村商业银行	257.90	0.787	0.916	0.581	0.551	0.707	22
山西长治潞州农村商业银行	181.03	0.792	0.907	0.546	0.693	0.707	23
安徽太和农村商业银行	149.97	0.851	0.715	0.638	0.486	0.702	24
山西忻州农村商业银行	116.55	0.819	0.753	0.571	0.716	0.696	25
山东安丘农村商业银行	210.22	0.772	0.868	0.565	0.627	0.694	26
安徽利辛农村商业银行	155.72	0.890	0.668	0.579	0.597	0.692	27
安徽铜陵农村商业银行	202.24	0.788	0.836	0.668	0.206	0.691	28
山东阳谷农村商业银行	179.34	0.692	0.882	0.579	0.698	0.685	29

续表

银行名称	总资产（亿元）	风险	资本	盈利	流动性	综合财务评价	排名
安徽凤阳农村商业银行	102.61	0.836	0.741	0.504	0.832	0.684	30
浙江安吉农村商业银行	248.75	0.913	0.587	0.561	0.675	0.683	31
山西长治黎都农村商业银行	117.24	0.811	0.775	0.547	0.654	0.682	32
四川合江农村商业银行	100.36	0.715	0.771	0.597	0.740	0.681	33
辽阳辽东农村商业银行	216.65	0.780	0.657	0.652	0.548	0.680	34
四川巴中农村商业银行	186.54	0.728	0.773	0.574	0.757	0.678	35
山西榆次农村商业银行	194.49	0.818	0.587	0.651	0.533	0.676	36
江苏溧水农村商业银行	176.41	0.747	0.857	0.539	0.639	0.675	37
广东四会农村商业银行	170.34	0.723	0.908	0.516	0.673	0.672	38
山东博兴农村商业银行	156.02	0.853	0.675	0.551	0.572	0.669	39
四川富顺农村商业银行	111.65	0.676	0.889	0.515	0.778	0.665	40
山西平遥农村商业银行	172.52	0.809	0.686	0.605	0.304	0.652	41
安徽舒城农村商业银行	168.08	0.710	0.732	0.504	0.892	0.650	42
四川苍溪农村商业银行	148.43	0.676	0.925	0.478	0.679	0.647	43
九江农村商业银行	141.48	0.713	0.828	0.495	0.689	0.646	44
山西寿阳农村商业银行	133.38	0.828	0.741	0.556	0.240	0.643	45
滁州皖东农村商业银行	162.36	0.832	0.722	0.483	0.545	0.642	46
安徽阜阳颍泉农村商业银行	174.01	0.801	0.919	0.396	0.568	0.639	47
浙江江山农村商业银行	197.08	0.692	0.816	0.493	0.707	0.638	48
山西五台农村商业银行	125.35	0.764	0.675	0.554	0.515	0.637	49
山东沂水农村商业银行	272.46	0.814	0.845	0.406	0.607	0.636	50
贵州仁怀茅台农村商业银行	166.68	0.692	0.762	0.523	0.652	0.635	51
吉林环城农村商业银行	226.18	0.857	0.775	0.477	0.272	0.630	52
山西灵石农村商业银行	133.54	0.821	0.610	0.493	0.634	0.629	53
山东荣成农村商业银行	256.64	0.692	0.677	0.540	0.697	0.629	53
安徽淮北农村商业银行	106.80	0.781	0.781	0.414	0.710	0.627	54
江苏高淳农村商业银行	182.14	0.672	0.927	0.476	0.427	0.620	55
池州九华农村商业银行	181.33	0.771	0.875	0.390	0.557	0.618	56
湖北十堰农村商业银行	297.27	0.692	0.830	0.507	0.409	0.617	57

续表

银行名称	总资产（亿元）	风险	资本	盈利	流动性	综合财务评价	排名
四川邻水农村商业银行	123.95	0.749	0.826	0.413	0.589	0.614	58
浙江衢州柯城农村商业银行	162.32	0.718	0.675	0.505	0.549	0.607	59
六安农村商业银行	253.67	0.742	0.675	0.467	0.540	0.598	60
山西河津农村商业银行	170.43	0.779	0.618	0.555	0.166	0.596	61
四川射洪农村商业银行	113.93	0.684	0.815	0.388	0.684	0.591	62
四川雅安农村商业银行	205.52	0.693	0.795	0.424	0.517	0.588	63
安徽枞阳农村商业银行	132.89	0.672	0.770	0.392	0.753	0.588	63
资阳农村商业银行	203.09	0.691	0.935	0.288	0.770	0.586	64
江苏阜宁农村商业银行	168.83	0.669	0.781	0.437	0.543	0.586	64
江苏盱眙农村商业银行	187.03	0.689	0.644	0.466	0.634	0.585	65
湖北咸宁农村商业银行	113.73	0.793	0.697	0.361	0.628	0.585	65
江苏镇江农村商业银行	226.63	0.697	0.934	0.331	0.539	0.582	66
安徽临泉农村商业银行	155.67	0.729	0.705	0.381	0.699	0.582	66
山东莱州农村商业银行	294.22	0.705	0.960	0.300	0.577	0.581	67
山东禹城农村商业银行	127.02	0.723	0.738	0.418	0.481	0.580	68
泸州农村商业银行	258.62	0.617	0.867	0.366	0.745	0.579	69
江苏睢宁农村商业银行	189.12	0.652	0.793	0.382	0.716	0.578	70
山西介休农村商业银行	144.06	0.653	0.585	0.534	0.515	0.578	70
四川三台农村商业银行	187.17	0.627	0.807	0.418	0.608	0.577	71
安徽桐城农村商业银行	289.31	0.638	0.593	0.574	0.335	0.573	72
山东郓城农村商业银行	240.85	0.693	0.845	0.322	0.662	0.572	73
四川仁寿农村商业银行	211.84	0.484	0.639	0.562	0.717	0.569	74
安徽庐江农村商业银行	149.88	0.518	0.813	0.427	0.726	0.561	75
安徽歙县嘉银村镇银行	161.53	0.692	0.675	0.373	0.583	0.550	76
自贡农村商业银行	161.37	0.656	0.834	0.271	0.757	0.547	77
宜宾金江农村商业银行	164.15	0.627	0.848	0.283	0.707	0.541	78
山西高平农村商业银行	127.02	0.771	0.284	0.408	0.680	0.520	79
广安农村商业银行	168.14	0.573	0.658	0.336	0.709	0.509	80
山东齐河农村商业银行	128.65	0.662	0.574	0.314	0.559	0.495	81

续表

银行名称	总资产（亿元）	风险	资本	盈利	流动性	综合财务评价	排名
安徽安庆农村商业银行	161. 05	0. 697	0. 586	0. 305	0. 458	0. 494	82
江苏邳州农村商业银行	287. 20	0. 521	0. 716	0. 305	0. 693	0. 491	83
山东莒县农村商业银行	231. 36	0. 565	0. 695	0. 246	0. 694	0. 476	84
山东威海农村商业银行	189. 36	0. 513	0. 765	0. 300	0. 326	0. 460	85
四川广汉农村商业银行	157. 28	0. 476	0. 675	0. 264	0. 687	0. 452	86
乐山三江农村商业银行	139. 54	0. 432	0. 810	0. 224	0. 657	0. 447	87
四川阆中农村商业银行	175. 30	0. 270	0. 461	0. 386	0. 455	0. 373	88
四川营山农村商业银行	179. 80	0. 497	0. 372	0. 247	0. 368	0. 359	89
吉林蛟河农村商业银行	120. 80	0. 685	0. 286	0. 167	0. 217	0. 351	90
四川峨眉山农村商业银行	100. 37	0. 323	0. 440	0. 237	0. 690	0. 349	91
山东邹平农村商业银行	203. 65	0. 327	0. 266	0. 217	0. 620	0. 300	92
山东广饶农村商业银行	243. 06	0. 182	0. 404	0. 217	0. 604	0. 283	93
贵州乌当农村商业银行	212. 88	0. 157	0. 090	0. 248	0. 606	0. 225	94
四川宣汉农村商业银行	144. 42	0. 097	0. 117	0. 139	0. 677	0. 176	95

表 7－10　2017 年资产规模 100 亿元以下农村商业银行竞争力评价排名

银行名称	总资产（亿元）	风险	资本	盈利	流动性	综合财务评价	排名
四川古蔺农村商业银行	59. 80	0. 778	0. 904	0. 692	0. 622	0. 753	1
四川江安农村商业银行	86. 09	0. 703	0. 891	0. 648	0. 662	0. 714	2
宁陕农村商业银行	27. 62	0. 825	0. 846	0. 587	0. 553	0. 707	3
安徽旌德农村商业银行	30. 04	0. 709	0. 705	0. 675	0. 761	0. 700	4
屯溪农村商业银行	65. 29	0. 810	0. 955	0. 483	0. 710	0. 699	5
安徽绩溪农村商业银行	44. 00	0. 792	0. 756	0. 518	0. 895	0. 685	6
宜宾南溪农村商业银行	55. 26	0. 672	0. 788	0. 623	0. 728	0. 681	7
四川叙永农村商业银行	70. 31	0. 676	0. 796	0. 558	0. 651	0. 650	8
四川兴文石海农村商业银行	53. 74	0. 715	0. 767	0. 481	0. 891	0. 649	9
安徽郎溪农村商业银行	78. 80	0. 717	0. 799	0. 460	0. 768	0. 636	10
安徽宿松农村商业银行	91. 28	0. 678	0. 946	0. 447	0. 604	0. 632	11

续表

银行名称	总资产（亿元）	风险	资本	盈利	流动性	综合财务评价	排名
四川青神农村商业银行	57.34	0.621	0.801	0.536	0.693	0.630	12
安徽青阳农村商业银行	78.37	0.706	0.846	0.450	0.670	0.628	13
四川罗江农村商业银行	58.25	0.783	0.806	0.396	0.666	0.621	14
安徽萧县农村商业银行	98.04	0.737	0.671	0.436	0.856	0.615	15
安徽石台农村商业银行	29.31	0.710	0.838	0.417	0.675	0.615	15
四川乐至农村商业银行	95.66	0.698	0.794	0.432	0.703	0.612	16
四川长宁竹海农村商业银行	61.15	0.665	0.724	0.478	0.734	0.609	17
安徽祁门农村商业银行	79.59	0.748	0.767	0.439	0.543	0.607	18
青海大通农村商业银行	98.74	0.834	0.628	0.481	0.315	0.600	19
安徽泾县农村商业银行	57.63	0.691	0.678	0.386	0.772	0.574	20
淮南淮河农村商业银行	67.60	0.702	0.675	0.377	0.738	0.570	21
铜陵皖江农村商业银行	76.01	0.705	0.765	0.312	0.775	0.567	22
四川剑阁农村商业银行	84.95	0.681	0.602	0.376	0.703	0.545	23
安徽泗县农村商业银行	61.23	0.641	0.675	0.372	0.673	0.543	24
安徽五河农村商业银行	73.87	0.528	0.675	0.441	0.544	0.524	25
安徽休宁农村商业银行	87.30	0.665	0.727	0.296	0.583	0.522	26
四川威远农村商业银行	94.65	0.692	0.675	0.257	0.734	0.519	27
四川丹棱农村商业银行	34.69	0.499	0.585	0.423	0.750	0.511	28
四川高县农村商业银行	74.76	0.620	0.654	0.288	0.735	0.505	29
四川隆昌农村商业银行	95.02	0.468	0.975	0.222	0.802	0.505	30
四川平武农村商业银行	41.34	0.293	0.696	0.405	0.657	0.455	31
四川大英农村商业银行	69.25	0.348	0.510	0.394	0.689	0.433	32
四川筠连农村商业银行	41.19	0.368	0.707	0.208	0.696	0.405	33
四川安州农村商业银行	92.33	0.352	0.685	0.170	0.668	0.378	34
四川西充农村商业银行	91.63	0.226	0.284	0.462	0.669	0.376	35

二、2017 年中国商业银行竞争力排名获奖名单

表 7－11 全国性商业银行

财务评价第一名	招商银行
财务评价第二名	中国建设银行
财务评价第三名	浙商银行
财务评价第四名	兴业银行
核心竞争力评价第一名	中国建设银行
核心竞争力评价第二名	中国工商银行
核心竞争力评价第三名	招商银行
核心竞争力评价第四名	中国农业银行 中国银行
核心竞争力评价第五名	兴业银行
单项奖	
最佳商业银行	招商银行
最佳品牌银行	中国工商银行
最佳履行社会责任银行	中国农业银行
最佳金融科技银行	中国建设银行
最佳跨境金融服务银行	中国银行
最佳普惠金融银行	中国农业银行
最佳社区服务银行	中国邮政储蓄银行
最佳财富管理银行	交通银行
最佳风险管理银行	浙商银行
最佳战略管理银行	平安银行
最佳产品创新银行	中国民生银行
最佳管理创新银行	兴业银行
最具盈利能力银行	招商银行

表 7 – 12　　城市商业银行

竞争力评价第一名（资产规模 3000 亿元以上）	宁波银行
竞争力评价第二名（资产规模 3000 亿元以上）	锦州银行
竞争力评价第三名（资产规模 3000 亿元以上）	贵阳银行
竞争力评价第四名（资产规模 3000 亿元以上）	成都银行
竞争力评价第五名（资产规模 3000 亿元以上）	南京银行
竞争力评价第一名（资产规模 2000 亿 ~ 3000 亿元）	洛阳银行
竞争力评价第二名（资产规模 2000 亿 ~ 3000 亿元）	甘肃银行
竞争力评价第三名（资产规模 2000 亿 ~ 3000 亿元）	唐山银行
竞争力评价第四名（资产规模 2000 亿 ~ 3000 亿元）	西安银行
竞争力评价第五名（资产规模 2000 亿 ~ 3000 亿元）	东莞银行
竞争力评价第一名（资产规模 1000 亿 ~ 2000 亿元）	台州银行
竞争力评价第二名（资产规模 1000 亿 ~ 2000 亿元）	保定银行
竞争力评价第三名（资产规模 1000 亿 ~ 2000 亿元）	浙江泰隆商业银行
竞争力评价第四名（资产规模 1000 亿 ~ 2000 亿元）	承德银行
竞争力评价第五名（资产规模 1000 亿 ~ 2000 亿元）	张家口银行

续表

竞争力评价第一名 （资产规模 1000 亿元以下）	西藏银行
竞争力评价第二名 （资产规模 1000 亿元以下）	乌海银行
竞争力评价第三名 （资产规模 1000 亿元以下）	抚顺银行
竞争力评价第四名 （资产规模 1000 亿元以下）	泸州市商业银行
竞争力评价第五名 （资产规模 1000 亿元以下）	江苏长江商业银行
单项奖	
最佳城市商业银行	宁波银行
最佳品牌城市商业银行	台州银行
最佳产品创新城市商业银行	郑州银行、长沙银行
最佳管理创新城市商业银行	日照银行
最佳金融科技城市商业银行	唐山银行、贵阳银行
最佳普惠金融城市商业银行	浙江稠州商业银行、四川天府银行
最佳战略管理城市商业银行	江西银行、甘肃银行
最佳社区服务城市商业银行	金华银行、桂林银行
最佳进步城市商业银行	抚顺银行
最佳公司治理城市商业银行	北京银行、西安银行
最佳文化建设城市商业银行	晋城银行、富滇银行
最佳品牌营销城市商业银行	广东华兴银行

表 7－13　　农村商业银行

竞争力评价第一名 （资产规模 1000 亿元以上）	南海农商银行
竞争力评价第二名 （资产规模 1000 亿元以上）	鄞州银行
竞争力评价第三名 （资产规模 1000 亿元以上）	东莞农商银行

续表

竞争力评价第四名 （资产规模 1000 亿元以上）	北京农村商业银行
竞争力评价第五名 （资产规模 1000 亿元以上）	重庆农商银行
竞争力评价第一名 （资产规模 300 亿 ~ 1000 亿元）	余杭农村商业银行
竞争力评价第二名 （资产规模 300 亿 ~ 1000 亿元）	伊川农商银行
竞争力评价第三名 （资产规模 300 亿 ~ 1000 亿元）	临海农商银行
竞争力评价第四名 （资产规模 300 亿 ~ 1000 亿元）	东阳农商银行
竞争力评价第五名 （资产规模 300 亿 ~ 1000 亿元）	南浔银行
竞争力评价第一名 （资产规模 100 亿 ~ 300 亿元）	漳州农商行
竞争力评价第二名 （资产规模 100 亿 ~ 300 亿元）	长乐农商行
竞争力评价第三名 （资产规模 100 亿 ~ 300 亿元）	邢台农商行
竞争力评价第四名 （资产规模 100 亿 ~ 300 亿元）	宁海农商行
竞争力评价第五名 （资产规模 100 亿 ~ 300 亿元）	颍东农商银行
竞争力评价第一名 （资产规模 100 亿元以下）	四川古蔺农村商业银行
竞争力评价第二名 （资产规模 100 亿元以下）	四川江安农村商业银行
竞争力评价第三名 （资产规模 100 亿元以下）	宁陕农村商业银行

续表

竞争力评价第四名 （资产规模 100 亿元以下）	旌德农村商业银行
竞争力评价第五名 （资产规模 100 亿元以下）	屯溪农商银行
单项奖	
最佳品牌农村商业银行	北京农商银行
最佳产品创新农村商业银行	杭州联合银行
最佳风险管理农村商业银行	重庆农村商业银行
最佳管理创新农村商业银行	武汉农村商业银行
最佳战略管理农村商业银行	广州农商银行
最佳金融科技农村商业银行	青岛农村商业银行
最佳普惠金融农村商业银行	漳州农商行